中国古桥名塔

徐 潜 \ 主 编

吉林文史出版社

图书在版编目（CIP）数据

中国古桥名塔／徐潜主编.—长春：吉林文史出版
社，2013.4（2023.7重印）
ISBN 978-7-5472-1538-8

Ⅰ.①中… Ⅱ.①徐… Ⅲ.①古建筑-桥-介绍-
中国 ②古塔-介绍-中国 Ⅳ.①K928.78 ②K928.75

中国版本图书馆 CIP 数据核字（2013）第 063816 号

中国古桥名塔
ZHONGGUO GUQIAO MINGTA

主　　编　徐　潜
副 主 编　张　克　崔博华
责任编辑　张雅婷
装帧设计　映象视觉
出版发行　吉林文史出版社有限责任公司
地　　址　长春市福祉大路 5788 号
印　　刷　三河市燕春印务有限公司
版　　次　2013 年 4 月第 1 版
印　　次　2023 年 7 月第 4 次印刷
开　　本　720mm×1000mm　1/16
印　　张　13
字　　数　250 千
书　　号　ISBN 978-7-5472-1538-8
定　　价　45.00 元

序　言

　　民族的复兴离不开文化的繁荣，文化的繁荣离不开对既有文化传统的继承和普及。这套《中国文化知识文库》就是基于对中国文化传统的继承和普及而策划的。我们想通过这套图书把具有悠久历史和灿烂辉煌的中国文化展示出来，让具有初中以上文化水平的读者能够全面深入地了解中国的历史和文化，为我们今天振兴民族文化，创新当代文明树立自信心和责任感。

　　其实，中国文化与世界其他各民族的文化一样，都是一个庞大而复杂的"综合体"，是一种长期积淀的文明结晶。就像手心和手背一样，我们今天想要的和不想要的都交融在一起。我们想通过这套书，把那些文化中的闪光点凸现出来，为今天的社会主义精神文明建设提供有价值的营养。做好对传统文化的扬弃是每一个发展中的民族首先要正视的一个课题，我们希望这套文库能在这方面有所作为。

　　在这套以知识点为话题的图书中，我们力争做到图文并茂，介绍全面，语言通俗，雅俗共赏。让它可读、可赏、可藏、可赠。吉林文史出版社做书的准则是"使人崇高，使人聪明"，这也是我们做这套书所遵循的。做得不足之处，也请读者批评指正。

编　者

2012 年 12 月

目　录

赵州桥

赵州桥建筑结构非常奇特，不仅有高度的科学性，而且具有我国独特的民族艺术风格，是我国古代建筑的伟大作品。弧形平坦的主拱线上，对称地轻伏着四个小拱，仿佛四个巨型花环，轮廓清晰，线条明快，在恢弘之中，透出矫健、轻盈的美感。宋代赵州刺史杜德源有诗赞曰："驾石飞梁尽一虹，苍龙惊蛰背磨空。"元代刘百熙有诗赞曰："水从碧玉环中过，人在苍龙背上行。"

一、历时千年的赵州桥

"驾石飞梁尽一虹，苍龙惊蛰背磨空。坦途箭直千人过，驿使驰驱万国通。云吐月轮高拱北，雨添春色去朝东……"宋代诗人杜德源咏诗赞颂赵州桥如雨后初晴的长虹，实在是恰如其分。赵州桥是世界上保存最古老的一座石拱桥，赵州桥桥型优美，结构新奇，如初月出云，似彩虹当空，几乎历朝历代都有人写诗作文来赞美和颂扬这座大石桥。

(一) 赵州桥的地理位置

赵州桥坐落在河北省赵县城南 2.5 公里处的洨河上，距石家庄市区仅 45 公里。赵县地处太行山东麓中段的山前冲积平原上，地势由西北向东南倾斜，开阔平坦，属暖温带大陆性季风气候、半湿润半干旱地区，适宜多种温带农作物生长，有利于农业和林果业的发展。全县有耕地 78 万亩，素有"雪花梨之乡"的美誉；境内已探明有石油、天然气等多种矿产资源。赵县具有深厚的历史文化内涵，旅游资源十分丰富，为全国首批对外开放县，是河北省重要的历史文化旅游区。得天独厚的地理条件，使得赵县成为农业大县，自 20 世纪 80 年代以来，相继成为全国商品粮生产基地县、全国优质小麦生产基地县、全国雪花梨生产基地县、全国鸭梨出口基地县及全国北方屈指可数的吨粮县。

赵州桥(公元591-605年)又称安济桥，位于中国河北省赵县城南。是现存最早，并且保存良好的拱桥。单孔空腹圆弧石拱桥，长 64.4m，净跨 37.20m 矢高 7.23m。主拱圈上两侧各开两个小拱，以宣泄洪水，减轻自重。该桥制作精良，结构独创，造型匀称秀美，雕刻细致生动，历代都予重视和保护，1991年列为世界文化遗产。

(二) 赵州桥的悠久历史

赵州桥建于隋代大业年间（605—618 年），由著名匠师李春设计和建造，距今已有 1400 多年的历史，是当今世界上现存最早、保存最完善的古代敞肩石拱桥。赵州桥于 1961 年被国务院列为第一批全国重点文物保护单位。1991 年，美国土木工程师学会将赵州桥选定为第十二个

"国际历史土木工程的里程碑"，并且还在桥北端东侧建造了一个"国际历史土木工程古迹"铜牌纪念碑。

赵州桥，又名安济桥（宋哲宗赐名，意为"安渡济民"），被誉为"华北四宝之一"。桥长 64.40 米，跨径 37.02 米，券高 7.23 米，是当今世界上跨度最大、建造最早的单孔敞肩式石拱桥。因为桥两端肩部各有两个小孔，因此称为敞肩型，这是世界造桥史上一个创造性的结构（没有小拱的称为满肩或实肩型）。赵州桥上还有许多类型众多、丰富多彩的雕饰花纹。

赵州桥的存在，与赵县这座历史文化名城有着密不可分的历史渊源。

赵县，古为赵郡、赵州。根据文献记载，已有 2500 多年的历史了。赵县位于河北省中南部，距离省会石家庄市约 40 千米，这里地处太行山山前冲积平原，地势开阔平坦，总面积为 675 平方千米，人口 53 万。

两千多年来，勤劳朴实的赵州人在这块土地上开垦耕作、繁衍生息，与整个中华民族一起，创造了灿烂辉煌的文化。在这块物华天宝、人杰地灵的土地上，留下了许许多多各具特色、弥足珍贵的历史文化遗迹。有举世闻名的"天下第一桥"赵州桥以及与之并称姊妹桥的永通桥；有名播海内外的千年古刹赵州柏林禅寺；有享有"华夏第一塔"之盛誉的赵州陀罗尼经幢，悠久的历史和深厚的文化底蕴使古城赵县在拥有繁荣发达的现代文明的同时依然闪烁着古老幽深的中华文明之光。

赵县在历史上曾多次被设为州来治理，所以古时称为赵州。其历史沿革最早可以推至商代。春秋战国时期开始称为棘蒲，西汉时期封为棘蒲侯国。东晋十六国时（529 年）赵郡（县）设殷州，北齐天宝二年（551 年）为了避太子名讳，改殷州为赵州。隋开皇元年（581 年）又将赵州改为赵郡。唐代时在州郡的名称之间曾反复改变，最终恢复为州治。宋代大观三年（1109 年）把赵州升为庆源军节度。宣和元年（1119 年）又升为庆源府，1129 年庆源府改为赵州，1151 年更名为沃州。1234 年废赵州置永安州，1235 年废永安州改称赵州。清朝雍正三年（1725 年），升赵州为直隶州。民国二年，改赵州为赵县。

在赵县，最著名的景观莫过于赵州桥，它建于隋代。隋朝统一中国后，结

赵州桥（公元 591-605 年）又称安济桥，位于中国河北省赵县城南。是现存最早，并且保存良好的拱桥。单孔空腹圆弧石拱桥，长 64.4m，净跨 37.20m 矢高 7.23m。主拱圈上两侧各开两个小拱，以宣泄洪水，减轻自重。该桥制作精良，结构独创，造型匀称美丽，雕刻细致生动，历代都予重视和保护,1991 年列为世界文化遗产。

赵州桥

赵州桥

束了长期以来南北分裂、兵戈相见的局面，并且大大促进了当时中国社会经济、文化等各方面的发展。当时的赵县是南北交通必经之地，从这里北上可到达重镇涿郡（今河北涿州市），南下可抵达京都洛阳，因此这里的交通十分繁忙。但是这一交通要道在当时却被城外的河流所阻断，严重影响了人们的交通往来，而且每当洪水季节甚至不能通行，鉴于这种情况，隋大业元年（605年）当地政府决定在河上建造一座大型石桥，以结束长期以来交通不便的状况。李春作为负责大桥设计和施工的主要工匠，率领其他工匠一起来到这里，他对河及两岸的地貌地况等进行了实地考察，在总结前人建造桥梁经验的基础上，结合当地的实际情况提出了独具匠心的设计方案，最终出色完成了建桥任务。李春及其他工匠在设计和施工的过程中提出了许多技术上的创新方案，并在赵州桥的建造上得到了运用，取得了伟大的成就。他们独具匠心的设计将我国古代建桥技术提高到一个全新的水平，这是历史上一个伟大的创举。

赵州桥从建成距今已将有1400多年的历史了，经历了10次水灾，8次战乱和多次地震，尤其是1966年邢台发生的7.6级地震，从邢台到这里大概有40多公里的路程，这里也有四五级地震，赵州桥都没有被破坏，著名桥梁专家茅以升说："先不说桥的内部结构如何，仅就它能够存在一千年多年就证明了一切。"1963年的水灾大水淹到桥拱的龙嘴处，据当地的老人说，站在桥上都能感觉桥上面巨大的晃动。

据记载，赵州桥自建成至今一共修缮过九次。赵州桥建成投入使用200年后，即唐德宗贞元八年（792年），大水冲坏了北桥台西侧的护桥坎岸，桥上小拱也倾斜毁落。于是当年即迅速补上石头重新修砌，并"补植栏柱"还赵州桥以本来面貌。这是有史料记载的第一次修缮。

第二次是宋英宗治平三年（1066年），赵州桥桥台石敧斜，于是对赵州桥

进行了第二次修缮。此后，赵州桥在500年内没有修缮过，一直到了明嘉靖年间（1522—1566年）才对赵州桥连续进行了三次修缮，主要是更换了桥面石，修筑了南北码头以及栏板柱脚，并仿旧龙兽图案栏板复制了部分石栏，还增加了一些新的故事形象石栏板。根据历史记载，第五次

还对大桥拱券进行了修缮。

　　第六次对赵州桥进行修缮是在明万历二十三年（1597），这次修缮可能也修补了部分拱券。第七次修缮赵州桥是在清朝，但对于具体的修缮内容没有明确的记载，所以修缮了哪些方面不是很清晰。

　　1933 年，我国著名建筑学家梁思成率领有关专家和工作人员，对赵州桥的基础进行了勘测并且撰写了详细的调查报告，并在此基础上绘制了实测图。他在报告中写道："为要实测券基，我们在北面券脚下发掘，但在现在河床下约70—80 厘米，即发现承在券下平置的石壁。石共五层，共高 1.58 米，每层较上一层稍出台，下面并无坚实的基础，分明只是防水流冲刷而用的金刚墙，而非承纳桥券全部荷载的基础。因再下 30—40 厘米便即见水，所以除非大规模的发掘，实无法进达我们据学理推测的大座桥基的位置。"

　　1956—1958 年，国家拨专款 30 万对赵州桥进行抢救性修缮，修缮后的赵州桥基本上保持了隋代的原始风貌。这次修缮由我国著名桥梁泰斗茅以升主持，在这项工程结束后，茅以升还撰写了《安济桥》，使得赵州桥的名字传遍了大江南北，让人们耳熟能详。

　　1979 年 5 月，由中国科学院自然史组等四个单位组成联合调查组，对赵州桥的桥基进行了调查，自重为 2800 吨的赵州桥，它的根基只是由五层石条砌成高 1.55 米的桥台，直接建在自然沙石上。可以说，这么浅的桥基简直令人难以置信。有些建筑学家在此之前认为这只是防流水冲蚀而用的金刚墙，而不是承载桥券所有荷载的基础。

　　为了保护赵州桥，20 世纪末在赵州桥东一百米处新建了桥梁，其结构是沿袭赵州桥的，只是把主拱上的小拱数量增加到一边五个。

（三）众说纷纭的建桥时间

　　关于赵州桥的确切建造年代历来是众说纷纭，但以隋朝后期"605—608

年"和"605—616 年"之说最为普遍。这是因为在赵州桥上的游客题名石中发现了宋代人石刻迹象，上有"桥作于隋大业年间……"等字样，因此"赵州桥隋大业年间"的说法得到了普遍的认可。以下几种关于建桥时间的记载，可以为这些说法很好地佐证。

1. 据《金石汇目分编》卷三补遗中记载：安济桥下曾发现唐山石工李通的题名石，上刻有"隋开皇十年"字样。这里所说的唐山，也称为尧山，在今天河北省隆尧县东北，与赵县相距很近，因此这种说法与安济桥西部采石区的获鹿县相比较，更加接近赵州桥的桥址。隆尧县境内的尧山，历史上出产石料，技艺高超的石匠层出不穷，因此李通作为唐山匠师亲身参加赵州桥工程建设是很自然的。而这一石刻是当时当地的石工留下的题记，所指示的年代应当比宋人更加可信。这样看来，以隋开皇十年定论，赵州桥应建于隋开皇十一至十九年（591—599 年）间。

2. 这一说法是在赵州桥东南方的河床中，发现了一个八角形石柱，有一篇《新修石桥记》是刘超然所写的，上面的文字写道："隋人建石桥凡十百祀，壬申岁（792 年）七月，口水方割，陷于梁北之左趾，下坟岸口崩落，上排笁又嵌戟，则修之可为……贞元九年四月十九日。"这段文字是关于赵州第一次修缮的记录。这个记载说明了 792 年被大水冲坏的赵州桥，已建成将近二百年了，据此，可推定赵州桥建于 592 年左右。

3. 1955—1958 年对赵州桥进行了修缮，这是中华人民共和国成立后的首次修缮，在桥址河床处挖出大块积石 1200 余块，其中有六块刻字的修桥主题名石，可以认为这些积石都是建造时所题名的。

赵州桥上刻有许多东西，不但有花饰、蛟龙这些石刻，还有建桥时的官员的职名、官位，如："云骑尉""骁骑尉"等。查此官职，均始于隋开皇六年（588 年）。《隋书》载："开皇六年，尚书著二十四司各置员外郎一人，以司其曹之籍帐……吏部又别置朝仪、通仪、朝清、朝散、给事、承奉、儒林、文林等八部，武骑、屯骑、骁骑、游骑、飞骑、旅骑、云骑、羽骑八尉，其品则正六品以下，以九品以上……"

隋文帝时的官员职名，从开皇六年至二十年一直到仁寿年间，改称的不是很多。而到炀帝登位后，则变动非常大。《隋书》中记载："炀帝即位，多所改革，三年定令，品自第一至第九，唯置正从而除上下阶。""旧都督以上，至上柱国，凡十一等，及八郎、八尉、四十三号将军皆罢之"。从这些记载可以看出，修桥所刻的官职名，只是隋开皇六年至隋大业前这一时期（586—604 年）。由此可以从侧面推断出，赵州桥并非建于炀帝大业年间（605—618 年），而是建于隋开皇六年到隋大业前这段时间。

4. 曾在赵州桥北面的洞下，找到了一块"赵卞非"题名的大石。这块石头因为受到历年大水的冲刷，上面的文字大多被湮没，仅剩下二十多个字依稀可以辨识，石刻上有"乙丑"二字，由此可以推断这些字是大业元年（605 年）刻上去的。可以认为，这是在赵州桥建成后有游客到这里留下的。这一说法与《宝刻丛编》中的"栾州使君江夏徐口碑"的说法类似。《宝刻丛编》上记载着"郗士威撰侯彦直分书，大业二年七月十五日立大川石桥前"的文字。说明石碑树立时（606 年），赵州桥已经竣工并且可以使用。

5. 众所周知，隋开皇年间，也就是隋文帝在位期间，文帝推行轻刑减税的政策爱护平民百姓；而且他还一分尊重女子，即使对待民妇和奴婢也是爱护有加，沿用并推行北齐的"均田法"（普通民众一夫受露田 80 亩，一妇受田 40 亩，奴婢受田与良人同等）。因此在赵州桥址掘出的修桥主题名石上，刻有"大女赵妃""大女马"等女子之称，反映了妇女在当时的社会地位与经济能力的优越性。可以推断这种情况是隋文帝在位时发生的，而这在以暴政著称的隋炀帝执政期间（大业年间）是难以想象的。

隋文帝非常重视女性。他之所以能够轻易地推翻北周而建立隋，正是与他的女儿是周宣帝正后的这一特殊关系分不开的。在隋文帝建立隋朝以后，国力不是很强大，要依靠鲜卑贵族对隋朝的支持，因此让他的妻子，皇后独孤氏（鲜卑人）直接参政权的管理，皇宫中，尊称她为"二圣"。而且在开皇中后期，隋文帝还将安义公主许配给突利可汗，以利用邻邦的帮助成就自己大业。

综上所述，可以看出隋文帝是非常重视妇女的，他认为妇女在促进经济发展和政治斗争中有着不可忽视的作用。因此，从赵州桥石刻上关于妇女的题名可以看出赵州桥是建于开皇年间的。

6. 山东东平县，建有"清水石桥，在县西三里，隋仁寿元年（601 年）造，石作华巧，与赵州桥相垺……"此文表明在 601 年造清水桥时，赵州桥不仅建造成功，且已声名远扬，成为各地争相效仿的代表作了。

7. 我们在介绍赵州桥时介绍了它大胆创新的设计，并且还伴有"敞肩""坦拱"等结构型式，其跨度之大为当时中外石拱桥之最，这些在当时都可以称为造桥历史上的创新，在建筑艺术与施工技巧等方面都可以说是独创的。这种大胆的创新设计不可能是历史的偶然，这些著名的设计工匠也是在借鉴前人宝贵经验的基础上，结合当时各地的桥梁建造的优点，集历史大成所产生的飞跃性的作品。因此我们沿着赵州桥的建造足迹，一定会找出在同一时期许多建造的桥梁，在这些桥梁中可以找到赵州桥的建造佐证。

在一些考查报告和史籍记载中，隋代主要桥梁大多建于隋开皇中期（590 年）前后，具有代表性的有山东胜县城南 40 里的外官桥，它跨薛河，为高一丈的九孔石桥，建于开皇八年（588 年）。李白称赞的"双桥落飞虹"的济川桥，也为开皇时所造，桥址位于安徽宣城德门之外，横越宛溪。湖南元江县十八里，有古横桥，为隋开皇九年建。隋越公杨素所筑江西太和县武溪桥及《畿辅通志》

载：跨方顺河的石拱桥，皆建于此年间。这些史料的记载都足以说明赵州桥是建于隋朝开皇年间的。

综合以上历史文献资料可知，赵州桥不应该是"隋炀帝大业年间（605—618 年）所建，可以认为赵州桥是隋文帝开皇十一至十九年（591—599 年）间的一项伟大工程。

二、赵州桥的独特设计

赵州桥以其独特的设计、如月如虹般的造型赢得了自古至今许许多多文人墨客的赞赏。唐代中书令张嘉贞特地为所桥作《安济桥铭》，认为"制造奇特，人不知其所为"。唐朝的张称："郡南石桥者，天下之雄胜。"明人祝万祉在诗中说："百尺高虹横水面,一弯新月出云霄。"这些赞赏都恰如其分地形容了赵州桥的独特与绝美。

（一）设计创新

1. 采用圆弧拱形式

这一形式改变了我国大石桥多为半圆形拱的传统。

我国古代石拱桥的形状大多为半圆形，这种形式的优点是比较优美、完整，但也存在两方面的缺陷：一是交通不便，半圆形桥拱对跨度比较小的桥梁比较适合，但是跨度大的桥梁选用半圆形拱，就会使拱顶很高，这样就会造成桥很高而坡变得很陡，给行人和车马行走，带来了很多不便。二是施工不便，半圆形拱石的结构在建造砌石时，必须采用很高的脚手架，随之而来就增加了施工的危险性。

鉴于以往桥梁的这些缺点，李春和工匠们集思广益，创造性地采用了圆弧拱形式，这样石拱的高度就大大降低了许多。赵州桥的主孔净跨度为 37.02 米，而拱高只有 7.25 米，拱高和跨度之比为 1:5 左右，这样就实现了低桥面和大跨度的双重目的，这种圆弧拱形式的桥面过渡平稳，车辆行人非常方便，同时这样的形式还具有省用料、施工方便等优点。当然，任何设计都会存在一定的缺陷，圆弧形拱对两端桥基的推力相应增大，需要对桥基的施工提出更高的要求，这在当时建筑技术发展水平不高的条件下，是一项很困难的工程。

2. 采用敞肩的拱肩形式

以往的桥梁建筑多采用实肩拱的形式，这种形式需要大量的土石材料，桥身的自身重量也相对增加了，李春就在设计中对拱肩进行了重大改进，改为敞

9

肩拱，即在大拱两端各设两个小拱，靠近大拱脚的小拱净跨为 3.8 米，另一拱的净跨度为 2.8 米。这种大拱加小拱的敞肩拱形式具有优异的技术性能：首先，它增大了泄洪能力，减轻了洪水季节由于水量增加而产生的洪水对桥的冲击力。古代洨河每逢汛期，水势很大，对桥的泄洪能力是个很大的考验，在这种敞肩式的设计中，四个小拱就可以分担部分洪流，据计算，四个小拱可增加过水面积 16% 左右，大大降低了洪水对大桥的冲击，提高了大桥的安全性。

其次，敞肩拱之形与实肩拱相比可节省大量土石材料，也减轻了桥身的自重，据计算四个小拱可以省下石料 26 立方米，自身重量也可以减轻 700 吨，从而减少了桥身对桥台和桥基的垂直压力和水平推力，增加了桥梁的稳固性。

第三，增加了造型的审美性，四个小拱是呈现均衡对称设计的，大拱与小拱构成了一幅完整的图画，显得更加娟秀轻盈，体现了建筑和艺术的完整统一。

最后，这种结构还具有科学性，符合结构力学理论。敞肩拱式结构在承载时使桥梁处于有利的状况，可减少主拱圈的变形，提高了桥梁的承载力和稳固性。

3. 单孔长跨的形式

我国古代的桥梁建筑方法是，一般比较长的桥梁多采用多孔形式，这种多孔形式具有每孔的跨度小、坡度平缓、便于修建的优点。但是多孔桥也有缺点，

如桥墩多，既不利于船舶的航行，又阻碍了洪水的宣泄能力；这样的多个桥墩长期受水流冲击、侵蚀，久而久之容易倒塌损毁，对过往行人的安全造成了一定的威胁。因此，李春在设计大桥时，采用了单孔长跨的形式，河心不立桥墩，使石拱跨径长达 37 米之多。这样的设计不仅增加了石桥的泄洪能力，而且安全性也大大增加了。这是我国桥梁史上空前的创举。

（二）建造技术的创造性

1. 桥址选择比较合理，使桥基稳固牢靠。

桥梁的位置选择不是一个随意的过程，而是要根据当地的地理情况，经过

仔细的勘察比较才可以完成的。

李春和一些工匠就是根据自己多年丰富的实践经验，经过严格周密的勘查、比较，最后选择了交河两岸较为平坦笔直的地方建桥。这里的地层是由河水冲积而成的，地层表面是经过长久的水流冲刷而成的粗沙层，在粗砂石层下面是细石、粗石、细沙和黏土层。现在对这些土层进行了测算，这里的地层每平方厘米能够承载 4.5—6.6 公斤的压力，而赵州桥对地面的压力是每平方厘米 5—6 公斤，这样的选址就能够大大满足大桥的承重要求。因此可以说桥址的选择是很重要的，从赵州桥建成到现在一千多年的时间，桥基仅下沉了 5 厘米，说明当时设计师李春的选择是非常正确的，也证明这里的地层非常适合建桥。

2. 赵州桥的砌置方法新颖、施工修整方便。

赵州附近州县生产的石料是非常好的建桥材料，这种质地坚硬的青灰色沙石在附近州县有很多，有便于李春就地取材。

在石拱的砌置方法上，李春采用的是顺着桥的方向纵向砌置的方法，这种方法就是：整个大桥是由 28 道每道都独立的拱券沿宽度方向并列组合而成，拱厚均匀的为 1.03 米，每券各自独立、单独操作，非常轻巧灵便，每券砌完全合拢后就成一道独立拱券，当把承担重量的"鹰架"进行移动时，就再砌另一道相邻的拱。

这种砌桥方法有非常多的优点，首先，它可以节省制作"鹰架"所用的木材；其次，它非常易于移动；第三，这种方法有利于桥梁进行多次维修，这是因为一道拱券的石块损坏了，只要嵌入新石，局部修整就可以完成了，而不必对整个桥进行修改。这样就大大减少了修缮桥梁所用的时间和费用，不但在当时方便省时，而且还为后人对桥梁的修整提供了方便。

3. 在保持大桥稳固性方面采取了很多严密措施

桥梁是供人们行走的，为的是方便交通，但桥梁的安全性却是最主要的因素，因此在建造桥梁时，设计师都会把安全性和稳定性放在第一位。同样，赵州桥的建造者李春也是首先考虑到桥梁的稳固性的，并且在增加桥梁的稳定性方面采取了许多措施。

为了加强赵州桥各道拱券之间的横向联系，使 28 道拱组成一个有机整体，能够紧密的联系并且达到牢固的目的，李春采取了一系列技术措施：

（1）每一拱券都运用了上窄下宽和略有"收分"的方法，这样的设计可以使每个拱券向里面倾斜、紧紧靠拢，增强桥梁的横向联系，这是为了防止拱石向外面倾斜，造成坍塌。在桥的宽度建造上也采用了少量"收分"的办法，就是从桥的两端到桥顶把桥宽逐渐收缩，具体是从最宽处的 9.6 米收缩到 9 米，在收缩的过程中可以加强大桥的稳定牢固性。

（2）赵州桥的设计中还在主券上沿桥宽方向设置了五个铁拉杆，每个拉杆的两端，有半圆形的杆头裸露在石头外面，穿过 28 道拱券，以夹住这 28 道拱券，增强桥梁的横向联系。在四个小拱上也各有一根铁拉杆，起着相同的作用。

（3）赵州桥在设计时还对拱石进行了保护，即在靠外侧的几道拱石上和两端小拱上建造了一层护拱石，这样可以起到保护拱石的作用，加强桥梁的稳固性。还在护拱石的两边设计了六块勾石，为的是钩住主拱石，使这些拱石都连接在一起增加牢固性。

（4）在以上设计的基础上，为了使邻近的几块拱石紧紧贴合在一起，在两侧外券邻近的拱石之间还穿有起连接作用的"腰铁"，各道券之间邻近的石块也都在桥拱背上穿有"腰铁"，把拱石连锁起来。为了增大桥梁的摩擦力，加强各券横向的联系，在每块拱石的侧面都凿有细密斜纹。这些措施的采用使整个大桥连成了一个紧密的整体，增强了整个大桥的稳定性和安全性。

4. 独具特色的赵州桥桥台

赵州桥在桥址的选择上是经过细心的勘探的，这样做就是为了找到一个最佳的位置建造桥梁。当桥址选定好后，接下来就是桥台的建造过程，可以说桥台是整座大桥的基础，它必须能够承受大桥主拱圈（桥身主体）轴因向力分解而成的巨大水平推力和垂直压力。赵州桥的桥台就秉承了这样的设计理念，并且独具特色。

（1）拱脚比较低。赵州桥的拱脚在河床下仅半米左右，这在当时的桥梁中是属于比较低的了。这样的拱脚也是在为整个大桥的稳固性做基础。

（2）较浅的桥基。桥基底面在拱脚下 1.7 米左右，这与其他桥梁的桥基相比是非常浅的。据记载，赤水桥的桥基是 4.5 米左右。

（3）很短的桥台。由上至下，用逐渐加厚的石条砌成 5 米长、6.7 米宽、9.6 米高的桥台。这是一个既经济实用又简单的桥台。为了保障桥台的稳定性，李春采取了许多稳固基础的措施。为了减少桥台的垂直位移（即由大桥主体的垂直压力造成的下沉），他还采用了在桥台边钉入许多木桩的措施，这些措施都可以加强桥台的基础，这种方法在今天的厂房、桥梁建筑中也经常采用。为了减少桥台的水平移动（即由大桥主体的水平推力造成的桥台后移），李春采用了拉长桥台后座的办法，以抵消水平推力的作用。

为了保护桥台和桥基，李春还在沿河一侧设置了一道金刚墙，一方面可以防止水流的冲击作用；另一方面金刚墙和桥基、桥台连成一体，增加了桥台的牢固性。李春等工匠在建造桥梁的过程中，处处想到要加强桥梁的稳定性，而这些措施也为这座千年古桥的存在打下了坚实的基础。

（三）赵州桥的设计原理

赵州桥在设计上运用了单孔的设计方式。运用单孔石拱架，既增加了排水的作用，又方便了船舶的往来。石拱的跨度为 37.7 米，连南北桥堍（桥两头靠近平地处），总长 50.82 米。采取这样的巨型跨度，在当时是一个空前的创举。石拱跨度很大，但拱矢（石拱两脚连线至拱顶的高度）只有 7.23 米。拱矢和跨度的比例大约是 1：5。可见桥高比拱弧的半径要小很多，整个桥身只是圆弧的一段。这样的拱，叫做"坦拱"。坦拱降低了桥的坡度，方便了往来的车马行人。而更为绝妙高超的是，在大石拱的两肩上各砌了两个小石拱，从而改变了过去大拱圈上用沙石料填充的传统建筑形式，创造出了世界上第一个"敞肩拱"的新式桥型。这是一项伟大的科学发明，其优点在于：第一，减轻了桥体的重量，节省了许多建筑材料。经过计算，这四个小拱留下来的空间可以把材料填充进去，可以填料 180 立方米，大约 500 吨左右。这不但省工省料，还减轻了桥身净重的 15.3%，从而降低了石桥对河岸地基的压力，相应地增加了桥梁的安全系数，使得桥梁的使用期限相应延长了许多。此外，这种做法充分运用了小拱对大拱所产生的"被动压力"，从而大大增加了桥梁的牢固性。第二，四个小拱留下的四个小洞，增加了排水量。在洪水较大的季节，桥下过水的面积增加，相对减轻了洪水对桥身的冲力。第三，大拱之上加两对小拱，显得均衡、对称，给人以一种轻巧的美感。赵州桥这一美轮美奂的造型使得它更加绰丽多姿。

赵州桥的施工方案非常科学巧妙。在桥梁建筑中，砌筑拱洞的方法有两种，一种是横向联式砌筑法，另一种是纵向并列式砌筑法。其中横向联式砌筑的拱洞是一个整体，比较稳固，但是这种砌筑法的缺点是要搭上大木架，而且一定要在整个拱洞建造完成后，才能把这个大木架拆除掉，这样就会造成很长的施工期，既费时又费力。纵向并列的砌筑方法是把整个大桥沿宽度用28道独立的拱券并列结合起来。每道拱券独立修筑，合起来以后自成一体。这种砌筑方式是在一道拱洞砌完后，就把砌筑时用的大木架移走，然后就接着砌另外一道，然后再移走木架，就这样一道一道地砌筑。这种纵向并列式的砌筑方法的优点是，既节省了搭木架的材料，又便于移动木架分别施工，并且以后还便于维修。因为每道拱券都能独立承受重压，28个拱券拼成一个大拱券，如果某一道拱券损坏了，可以部分施工维修，而且不影响整个桥身安全。

但是，纵向并列砌筑法也存在一定的缺陷，并列的拱券之间缺乏联系，整体结构并不结实。李春在建造赵州桥时之所以大胆采用纵向并列砌筑法，是由于他充分考虑到了洨河的水文情况和施工进度的矛盾。在当时条件下，建造这样的大石桥不可能短期竣工。而洨河冬枯夏涨，如果采取横向联式砌筑法，工程进行到一半，遇上洪水，木架和已砌成的部分桥梁就要被冲毁，可是采取纵向并列砌筑法即使遇上洪水，也不会太受影响。当时李春为了克服纵向并联砌筑法整体结构不结实的缺点，采取了一系列的措施，他先用九条两端带帽头的铁梁横贯拱背，串连住28道拱券，加强横向联系，再对两块毗邻的拱石，用双银锭形的腰铁卡住，然后在桥的两侧设计长1.8米，外头向下延伸五厘米的勾石六块，这样可以钩住主拱券。拱券外还有护拱石，这样整个桥身就可以连接在一起。另外，利用拱脚比拱顶宽0.6米的少量"收分"来防止拱券倾斜。赵州桥经过1400多年的洪水、地震等灾害的考验，证明了这种施工方案是极其科学的。

三、赵州桥"三绝"

赵州桥是当今世界上跨度最大、建造最早的单孔敞肩式石拱桥，是世界桥梁史上的一个创举。赵州桥这一伟大的桥梁建筑在其设计中，有一些人们意想不到的绝妙之处。人们把这些设计称之为赵州桥"三绝"。

（一）"券"小于半圆

在我国古代建筑中，人们习惯上把弧形的桥洞、门洞这样的建筑方式叫做"券"。在中国古代桥梁中，一般石桥的券大部分都是半圆形的，我们介绍的这种半圆形的券不适合在跨度大的桥梁中使用。赵州桥的跨度就非常大，从这一头到那一头有 37.04 米。如果把券修成半圆形，那桥洞就要高 18.52 米。这样车马行人在桥上行走，就好比越过一座小山，非常费劲。赵州桥的券是小于半圆的一段弧，这样既减低了桥的高度，减少了修桥的石料与人工，又使桥体非常美观，如天上的长虹、弯月一般。

（二）"撞"空而不实

券的两肩叫做"撞"。普通石桥的撞都用石料砌实，但赵州桥的撞没有砌实，而是在券的两肩各砌了两个弧形的小券。这样不仅节省了大约 180 立方米石料，而且还使桥的重量减轻了大约 500 吨。这样的一个建造对桥梁排泄洪水起到了非常大的作用，每当洨河涨水时，一部分水可以从小券流过，既可以排水，又减少了洪水对桥的冲击，保证了桥的稳固和安全。

（三）洞砌并列式

赵州桥的设计中用了 28 道小券并列成 9.6 米宽的大券的方式。可是用并列式砌，各道窄券的石块间没有联系，这样的建造没有纵列式牢固。李春为了弥补这个缺点，在建造赵州桥时，在各道窄券的石块之间加了铁钉，将它们连成了整体。用并列式修造的窄券，即使坏了一个，也不会牵动全局，维修起来比较容易，而且在桥梁维修时也不会影响桥上的交通。

四、赵州桥的生动传说

赵州桥是中国第一座石孔桥，其结构独特、气势非凡，被誉为华北一宝。民间有"沧州狮景州塔，赵州石桥大菩萨"的民谚，在国内外享有盛名。众所周知，赵州桥是我国造桥史上的杰作，是隋代杰出工匠李春和众多石匠共同建造的，但在民间传说中，认为此桥是巧匠鲁班所建。说是昔日，河水浊浪翻滚，汹涌而下，两岸百姓只得靠木船摆渡。一天夜里，月光皎洁，木匠祖师鲁班，赶着白花花的羊群来到这里。瞬间，羊群化作各种各样的石头落入河中。鲁班借势挥锤动工，到拂晓时分，桥梁建成。这个传说在民间流传颇广，在百姓心中留下了深刻的印象。同时赵州桥的独特设计与牢固的桥体也深深地刻在了人们心中，从古至今许多到过此处的人都赞叹它如月如虹的设计，史册上关于赵州桥的歌谣和文学作品不胜其数，在民间更是流传有许多关于赵州桥的美丽动人的传说故事。

（一）张果老倒骑毛驴

古时候，有一位能工巧匠名叫鲁班，他用一夜时间，在赵州城南汶河上建成了一座大石桥，这座石桥为当地百姓带来许多便利。因此这个振奋人心的消息，被当地百姓传向了四面八方，而且越传越远，一直传到了天上，被仙人张果老听到了，好奇的张果老不相信鲁班能有这样大的本领，于是就骑上毛驴邀请柴王爷推车、赵匡胤拉车来到了赵州汶河。三人来到赵州汶河畔，看了这座桥的构造都非常佩服。他们都觉得赵州桥犹如苍龙飞架，新月出云，又似长虹饮涧、玉环半沉，非常奇妙。于是三人赞叹道："鲁班造桥果然名不虚传，真是天下奇工啊！"

这时，好动心计的张果老，对柴王爷说："咱们这次来不能白跑一趟，应该考验考验鲁班，不能让他由此产生骄傲情理"柴王爷和赵匡胤都非常赞同。这时鲁班见到三位仙人迎面而来，招呼道："欢迎三位贵客光临！请多多指教！"张果老问道："鲁先生，听说你造的这座桥不错，名扬天下，能让我骑上毛驴过一趟吗？"鲁班听了，毫不在意地说："自从这座桥建成以后，千军万马都过得去，你这小小的毛驴不在话下。"张果老接着说："如果我骑毛驴能平安走一趟，从此以后我就倒骑毛驴。但是，如果你建的大桥经不住我走一趟，请你远走高飞，不要在此逞能，妄称天下匠师。"鲁班苦笑着答应了张果老的要求。这时，柴王爷和赵匡胤也拍着胸脯要求一同过桥。于是，鲁班也答应了他们两人的要求，满不在乎地说："大小车辆从早到晚在桥上过，就凭你们这辆破独轮车，还能把大桥车坏？太可笑了！"三位仙人一商量觉得鲁班很狂妄，觉得这座大石桥不会建造得这么稳固，三人想灭灭他的嚣张气焰。

　　于是瞬间，三人走上桥，张果老转身一施法术，拘来日月星辰，顺手装进身上的褡裢里。柴王爷和赵匡胤也各自施用法术拘来了五岳名山，轻轻地放在了独轮车上。这时，三人的重量是非常重的，小毛驴被压得直叫、车子被压得直响。三人还没有走上桥顶，大桥就经受不住了，开始摇晃起来，鲁班看到情况不妙，急忙跳下河去，举起一只手，用尽全身力气托住桥身，大桥才转危为安纹丝不动了。三人平安地走过赵州桥，张果老过桥后，向鲁班当面认输，从此以后就倒骑毛驴了。

　　这则传说在民间广为流传，为赵州桥增添了一抹神秘的色彩。

（二）古桥仙迹的来历

　　人们来到在古老的赵州桥上观赏时，可以在桥面上清晰地看到几道车轧形成的小沟，这里面也有着一个动人的传说。当年张果老、柴王爷、赵匡胤过桥时，因毛驴载重过大，留下了几个深深的驴蹄印。柴王推的独轮车超重，车轮子在桥面轧了一道深沟。赵匡胤拉车用力过猛，柴王爷右脚一滑跪在桥面上，留下了一个大大的膝盖印。在桥的拱顶东侧底面，鲁班用力托桥身时，留下了一个大手印。这就是古桥仙迹的传说。这些印迹虽然不知道具体是什么人留下的，但这个美丽的传说给人们带来了无限的遐想。这些仙迹也被誉为"赵州第一胜景"。

　　后来，京剧《小放牛》里这样唱道："女：赵州石桥什么人修？玉石栏杆什么人留？什么人骑驴桥上走？什么人推车轧了一道沟……男：赵州石桥鲁班爷修。玉石栏杆圣人留。张果老骑驴桥上走。柴王爷推车轧了一道沟……"

五、赵州桥上的精美石刻

赵州桥首创了桥梁工程史上的新型结构，表现了精湛的施工技术，桥上留下了很多具有很高文化价值的雕刻，是中国古代传统文化的一个大载体，同时它又是一件不可多得的古代雕刻艺术瑰宝。赵州桥上惟妙惟肖的各种图案，使人们在欣赏它独特建筑设计的同时，不禁要大加赞叹它上面的精湛石刻。在大桥之上，"玉石栏杆"分列两侧，每侧各设21块栏板和22根望柱。布局是中间每侧设蛟龙栏板5块，蟠龙竹节望柱6根，两侧为斗子禾叶栏板和宝珠竹节望柱。赵州桥的雕饰主要集中在中间部分的栏板和望柱上，龙雕是其精华。中部每侧有5块蛟龙栏板，6根蟠龙竹节望柱，内外均是龙的形象，每侧有28条龙，两侧共计56条龙，如果再加上主拱券顶部两侧的各一个蚣蝮，总计58条龙，从而形成一个气势恢弘的群龙阵图。上面的蛟龙奇兽或盘或踞，或飞或腾，跌宕多姿，引人入胜。在艺术表现手法上既有粗犷豪放的写意，又有精致细密的工笔；布局详略得当，既有局部的变化又有整体的统一，形成苍劲古朴、浑厚豪放的艺术风格。

赵州桥横跨洨河，宛如长虹飞架，巨身凌空，气势雄伟。它的结构中的弧形平坦的主拱线上，对称地轻伏着四个小拱，仿佛四个巨型花环，装饰在桥身两肩，轮廓清晰、线条明快，在恢弘的气势之中，透露出矫健、轻盈的美感。桥面两旁有扶栏望柱，栏板有蟠龙石雕，栏板正面刻两条龙奋力向前穿透的形状，龙头相背，前脚互相抵着，后尾紧贴板上，龙全身刻鳞甲，构思巧妙。大桥顶部，塑造出想象中的吸水兽，雕塑于石桥上的这种石兽寄托了人们对大桥不受水害、长存无疆的美好愿望；栏板和望柱上雕刻着精美的石雕群像，其中有各式的蛟龙、兽面、花饰、竹节等。大桥上的这些石刻昭示了赵州桥的悠久文化，也是中国古代传统文化的一个重要体现。

（一） 桥上的饕餮

赵州桥上雕刻有很多龙，而在群龙之中，最引人注目的就是位于桥巅的饕餮。饕餮是传说中一种贪吃的恶兽，但在古代书籍中，关于它的记载说法不一，有的说是"有首无身"，有的说是"龙种异称"，还有说是"龙生九子之一子"等等。总之，饕餮是以贪吃、凶险为特征的一种神兽。赵州桥上的饕餮雕刻在大桥顶部最中间位置的整块栏板上，毛发分披、两耳竖起，两只大眼凶光毕露，欻欻开合，怒视前方。饕餮的这一凶恶形象与在桥栏板两旁飘逸的蛟龙形成了鲜明的对比，蛟龙是赵州桥的保护神，它战胜了饕餮，保护了洨河两岸的人民。而雕刻饕餮的用意在于以恶兽示警，劝诫人们向着善的方向行事。

（二） 桥上的龙

赵州桥上雕刻有很多龙，这些形象栩栩如生，为这座千年石桥增添了非常恢弘的一笔。龙是传说中的一种神奇灵物。据说龙"能大能小，能升能隐，大则吞云吐雾，小则隐介藏形，升则飞腾于宇宙之间，隐则潜伏于波涛之中"，龙还可呼风唤雨，神通广大。在过去，不论是皇帝，还是普通百姓，都对龙的形象倍加推崇。龙不仅是权威和吉祥的象征，更是吉祥和美好的象征。赵州桥以龙的形象作为雕塑的主体，寄寓了人们希望赵州桥永久长存、风雨不倒、通济利涉的美好愿望。

（三） 桥上的吸水兽

赵州桥主拱券顶部两侧，各有一个蚣蝮，样子很像龙头，因此当地的人们把它称为"老龙头"。根据史料记载，这种蚣蝮"属龙种异称……性好水，故多嵌刻在桥涵"。蚣蝮是一种性情善良而且非常喜好水的兽类，因此又称为吸水兽，它能够根据河水的情况适时调节水量，使洨河水"少能载船，多不淹禾"，保佑一方平安，备受百姓崇敬。雕刻者用这种灵异之物镇于桥顶两侧，而且设计时是让它面向滔滔河水，寓示大桥会永避水害、长存永安。

（四）桥上花饰、竹节

赵州桥上的雕刻除了兽类以外，还刻有一些在中国民俗中经常用的器物或用谐音来表示寓意的东西，这在赵州桥的雕刻中是非常多见的。赵州桥两侧的斗子禾叶栏板，选择了人们生活中常见的农作物禾叶和粮食容器斗子，寓意"五谷丰登"。桥上的竹节宝珠望柱，是把佛教"八宝图"中的宝珠和平头竹节融为一体，取其谐音"竹报平安"。元宝在我国古代的寓意是兴旺发达、生活富裕，又是"八宝"之一，大桥以铁制成的对底双元宝形扒锔镶嵌在每相邻的两块拱石之间，这种设计方式既加固了桥体，同时又起到了美化桥身的作用。在桥顶同样存在这种用器物来寄予希望的雕刻。赵州桥桥顶的仰天石边沿上排有等距离的八瓣莲花帽石，而莲花是佛教的八吉祥物之一，这样的做法寓意着吉祥、平安。

（五）将二十八宿运用于桥上

二十八宿是古人用于观测日月星辰运行时作为坐标的 28 组恒星或星座，由于它们环绕于天际四周，很像日月五星的栖宿之所，故称为二十八宿。古人还把二十八宿分为东南西北四宫，而每一个宫是以想象中的一种动物来命名的，其中东方七宿为青龙，西方七宿为白虎，南方七宿为朱雀，北方七宿为玄武。青龙、白虎、朱雀、玄武就是所谓的"四象"。二十八宿在传统文化中应用非常广泛，同样，在赵州桥的设计中主拱券共为 28 道，每侧栏板上有 28 条龙。这种设计方式正是运用了二十八道主拱对应于天上的四象二十八宿，二十八宿又对应于桥每侧栏板上的二十八条蛟龙。赵州桥一桥之上，包含了天星、蛟龙等许多神物，这些神物好像都在保护整座大桥，使得其能够永久存在。我们可以看到整座大桥上的雕刻都不是随意的，而是有一定的依据，有一定的寄托的，这些都充分显示了中国传统文化的博大精深，以及中国古代劳动人民的审美理念。

（六）桥上雕饰的雕刻理念

赵州桥上的雕刻让我们赞叹不已，统观上面的这些雕饰，我们会发现大桥中部较细密，两侧相对简略。雕刻者这样独具匠心的雕刻理念使得这座大桥更显示了它的脱俗之处。赵州桥上的雕刻不像小石桥那样上面雕刻得应有尽有，从头到尾紧密雕刻不留余处。在赵县有一句俗语："大石桥看功劳，小石桥看花草。"就是说赵州桥工程浩大、年代久远、举世闻名；小石桥装饰华丽，另有特色。赵州桥的雕饰决不是当时造桥者的疏忽和省略，而是因时因地、独具匠心的有意之作。因为赵州桥地处古代交通的要道，过往行人非常繁多，大桥如果不雕刻花饰，那么桥上图案就会显得美中不足，只是用作交通，而失去了欣赏价值。雕刻者则考虑得很细致，因为整座桥在洨河上，这条大河河水汹涌、地势险要，在选择雕刻时能够兴云作雨、威力无比的龙自然就成为首选的形象，因此我们今天看到大桥的雕刻是以群龙为主的。但设计者考虑到如果大桥所有的栏板全为龙雕，一方面显得单调重复，另一方面过往行人会经常留意于欣赏桥上的精美画面，从而造成行人滞留、拥挤，这样非常容易发生事故，不利于行人的安全和桥梁的安全。因此设计者在雕刻时，仅选择了少数几处进行精细的雕刻，而在桥的两侧则改为很简略的斗子禾叶栏板和宝珠竹节望柱。龙为神圣之物，备受人们的敬爱，雕刻于桥梁的中央顶部是最适宜的。大桥带有一定的坡度，行人由两端上桥而行，行走时多少有一点艰难，两侧的雕饰如太过醒目，容易使行人分散注意力，因此设计得比较简略。设计者还考虑到了行人行走到了桥梁的顶端，这里是一小段平坦的道路，人们不免会观赏远近的景色，停留休息片刻，但桥梁上并不是供人们观赏停留的地方，这样容易造成交通拥堵，出现危险的情况，设计者考虑周全、心思细密，有意在大桥顶部两侧雕刻有气势凶猛的饕餮恶兽，使人们见到这样的雕刻心生畏惧，不敢长久逗留。从艺术角度来看，行人由观赏姿态优美、祥和的蛟龙图案，到突现阴森狰狞的凶兽，再转之于群龙之中，气氛跌宕起伏，富有情趣，回味无穷。

赵州桥有桥联："水从碧玉环中过，人在苍龙背上行。"这个桥联形象地说明了人们对这一不朽之作的美好赞扬。因此说赵州桥可以称得上是一件精美的艺术品。同样赵州桥上的这些雕饰也是设计者独具匠心的雕刻，处处体现了中国传统文化的悠久和博大，这座如虹如月的桥梁在历史文化长河中留下了自己恢弘的一笔。

六、赵州桥畔的灿烂历史文化

在举世闻名的赵州桥畔，矗立着一座历史悠久、文化灿烂的"千年古县""历史文化名城"——赵县。赵县拥有 2500 多年的文明，这座古城有着深厚的文化底蕴和独特的文化。几千年来，勤劳朴实的赵州人在这块土地上辛勤劳作、生息繁衍，和整个中华民族一道，创造了辉煌灿烂的民族文化。这里有举世闻名的天下第一桥赵州桥以及与之并称姊妹桥的永通桥；有享有"华夏第一塔"之盛誉的赵州陀罗尼经幢；有名播海内外的千年古刹赵州柏林禅寺等一大批珍贵历史文化遗产；有人类文明肇始的"伏羲文化""龙文化"遗存。悠久的历史和深厚的文化底蕴，使这座古城在拥有繁荣灿烂的现代文明的同时，依然闪耀着古老深厚的中华文明之光。

（一）独特的地理文化

1.桥文化

与赵州桥一脉相通的永通桥，飞跨于赵县县城西关永通路北的冶河上。永通桥始建于唐永泰年间（765—766 年），比赵州桥晚了 160 年。这座桥的结构形式和艺术风格与赵州桥十分相似，因此人们把它与赵州桥并称为"姊妹桥"，因为这座桥的规模要比赵州桥小些，因此称它为"小石桥"。这座桥是在赵州桥后出现的又一座现存年代较早、科学技术高超、艺术形象优美的弧形敞肩石拱桥，虽然它比赵州桥建得要晚，但是与国内同类桥梁相比较，它还是要早上千年。永通桥作为一座久具盛名的古代石桥，同样是国家重点文物保护单位。赵县石桥建筑非常多，还有位于赵县县城西南宋村东北洨河上的济美桥，这座桥与赵州桥和永通桥不同，它是多孔敞墩式石桥。桥梁的建筑艺术和石雕技艺也非常独特，极具传统的民族文化特色，但最终被拆毁。还有跨于沙河故道导航的沙河店石桥，这座桥是一座小型敞肩式石拱桥，从建筑此桥的工艺来看，它是仿照赵州桥的建筑风格而建造的。这些桥都秉承了赵州桥的建造技艺，都是在赵州桥的建造技艺基础上发展而造成的，赵州桥和这些桥群一起构成了独特而丰富的赵州桥的桥文化。

2. 赵州柏林禅寺及茶文化

中华茶文化是一种历史悠久的文化，赵县作为历史名城存在，不但拥有许多文化古迹、历史遗址，还有"赵州茶文化"，在赵县地理文化中作为一个重要而特殊的文化积淀存在。赵州柏林寺，不仅因创建久远、有高僧居住而闻名遐迩，昔日寺内所产赵州茶也享有盛誉，而且还记录着中日文化交流的一些事情。据清光绪《赵州志》载："活泼泉，在柏林寺后，最寒冽，宜于烹茶。"赵县的茶文化在许多地方都有记录，在这座寺院里有一片茶园，赵州茶被历代的文人墨客大加赞颂。今天在井陉县苍岩山上，有乾隆三十年所立的《普结良缘》的碑刻，上面写有："赵州茶大家知味，甘露香普请同恭。"杭州西湖也有关于赵州茶的相关石刻。据传，南宋时日本荣西禅师在今天的柏林寺居住时，从我国的南方引进茶种，在寺院内开了一个茶园，他回国时将赵州的茶籽带回到日本，从那时开始赵州茶便在日本繁衍生根。

禅与茶历来都是佛教界的热门话题，在如今赵县重兴的柏林禅寺里，"赵州茶"与"生活禅"的文化更是得到了大家的广泛赞扬。禅茶一味、相互体晤，这样才能体会到禅与茶之间的真谛。赵县举行了许多以禅与茶为文化主题的活动，1993年7月，柏林禅寺举行了以大中专学生为主体的首届"生活禅夏令营"，就是以"赵州茶"和"生活禅"为主题，这一活动就是将赵州茶文化与禅文化自然交融的过程。在今天的赵县人们也是按照这样的理念生活的，用茶和禅品味着生活的真谛。

3. 梨文化

赵州桥悠久的历史、独具匠心的设计、牢固坚实的桥身都是非常值得我们赞颂的，赵州桥给赵县人民带来

了许多便利，同时也成为悠久历史的文化载体。赵县地处太行山东麓中段的山前冲积平原上，地势由西北向东南倾斜，非常开阔平坦。有洨河、冶河、沙河、汪洋沟等季节性河流从这里经过。赵县的气候属于暖温带大陆性季风气候，处于半湿润半干旱地区，适宜多种温带农作物生长，有利于发展农业和林果业。全县有耕地 78 万亩，为全国著名的"雪花梨之乡"。深厚的历史、灿烂悠久的文化，使得赵县拥有了许许多多的文物古迹；得天独厚的自然条件和聪明智慧、勤劳上进的赵州人，给赵县大地创造了一片广阔的梨园文化景观。这里的名胜古迹和梨园文化景观交相辉映、连为一体、相得益彰，使赵县这座古城的历史文化和地理文化交融得恰到好处。据史料记载，赵州雪花梨已有 1700 多年的栽培历史了，自从汉代开始一直到南北朝时期，都是作为"宫廷贡品"送到宫廷之中的，魏文帝还特地将赵州雪梨命名为"宫廷御梨"，雪梨在当时受到了从皇宫到文人志士的欢迎和好评。在历史上有不少文人墨客对赵州的雪花梨进行了记述和品评。如唐杜佑《通典》记载："皇帝钦定常山郡（辖赵州）贡梨六百棵。"唐名相李吉甫在其《思乡诗》中，曾写下"正是北州梨枣熟，梦魂秋月到郊园"的诗句。赵州的雪花梨属于白梨系统，它的果肉细嫩、纯白得犹如玉一样，并且看起来似霜如雪，因此称为雪花梨。赵州雪花梨果型丰厚圆满、色泽金黄、肉脆核小、汁多甘甜，而且具有丰富的营养。此外，还可以用于药中，被誉为"天下第一梨"。

（二）桥畔古物遗迹文化

1. 伏羲文化和龙文化

在赵州桥畔，有很多历史悠久的中华文化，伏羲文化和龙文化这些文化与赵州桥一样，给这片大地增添光彩。伏羲是传说中的"三皇"之一，他对原始社会生产力的发展作出了非常大的贡献，主要表现在他教授先民结网捕鱼的知识，而且还使得当时的游猎生产方式变为农耕；女娲是传说中创造人类的始祖，对人类的繁衍生息作出了巨大贡献。赵州双庙村的"哥姐庙"经专家考证认为这里是伏羲文化的典型，这个庙是伏羲女娲婚前生活的地域标本，是非常值得研究的。在"哥姐庙"可以看到遗留的三口井，东边大殿内供奉的是哥哥，为伏羲庙；西边供奉的是姐姐，为女娲庙。传说，伏羲、女娲在结婚之前各自住在自己的庙中，各自引用自己庙中的井水，并且是以哥姐相称的。在成婚之后，繁衍了无数的子孙后代，这也是传说中人类的开始。

伏羲文化和龙文化是一脉相承的中华民族的文化瑰宝，赵州桥畔还有"龙牌会"及史前传说人物颛顼、共工、勾龙的形象，人们还以"勾龙化白蛾"传说故事为信仰，这些都成为了龙文化的遗存。

伏羲文化和龙文化是中华民族的本源文化，先祖伏羲在中华民族的发展过程中起到了奠基和启蒙作用，今天人们追寻这些文化，研究开发文化遗址，对我们弘扬中华民族优秀传统文化，具有非常深远的意义。

赵州桥附近拥有很多古文化遗址很多，如双庙古遗址、宋村商周遗址、王西章商周遗址、董村商代遗址、四德古遗址、北李家疃古遗址等，这些文化遗址，可以证明年代为商代到周代直至战国时期的文化遗存，这些都可以成为赵县拥有远古文化的有力证据。

2. 佛教文化

柏林禅寺位于河北省赵县县城（古称赵州）的东南角，与"天下第一桥"的赵州桥遥相对映。它始建于汉献帝建安年间（196—220年），古称观音院，南宋时称为永安院，金代改称柏林禅院，自元代起才称为柏林禅寺。在漫长的历史长河中，这座古刹虽然经历过几次毁弃，但现在却香火绵延、高僧辈出。据僧传记载，著名的译经大师玄奘在西行印度取经之前，曾来此从道深法师研习《成实论》。开成五年（840年），日本僧人圆仁入唐求经，途经赵州住在开元寺，写成驰名中外的《入唐求法巡礼记》。晚唐时，禅宗巨匠从谂禅师在这里居住达四十年，大行法化，形成影响深远的"赵州门风"，柏林禅寺因此成为中国禅宗史上的一座重要祖庭。

金代，这里曾改为律宗道场，有五代律宗大德来到这里弘扬戒律，时间长达五十年之久。金朝末年，法传临济正宗的归云志宣禅师主持法席，柏林寺由此革律为禅。元代，这里先后有圆明月溪禅师、鲁云行兴禅师，他们都是宗门大德，此时的柏林寺气势恢弘，成为燕赵一带的佛教中心。明清两朝，中央朝廷管理赵州地区佛教事务的机构——僧正司设在柏林寺。当时柏林寺的住持往往同时兼任僧正司僧正。近百年来，柏林禅寺遭遇过数次的灾难，以往鼎盛时期的殿堂、佛像都已荡然无存了。到1988年这里重新进驻僧人时，只有赵州禅师舍利塔及二十余株古柏，人们都为这座佛教古刹感到惋惜。

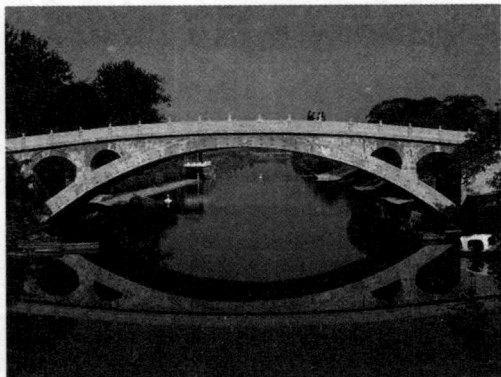

佛教文化在赵州源远流长，这里的佛教历史可以追溯到东汉末年（220年），文化悠久的佛教文化在这将近1800年以来绵延不息、光照史册。如今柏林禅寺是中国北方古老的佛教寺院之一，它使佛教文化在赵州桥畔发端、传播并走向鼎盛。如今，这里的佛教文化结合"赵州禅"提出了"生活禅"的修行理念，强调"大众认同，大众参与，大众成就，大众分享"，这些都在海内外产生了非常积极的影响。因而也使得赵州佛教文化世代传承并发扬光大。

3. 古代碑刻金石文化

赵县境内有许多金石碑刻，有赵州佛教文化的重要建筑赵州陀罗尼经幢，还有"大观圣作之碑"。这个石碑是宋代大观二年（1108年）镌刻的，碑额是蔡京手笔，书写博士李时雍摹写宋徽宗的"瘦金体"摹写了碑文，这些碑文已成为研究宋代治学和科举制度的重要史料。

除以上这些石刻碑文外，赵县还有许多精美细致的石刻文物。千年赵州桥上的碑刻是非常著名的石刻，包括隋、唐、明等所刻的关于赵州桥的序、铭、记等碑文。其次赵州桥的姊妹桥永通桥也有很多精巧细致的碑刻。佛教寺庙柏林禅寺中的碑刻，现存有宋、金、元、明、清各代有关柏林禅寺修葺、禅师和帝王旨诏等碑刻、名人书法。赵县所拥有的这些内容丰富、形式多样的古代碑刻，是后人研究佛教文化、寺庙建筑和历代书法艺术的重要依据。

七、今日赵州桥

悠久的历史、深厚的文化底蕴，见证了赵州桥的千年历程和历史的变迁，同样也昭示了这座悠久历史的古桥今天的辉煌和发展。昔日的燕赵古城，今天的赵州桥畔的赵县也和赵州桥一样努力发展和腾飞。今天人们为了纪念这座历时千年的赵州桥，为了展现这座古桥的独特魅力，也为了充分展现中华民族的悠久文化和古代劳动人民的勤劳和智慧，在赵州桥附近建造了一些能够展现赵州桥文化的建筑，使得来观光的游人能够更加清楚地了解这座千年古桥。

（一）赵州桥公园

在赵州桥进行修整之后，开始建造和赵州桥有关的园林。在 1986 年以赵州桥为中心，将洨河南北大石桥村连接成为一体，建成了赵州桥公园。这座公园中的建筑都是和赵州桥紧密联系起来的，也体现了赵州桥的独特文化。

1. 叠石屏

叠石屏坐落在赵州桥北面偏东 26 米处，矗立在公园中的北园门口。它是以玲珑剔透的太湖石砌叠而成，高 4 米，呈影壁形，这个叠石屏的形状类似小假山。周围用混凝土砌成池塘，在池塘的边上有矮栏环护。石的前面放着一个汉白玉石雕刻的"娃娃攀鲤鱼"喷水石，高 0.76 米，鲤鱼呈直立形，头向上，尾下甩一边；裸体娃娃手抓鱼须呈攀登状。这个雕刻的技术是非常精细的，而且形象逼真，让游人一进入门口就流连忘返。

2. 李春石像

李春石雕像位于赵州桥北边偏西 40 米处，是用汉白玉雕成的。雕像的基座 2 米，像高 3 米，雕像面东背西，坦胸昂首，手握斧头，眼望前方，他端庄、博学、深邃、刚毅。天才的李春站在赵州桥畔，时刻守候着自己的"孩子"——赵州桥。神奇壮观的赵州桥，是李春用勤劳汗水浇灌的世界经典，是他的智慧之树绽开的骄人奇葩。这不仅仅是中国人民的骄傲，也是整个人类的骄傲。

3. 观月廊

从赵州桥的桥北端向东行走 29 米,沿着洨河的北边河岸建成了一个游览观光的走廊,称为观月廊。游人在这个长廊中可以沿岸观赏洨河的风光,并且能够远眺赵州桥的景色。这里还可以供游人休息,人们可以边欣赏隔岸的风景边休息身心,远离都市的喧嚣,陶冶身心。观月廊吸引了更多的人来到赵州桥观光。

4. 花坛

在观月廊北侧建有东西长 31 米、南北长 4.5 米的一个大型花坛。这座花坛由圆块、方形、三角形、S 形等形状组成。在花坛的周围沿边栽有月季、冬青等花,在花坛的一边植有翠竹、矮柏、奇松这些树种,蜿蜒向不同方向蜿蜒延伸,花坛内根据春夏秋冬四季特点,种植栽培有适合四季气候变化、生长的各种花:九月菊、春兰、石竹花、串红、月季、梅花、牡丹等,高低不同,层次分明,四季花香,为整座公园增添了几分清香,游人置身其中能够观桥赏花,是一种非常好的享受。

5. 花房苗圃

花房、苗圃在赵州桥桥南端西跨院内。花房面宽 21.7 米,进深 9.2 米,苗圃面积 150 平方米。苗圃花房栽种了很多奇花异草、佳木修竹,这些栽种的花草树木都为赵州桥花园的园林绿化、美化打下了很好的基础。

6. 八角亭

八角亭位于赵州桥南 40 米处,这座亭子掩映在苍松翠柏之间,夏日被树木遮挡能够起到遮日乘凉的作用。亭子的形状呈现出八角形,木质的结构、双重檐、尖瓮顶。在亭外有小路一直向南通向陈列室,向西连接赵州桥的中心大道,亭子的四周芳草青绿,鲜花芬芳,令人赏心悦目。游人在游览了赵州桥之后,感受到了这里的历史文化,然后进入小亭内可以小憩,这样别有一番意味。

7. 龙泉亭

龙泉亭坐落在赵州桥北端东行 67 米处。临接洨河高筑石台,亭子建筑在石台上面,与八角亭对称。在亭子的中心凿有一个水井,在水井的底端有管道可以直接通向石台半腰的石雕龙头。龙头伸向河心,这就使得水井泉水从龙头中喷出来洒落于水面,景色宜人,很值得人们前往观赏。这样的建造模拟了"双庙龙泉"的景观。

8. 陈列室、文物库

赵州桥公园中的陈列室在古桥东南 42 米处。陈列室是坐南朝北建造的，它是仿七式硬山顶，为砖木结构。室内陈列着建桥后历代具有独特艺术风格的古桥栏板、望柱、桥面石等出土文物。在这些文物中以隋朝的雕龙栏板、唐桥铭、仙迹石最为珍贵，这些都是具有很高的收藏和观赏价值的。在赵州桥桥南还建有一个文物库，在库中保存着赵县的出土文物和历代书籍碑帖、题字、题词等价值很高的文物。其中有商代铜觚、铜鼎，汉代彩绘骑马俑，隋代镏金造像，宋代四系瓷罐，元代钧窑瓷碗，以及纳玛象牙、牛头首、古代铜器、铁器、石器、骨器，清代石刻、银器，明代玉器，历代碑铭拓片、书法手迹等。

9. 瞰园阁

瞰园阁是仿照明代桥头的关帝阁形式建成的，它位于赵州桥的南端，分为上下两层，下面供行人行走，楼上供观赏景观，在亭阁正前面有文化部原副部长林默涵书写的"天下第一桥"的匾额。这里与赵州桥花园中的很多亭台一样构成了观赏赵州桥的亭台楼阁景观群。

1999 年赵州桥公园进行了扩建，公园的面积开始由原来的 37 亩变成现今的 132 亩，而且还陆续建造了八仙群雕、三座石亭、碑廊、仿唐大门、影壁等人文景观和大量基础设施建设。另外还扩建了草坪，种植了很多观赏价值很高的树种。2002 年，建立了游客接待中心，完善了景区服务功能，被国家旅游局评定为 3A 级景区；2003 年成功招商，建设了赵州桥文化中心项目，现办公区已投入使用；2004 年，外聘人员对赵州桥公园进行总体的规划。现今赵州桥公园已经基本完善，景区的文化氛围非常浓厚，桥文化的内涵也得到了进一步的挖掘。目前新建成的赵州民俗博物馆和赵州民俗购物一条街等，都极大的丰富了赵州桥景区的文化气息。

（二）爱国主义教育基地

赵州桥拥有民族历史、文化和科学等方面的巨大价值和意义，经过近些年来的不断增加设施建设和扩大教育内容，在对全国各地游客，尤其是在对广大青少年的爱国主义教育中起到了非常大的作用。1996 年 4 月被确定定为县级爱国主义教育基地；1997 年 8 月被确定为石家庄市爱国主义教育基地；1999 年被河北省委、省政府命名为省级爱国主义教育基地。

赵州桥是中华民族五千年灿烂辉煌文明史的一个典型的例证，在这里建设爱国主义教育基地，是时代的召唤，也是现实的需要。在赵州桥建成的爱国主义教育基地体现了赵州桥的价值和意义，这种价值正在于增强国人的民族自尊心和自豪感，让历史昭示未来，继承辉煌的过去，肩负起实现中华民族伟大复兴的历史重任。

赵州桥爱国主义教育基地依托赵州桥以及赵州桥公园的建筑、设施，在经过不断的改造和重新配置之后，这个爱国主义教育基地被赋予了更新的内容和更全面的教育意义。

现今，这里建成了展览室和陈列室，用作介绍赵州桥的文化和历史以及现在的发展状况，还有很多书籍、资料和宣传纪念品，其中还有很多专门讲解文化的人员，有录放像设备及近百套音像资料，为全省、全市人民开展爱国主义教育、爱家乡教育和革命传统教育提供了良好场所。

为了更好地发挥赵州桥爱国主义教育基地的教育功能，先后同清华大学建筑系及省内部分高等院校和县内中、小学建立了共建共育关系，每年基地都可以接待大中专学生、中小学生、青年职工、国外友人和游客数十万人左右，产生了非常显著的社会效益。每年的五四青年节，都会在这里组织本地及来自全省各地的青年学生、青年志愿者、团员青年等开展系列纪念活动。而且还配合小学语文课本《赵州桥》一文的教学组织接待附近县、市大批小学生进行实地的参观、宣传教育活动，把爱祖国、爱家乡、有理想、有民族荣誉感等传统文化教育有机地结合起来。

同时为了改善基地的环境面貌、扩大教育功能，在赵州桥公园扩建、改建的基础上，将要建设一个融民族风格和现代风格为一体的世界性的桥梁博物馆。建成后的世界桥梁博物馆，将采用古今中外有代表性的各种微缩桥梁模型 500 个，同时展出赵州桥、永通桥石刻文物 1000 余件、图片 5000 余幅。桥馆单体建筑占地 3300 平方米，建筑面积 5436 平方米，当这些都建成以后，赵州桥的爱国主义教育基地将会更充分地发挥历史和时代赋予它的重大使命。

风雨桥

　　逢山必有路，逢水必有桥。在我国南方湖南、贵州、广西三省毗连的侗族聚居地，到处可见大小各异、古朴精巧的长廊式木桥——风雨桥。风雨桥是一种集桥、廊、亭为一体，别具风格的桥梁建筑，与鼓楼、侗歌并称侗族三宝。风雨桥除桥墩外，全部用木料，无隙无间，浑然天成。风雨桥始于汉末，是中国古代建筑中一颗璀璨的明珠，民族建筑中一朵艳丽的奇葩。

一、风雨桥的形成与发展

(一) "风雨桥" 名字的由来

风雨桥在建筑史上被称为廊桥或楼桥，侗语里没有"风雨桥"这一词汇。当地人通常只称为"桥"，或者冠以地名（寨名）称为"某某桥"。村寨中通晓汉文化的乡土文人，则会给桥起一些富有文采的名字，如"永济桥""福禄桥"等等。有人认为桥身雕梁画栋、亭阁隽雅而称之为"花桥"，此说法并不确切。

侗乡所独有的花桥并不是人们传统意义上所指的雕花绘彩的桥，其名字另有一层含义。这里藏着一个鲜为人知的秘密。据侗族老人讲，"花"字上面是"二十"，下面由"七""人"组成，侗族人建造这种桥时，桥头用七个人，其他处二十人，一个"花"就表示二十七人，所以才称为"花桥"。

另外，在侗族民间，人们修建这种桥，不仅仅是为了方便交通，更重要的是"堵风水"，不让财源外流，造福村寨，所以民间也俗称"福桥"。意为赐予"幸福与吉祥"的桥。

1965 年 10 月，郭沫若途经桂林，见到程阳风雨桥照片，被它的雄伟壮观和神奇吸引，诗兴大发，挥毫写下"程阳桥"三个大字，并留下著名诗句"艳说林溪风雨桥"。自此开始，坐落在侗族地区村头寨尾的，集桥、廊、亭于一体的独特建筑便有了一个形象的汉语名称——风雨桥。

(二) 古老的神话传说

相传在很久以前，在侗乡的孟寨附近有个大深潭，潭底有一条青龙、一条乌蟒。青龙年年帮助乡亲们做好事，把潭底的淤泥运上岸做肥料；乌蟒则岁岁把砂石堆往田地里。每年的八月十五，乡亲们都要赶一匹大水牯投到潭里喂乌蟒，还要将九桶上等米酒倾进潭中，这样乌蟒才有所收敛。

从此，每年的八月十五就成了孟寨的"溺牛节"。

孟寨里有一个叫银姑的漂亮姑娘，能歌善舞，心灵手巧。乌蟒见了，垂涎三尺。

一天，银姑来到河岸采棉花。乌蟒知道了，摇身变成一个英俊后生，挑着花篮，来到地头，死皮赖脸地往银姑跟前凑。还流出一条又腥又长的涎水，向银姑挤眉弄眼。银姑见状赶快提篮离开棉田。

乌蟒见银姑识破了自己的奸计，只好作罢。

又有一天早晨，银姑来到潭边洗衣，乌蟒变成一条红鲤鱼，正欲跃出水面去咬银姑裙子，青龙看见了，迅速变成一条墨鱼，吐出墨汁，把水弄混，挡住了乌蟒的视线。乌蟒一计不成，又生一计，它蹿出旋涡，张开血口，向银姑扑去。青龙见状，变成一个后生，跃出水面，手持宝剑劈向乌蟒。

银姑大惊失色，跑回家里，卧病在床，心中十分惦记那个劈蟒的后生。

青龙也很想念银姑，就扮作一个木匠，带着蚌蛤珍珠来到孟寨，帮乡亲们修鼓楼、架桥梁、建凉亭。还用珍珠粉治好了银姑的病。

转眼春节到了，正当大家载歌载舞欢度节日的时候，恼羞成怒、贼心不死的乌蟒搅动深潭，兴风作浪，滔滔洪水冲垮了山寨。就在这危难之时，霞光四射，一座长桥从天而降，大家得救了。

青龙又化成小木匠，带领乡亲们只用了三天三夜，就把山寨修复一新。

心有不甘的乌蟒对青龙屡屡破坏他的好事恨之入骨，咬牙切齿。于是就定于正月三十午时，与青龙一决胜负。

青龙为了战胜乌蟒，特意请乡亲们擂鼓为他助阵。

正月三十这天，正午时分。潭中旋涡翻转、浊浪滔天，雷声阵阵、山摇地动。岸上锣鼓喧天，人们为善良的青龙呐喊助威。一场恶斗之后，青龙终于处死了乌蟒，自己也由于伤痕累累，筋疲力尽而亡。从

此，潭中风平浪静，碧水清清。

为了纪念善良勇敢的青龙，也为了表明侗家憎恶崇善的心愿，侗族乡亲们在寨边河上建筑起一座庄严坚固的桥。桥身如一条青龙，象征青龙在洪水中救人的形象，桥楼也仿照青龙当年构造的鼓楼样式。在桥阁中间的神龛壁上，都画着栩栩如生的龙神。既表达侗家追念和尊敬青龙的深情，也寄托侗家祈祷龙神保佑四方、年年风调雨顺、国泰民安的心意。所以称它为"回龙桥"，也称"风雨桥"。

千百年来，按照这个样式，侗族人民修建了大大小小、许许多多类似的风雨桥。

（三）风雨桥广泛存在的原因

1. 自然因素

侗族由我国古代百越民族的一支发展而成，历史悠久，现有人口二百九十多万。主要居住在湘、黔、桂相接壤的地方，如湖南的通道、芷江、新晃、靖县、城步、黔阳、绥宁，贵州的黎平、榕江、仁江、玉屏，广西的三江、龙胜等地。

侗族聚居地基本处于崇山峻岭之中。属亚热带山区气候，冬短夏长，雨量充沛，溪流河谷星罗棋布。由于侗族的经济生活主要来源于水田和山林，人们又喜欢开门见水望山，因此村寨大多依山傍水，出入天堑也必须有桥。

这些地区山岭逶迤，森林茂密，盛产优质杉木，而且蓄积量非常大，当地也广泛存在砌桥墩所用的青石，这些都为建桥提供了重要而丰富的物质材料。侗族人民就地取材，大大降低了建桥成本，节省了劳动力。

2. 人文因素

在古代，由于生产力水平低下，人们的生产和生活都受到自然条件的严重制约，他们无力驾驭自然，也无法解释自然。自然环境严重影响着一个种族的发展，决定着他们的兴衰。因此，在我国传统文化中，一直把选址定居视为头等大事。侗族长期生活在我国西南地区，那里土地贫瘠，交通闭塞，自然环境十分恶劣，社会发展极其缓慢。

在这种情况下，人们非常希望找到一块适宜生活的理想之地，得到神灵的保佑。历史上，侗族的祖先曾屡次迁徙。当他们来到某地"安龙坐地，安虎坐山"之后，又发现此地风水不利而再次搬迁。这样一而再、再而三地多次迁徙，最后在今天的湖南、湖北、广西、贵州交界处定居。生活一段时间后，当他们发现这块"风水宝地"也难免遭受天灾人祸时，便试图寻求一种补救办法。他们认为，人与自然是相通的，只要在村外选择一个合适的地方建造一座"福桥"，就可以达到"天人合一"的完美境界，村寨就可以从此平安，人民就可以幸福无忧了。所以就大兴修建风雨桥之风。

由于社会发展缓慢，侗族社会没有奴隶制度的痕迹，反而保留有不少原始氏族社会的影子，如崇拜先祖母的母权制遗风。侗族村寨的山林、牧场、鱼塘都是公共的，而且还保留有打猎后每家平分猎物的原始社会分配习惯。

原始社会的种种遗存长期影响着侗族人的物质生活和精神生活，使他们保持着原始社会的许多传统，具有较强的群体意识。在文化意识上体现出强烈的公众性。虽然他们并不富裕，但积德行善、热爱公益事业的淳朴民风，促使他们有钱出钱，有力出力，以聚沙成塔、群策群力、锲而不舍的精神世世代代融入到修建风雨桥的行列。正是由于他们这种热心公益、关心集体的优良品德，使侗乡建成了众多精美的风雨桥，并至今能保持完好。

（四）悠久的发展历史

据史料记载，我国风雨桥的兴建大约始于3世纪初，现分布在我国华东、西北、西南等地区。其中侗族的风雨桥以规模宏大、种类众多、风格多样而最具代表性。

侗族聚居地属亚热带气候，雨量充沛、溪流众多。侗族村寨大多修在河溪两旁，跨水而居。因此，桥便成了侗族生活中不可缺少的交通设施。在闭塞的远古年代，侗族的先人只是在浅溪中摆放一些大石块，或在水沟中、小河上架

设木板以解决出行问题。在唐代，随着与汉族人民的交往增多，在学习了汉族建造桥梁的技术之后，他们利用当地丰富的杉木资源，借鉴汉族的建筑经验与技艺，发明了用托架简梁式结构建造木桥的方法。在宋、元时期，风雨桥的建造工艺日臻完善，形成了独特的建筑技艺，并不断加以改进和发展。在清代及民国时期，风雨桥的发展更是达到了鼎盛。风雨桥的数量急剧增多，规模越来越大，由单孔发展到多孔，造型更加独特，桥面亭阁的设计也更精巧。南部地区的许多名桥，如世界四大名桥之一的程阳风雨桥，就是在民国初年兴建的。

几百年的风风雨雨过去了，风雨桥在岁月的洗礼中也日渐残破。尤其是在战争年代，更饱受着炮火的考验。风雨桥总是在修修补补中完成自己肩负的使命。特别是在解放后，国家十分重视对风雨桥的修复工作，拨巨款重新进行修缮。大大小小修复一新的风雨桥以她独特的魅力吸引着众多中外游客的目光。

（五）风雨桥的分布状况

风雨桥在我国华东、西北、西南地区均有分布。其中以湘、黔、桂三省交界处的侗族聚居地为最多，成就也最高，是侗族建筑艺术的集中代表。

据不完全统计，全国大大小小的风雨桥有三百三十座之多。它们种类繁多、规模不一、风格各异。现存较著名的风雨桥有：广西三江程阳风雨桥、湖南芷江龙津桥、贵州黎平地坪桥、广西三江邑团桥、贵州黎平孟彦桥、贵州洪州新化桥、湖南通道回龙桥、广西龙胜平等桥、广西富川回澜桥、广西富川青龙桥、湖南通道黄土普修桥、福建永春通仙桥等等。

二、风雨桥的建筑特征

（一）合理的建筑结构

长廊式的风雨桥一般长 50—100 米，也有长至 150 米以上的。不论长短大小，其主要组成部分，自上而下分为基座、桥跨和亭廊。

基座也叫桥墩，是桥的基础。由青条石垒砌而成，坚固耐用。跨度小的木桥桥墩砌在两岸，跨度大的风雨桥在河中也有桥墩。

桥跨，为木结构。桥墩上放置两排杉木作为托架梁，墩台上采用悬臂托架来支撑主体桥跨结构。这种木结构的采用，既能减少河中桥墩的数量，又可增加河床的排洪量，同时由于就地采用未经修饰加工的原杉木，省时省料，从而大大减少了建筑成本。

桥廊，是风雨桥最实用的部分，也是最美观、最具特色的部分。一般规模的桥面设一层廊屋，既为过往行人遮风避雨、临时休憩提供方便，同时也可保护整个桥面免受雨水侵蚀，从而更加坚固。规模较大的风雨桥在河中也建有桥墩，并且在桥墩上建重檐楼阁，既增加桥的使用价值，又美化了桥身，同时也符合力学原理，可减少桥口大梁的弧度，使之达到优美的造型与合理的力学原理的完美融合。

桥面的亭廊阁内，还设置有座椅，椅背即为桥的栏杆。过往行人在桥上休息、聊天、纳凉、远眺都很方便。

风雨桥的整个建筑过程中，基本以青石杉木为主。最为神奇的是，横梁竖柱中不用任何金属钉铆，整座桥架承放在桥台和桥墩上，桥架与桥墩之间没有任何铆固措施，也许这是风雨桥的最独特之处吧。

（二）巧妙的桥面设计

风雨桥的桥面最令人赏心悦目。它秀丽质

朴的整体造型、素雅清新的色彩及精雕细刻的手法，处处显露出侗乡建筑特有的风格。既古朴典雅又经济实用，两者达到高度的协调统一，是艺术与建筑的完美结合。

桥廊的屋顶木构架基本采用穿斗式处理，疏檩与密檩的穿斗构架形式针对具体情况而灵活地运用，堪称我国传统木屋构架综合运用的典范。这种结构可以形成高低错落、凸凹进退、丰富变化的形体，非常容易适应当地的地形地貌。所使用的柱、梁、枋、檩构件接头均用榫卯构造，不用一钉一铆，这也是我国传统木结构的重要特征和独到之处。

腰檐是位于桥身两侧栏杆边或侧下方的挑檐。采用挑檐的方法，是由于当地属于亚热带气候，终年雨水较多，这样做既可以避免雨水飘入廊内，又能防止雨水对桥梁木结构的侵蚀，延长桥的使用寿命，同时又使整个建筑外形显得飘逸秀美。

桥身部分的建筑装饰较少，两侧的木栏杆多采用正方形或长方形木条，不加任何雕琢，颇有唐朝古建筑遗风。

传统的风雨桥整体色彩均为材质的自然色，很少另外加以粉饰。木构件在本色上涂刷桐油，用以防腐。屋顶铺有当地产的小青瓦，屋脊用白灰雕饰。整体建筑黛白相间，清雅自然。

桥廊的屋顶千姿百态，极少雷同。工匠的发挥创造在这里得到淋漓尽致的体现。就外观形式上看，主要有以下几种：

第一种，长廊式。这是最为经济简便的方式，也最为多见。

不管桥的长短大小，单跨还是双跨，屋顶都采用两坡形式，木椽上覆盖小青瓦，正脊用青瓦与白灰塑形。采用这种方式的有林福桥、双文桥、乐善桥等。

第二种，天窗长廊式。为了丰富屋顶的轮廓线，增加室内采光，加速室内的排烟排热，工匠们往往在两坡顶的中间局部开高窗。采用这种方式的有独峒爹归桥、独峒上寨桥、林溪福星桥等。

第三种，亭廊式。在桥的两端设计重檐小亭，突出进口，丰富桥的整体造型。采用这种方式的有八江风雨桥、林溪接龙桥。

第四种，阁廊式。主要建在多跨桥的两端和桥墩上，在丰富桥的造型、增加美感的同时，又起到平衡的作用，做到了艺术美与力学美的完美结合。采用这种方式的有著名的林溪程阳桥、独峒巩福桥、平流赐福桥、人和桥等。

（三）独特的建筑风格

风雨桥是侗乡最富民族特色的建筑。当游人置身于侗族山寨，首先映入眼帘的便是点缀在青山碧水间的一座座雄伟俊秀、古朴精巧的长廊式木桥——风雨桥。

风雨桥是侗乡的特有标志，它是集桥、廊、亭、阁、栏于一体。桥墩厚实、凝重，桥面质朴、简约，廊、亭、栏、阁雅致而飘逸，相辅相承，既有灵动变化之势，又有协调一致、珠联璧合之美。整体造型美观而端庄，形成独特别致、优美灵巧的民族建筑风格，在建筑史上别具一格。风雨桥的中部与两端一般设有3—5个重檐楼亭，长廊与楼亭相隔相承，一起一伏、错落有致，流动变化犹如游龙；梁柱纵横交错、直穿横套，极富动感。阁亭内雕梁画栋，泥塑鸳鸯鸾凤，栩栩如生；所绘青龙鳌鱼，形象逼真。桥廊两侧，往往绘有侗族的历史故事、神话传说、飞禽走兽、山水风情等彩色壁画，生动灵韵。

风雨桥外部色彩均以黛白相间，清新素雅，与周围的青山、绿水、鼓楼、民居交相辉映，构成古朴秀丽、优雅祥和、悠远宁静的田园风光。

风雨桥的亭阁均采用挂枋挂撑的建筑手法，层层支撑而上，使亭檐亭亭玉立，四角飞檐，层层次第而上，犹如大鹏展翅。

（四）精湛的建筑技艺

风雨桥除了外观上别具一格，在建筑技术上也不同凡响，工艺之精湛，可谓巧夺天工。

1. 完美的力学原理应用

桥墩外壳用青石砌成，内用料石填充，墩形通常为六棱柱的橄榄形，上下游均为

锐角，以减少洪水的冲击力。

桥面结构为密布式悬臂梁支撑，逐层向上承托，从而减小桥面梁的跨度和大桥的挠度。为了减少桥梁的跨度，聪明的侗族工匠利用力学原理和杠杆原理，在石墩上采用层层向外悬挂挑密布梁，每层悬出 1.8 米左右，大大增加了桥面梁的抗弯强度。楼亭一般设在桥墩之上的位置，在桥台上修廊，亭廊相接，受力合理，传力直接，起到平衡重力，加固桥身的作用。力学原理的巧妙运用，使桥体看起来轻巧秀丽，而又沉稳坚固，充分显示了侗族人民的聪明才智和精湛技艺。

2. 高超的民族建筑技艺

整座桥除桥墩之外，均使用当地特有的杉木，不用一钉一铆。以杉木穿枋，榫卯嵌合，直穿横套，纵横交错，严丝合缝，浑然天成，非常坚固。这种不用一钉一铆建成的桥梁，在人类建筑史上绝无仅有，独树一帜。更令人叹为观止的是，从构图设计到施工制作的全过程，没有一张图纸，全凭木工师傅的心算默记，所用的测量工具只有一把"香杆"（用以标记建筑物的图形、尺码的半边竹竿）。这些能工巧匠凭借自己丰富的经验和高超的技艺，将本民族的建筑艺术推向高峰，赢得世人的赞叹。

三、风雨桥的功能

（一）外在功能

1.沟通村寨，便利交通

侗族人民大多聚居在依山傍水的丘陵地带，对外交通极不方便。生产劳动、出门探亲访友，往来需要涉水。有了风雨桥，可免涉水之苦，它是人畜通行不可缺少的交通建筑。架桥也可以方便村寨之间的联系，如著名的程阳风雨桥就被当地侗胞称为"程阳八寨桥"，它沟通了马安、平寨、岩寨、平坦、大寨、东寨、平埔、吉昌八个村寨。

2.遮风避雨，歇脚纳凉

侗乡位于亚热带，气温高，湿度大，雨水充沛。因此，不论风雨桥大小，桥面均设廊屋，以使过往行人得以及时遮风避雨、歇脚小憩。

3.休闲娱乐，约会谈天

由于风雨桥桥面平坦，又有长廊遮盖；廊内还有内容丰富的雕塑、壁画；有的桥上还挂有芦笙等乐器供行人小憩时娱乐，于是这里又成为了侗族村寨内部或村寨之间交往的重要场所。劳动之余，人们在此纳凉休息，谈天说地，吟诗对歌。青年男女在这里谈情说爱。每逢佳节，这里还举办精彩的芦笙表演和丰富多彩的民俗竞技活动。

4.村寨的标志

大多数风雨桥的桥门又兼做寨门。过去侗族走亲戚，一般要黄昏才能进寨，以表示对主人的尊重。在天黑之前，通常都在风雨桥休息等候，由守桥的桥公接待。每逢佳节，其他村寨宾客来访，本寨居民都穿上节日盛装，云集在桥头迎接，唱"拦路歌"，奉"敬客酒"，展现各村寨之间的友好情谊。

5.临时粮仓

由于风雨桥能遮风避雨，因此，在丰收季节，桥板、横梁和栏杆上可以堆

放庄稼，充当临时粮仓。

（二）内在功能

风雨桥不仅具有便利交通、遮风挡雨、休闲娱乐的功能，而且还有着丰富的文化内涵。

1. 堵风水，拦村寨

风雨桥之所以称为福桥，源于它具备"堵风水，拦村寨"的特殊功能。过去，在侗族人心目中，灾祸的降临是由于风水不好造成的。当村寨所处的地势风水有不尽如人意之处时，人们往往要建造一座福桥来"堵风水，拦村寨"。认为这样就可以"消除地势之弊，补裨风水之益"，从而使村寨免灾去难，黎民安居幸福、人丁兴旺。另外，侗族依山傍水，河水从村边溜走，其势汤汤，一去不回。侗家人认为流水会带走他们的财源，难以聚财。修一座福桥拦住寨子，使财源不外流，收入就殷实了。所以，风雨桥都是面朝上游的，正面设置栏杆，靠下游的一面用木板封住，以起到拦堵的功效。

除了河上的风雨桥外，有些村寨出于补风水和迎龙脉的需要，在山谷或者平地上也特意架设风雨桥。如建于清乾隆三十年（1765年）的贵州省黎平县茅贡乡高近村田间风雨桥，就位于高近村旁的山坝之间。从当时取"迎龙桥"之名，就可见其求风水的性质。贵州从江县信地乡的一座风雨桥，桥面不与正路相结合，而是建在路侧，正是为了配合风水，而全无实用性功能。无人行走的风雨桥在侗乡也是屡见不鲜。

由此可见，在侗族人心中，福桥与侗寨所处的地势风水具有密切的联系，它可以护佑村寨，使村寨免去灾难、吉祥安泰。可以说，风雨桥是协调侗族人心灵危机感的平衡物，是侗家的"护寨符"。

2. 祭祀祖先，祭拜神灵

侗族没有明确的宗教信仰。主要信仰多神的原始宗教，信仰万物有灵，包括自然界的山神、水神、火神、天地神、日月神、雷神、外来宗教（包括佛教、道教、基督教等），并且视自己的祖先为神，人们生活的点点滴滴都刻上了神灵信仰的烙印。在众神里，侗族至高无上的神又称"萨"，即始祖母之意，侗族凡事都要先祭祀"萨"。侗族有许许多多的传记、神话和故事，代代相传。"萨"与侗族其他民间文学艺术一起称为"萨"文化。在风雨桥的亭内都设有"祭祖祠"，神龛内有一男一女塑像，男的叫姜郎，女的叫姜媄，为侗族的祖先。由于侗族几乎没有拜祭祖先的其他公共场所，所以，尽管在桥上的祭祖祠空间很小，但因地处交通要道，每天上香敬奉的香客路人络绎不绝。

侗族没有文字，民间广泛使用汉字来记录侗音或表达书面意思。如在风雨桥的碑刻、彩画、锦旗、香袋口，普遍使用汉字。桥廊内的不少彩画和雕梁画栋，描述的就是汉族古代的传记、神话和历史故事，如杨家将、水浒传、西游记等。侗族受汉族影响，同样崇拜忠、勇、义、文，因此常常利用地处要道、交通便利的风雨桥中部塔楼和右部塔楼设关圣殿和文昌宫，以此来敬奉他们心中的武神和文神。特别是关公，不仅是忠义、勇猛、镇妖降魔的英雄，相传还是侗族先辈的救星和恩人，是他们的保护神。神龛的位置也很有讲究，必须要背对下游，面朝上游，这样才能护住村寨。每逢春节与侗族的"吃新节"，人们都要到桥亭的神龛前上香叩拜，祈求平安。每逢天旱水灾、家有不顺、寨有不幸，人们便提着供品与香纸到楼亭的神龛上祭，求神保佑消灾灭难。平时也有信男信女来此捐钱捐物，或者忏悔思过。

3. 求子嗣

侗族人认为在人的肉体之外有灵魂存在，灵魂是不死不灭的；认为妇女久婚不育，是因为孩子的灵魂被溪沟所阻，无法投胎，因此民间往往架桥求嗣。还有一种说法是：桥上聚集的魂灵多，投胎转世的也多。为了怀孕生子，就要到桥上来引魂投胎，接下一代的魂魄过桥。每当风雨桥落成或修复开通之日，都要举行隆重的"踩桥"仪式，以通过引魂投胎来求得子嗣。某些地方还定于农历二月初七为"求子祭桥日"。

4. 传承侗族民间文化与艺术

风雨桥是侗乡特有的文化景观，它和鼓楼一样，是侗族居住区的标志，是侗族文化的象征。在风雨桥古朴、雅致、

风雨桥

精巧、苍劲的身躯里，浓缩、凝结着侗族历经的沧桑与苦难，反映着他们独特的思想、情感、性格和意志。

风雨桥上有雕塑、绘画、装饰、楹联等，它有机地融入楼、塔、亭、阁、殿、廊之中，形成了一种立体化、多层次的建筑文化。它高度反映了侗族建筑艺术的精华，也是侗族传统和文化在建筑上的一个缩影。它蕴藏着古老的文化精髓，是侗族人民在长期劳动中的智慧结晶，是侗族人民生息繁衍、战胜自然的历史见证。通过风雨桥，侗族子孙可以了解本民族文化的来龙去脉，不忘民族荣辱史，增强保护民族文化的自信心、自豪感。

侗族没有自己的文字，其文化的传承更多地依靠于物质载体与口耳相传。在建造风雨桥的过程中，设计者往往不用笔与纸，而是完全凭借经验与高超的技艺，先用小竹片做出模型，然后再根据模型建造出工艺精湛的风雨桥。风雨桥的建筑艺术就这样一代代传承下来，林溪乡平岩村岩寨的杨似玉，是程阳风雨桥的建造者杨富堂之孙。1984年，程阳风雨桥被洪水冲毁大半，在一无图纸、二无先进工具的情况下，杨似玉一群人只用十天时间，就将建桥用料全部备齐，数百上千的梁、枋、柱的尺寸全凭心算，斜穿直套、纵横交错，分毫不差。

5. 弘扬热心公益的高尚品德

与其他民族所建桥梁有所不同的是，侗族风雨桥完全由所在村寨的侗族群众义务修建。侗族人认为人的生命能生死轮回，人死后会进入"阴间"，只有在阳间多做好事善事，才能积阴德，才能再次投胎到人间。因此，侗族人民乐善好施，大家都热心公益事业。风雨桥又叫花桥、福桥，在侗家人信念里，建桥就是造福，就是为了子孙积德。为了修桥，他们自愿捐钱、捐粮、捐工，有钱出钱，有力出力，唯力是尽。据《三江县志》记载，修建程阳风雨桥时，"殷实者扣银二三百或至千不等，少数亦数十。供料不分贫富，服工不记日月，男女老少，唯力是尽，绝不推诿而中止"。

桥建成后，还要举行隆重的踩桥仪式。桥头桥尾扎上彩花戏台，演侗戏、吹芦笙、踩歌堂、唱耶歌，热闹非凡。村村寨寨，家家户户，献来米酒、酸鱼、糯饭、腊肉、菜肴，款待四方来祝贺的客人。桥头桥尾、桥上桥下，人山人海，人们穿着节日盛装载歌载舞。

踩桥后即制定出保护风雨桥的条款。刻石立碑，人人遵守。每年夏天山洪暴发之时，邻近村寨都会自发地抽出时间检查看护风雨桥，俗称"探桥日"。对可能出现的危险进行修补、加固；对规模较大的、来往行人较多的风雨桥，还要由附近寨子的居民轮流养护或集资请专人（称为"桥公"）守护。

桥公爱桥如家，常年守护，勤打扫，常修补，保持桥身常年清洁完好，并且一年四季，从早到晚，挑来清泉水，沏好桂皮茶、谷雨茶，供往来行人歇息饮用。桥头两端柱头上，悬挂着乐善好施的人们送来的草鞋，为鞋烂的行人解决步履艰难之苦。隆冬时节，附近村寨的人还轮流担来柴火，在桥亭中燃起塘火，供行人取暖。这些无声的善行，揭示了侗族人民美好善良的精神世界，充分体现侗族人民助人为乐、急公好义的高尚品德。

6. 民族文化的完美融合

风雨桥是民族文化不断交流融合的产物。从建桥所用的材料上看，木材石材均为中国传统建筑材料。从建筑技术上看，风雨桥采用的是中国传统木结构穿斗式木构架，同时兼有汉族古代建筑和南方民族"干栏式"建筑特色。

从装饰上看，贵州地区风雨桥的桥梁翼角，以兽类做装饰，桥楼中部的四柱绘有四条青龙，廊顶尖有筑雕的鸳鸯鸾凤装饰。湖南地区的风雨桥，桥亭顶端处有一陶制葫芦，葫芦上立着一只展翅欲飞的铜鸟。桥廊中还有对联、匾额和题词。这些侗族人民喜欢的图饰、造型，在汉文化中也是象征着吉祥与美好的信物。如青龙是汉文化传说中的神兽，象征东方与吉祥；鸳鸯又称相思鸟，用来比喻夫妻，寓相亲相爱之意；鸾鸟是传说中凤凰一样的神鸟，象征高贵、美善、贤俊；葫芦象征人类始祖的保护神，寓意美好与吉祥。由此可见，这些侗族汉族中共有的吉祥物，反映出侗族汉族文化的共性，说明侗族善于学习先进的民族文化，并与本民族的文化相融合，形成侗族文化的独特风格。

风雨桥上供奉的关羽和土地神也是中华民族共同奉祀的神祇，这些都反映了民族文化的交流和融合。时至今日，风雨桥仍是我们认识侗族、感受侗族文化的重要物质载体。

四、风雨桥的审美特征

（一）结构布局的自然之美

风雨桥博采侗族民间建筑之精华，集亭台楼阁于一身，造型壮观、优美。从结构上看，桥的下部为青石垒砌而成的桥墩，中部为密布式悬臂托架简梁支梁木质桥面，上部为木质廊亭。桥墩厚实凝重，悬臂托架简支梁简约、质朴，廊亭典雅飘逸，三部分风姿纷呈、珠联璧合。远远望去，亭、廊、阁、桥联成一体，既具协调之美，又富于变化之韵。

风雨桥横跨在河面或小溪之上，一般长 30 至 50 米，最长可达 100 多米。桥廊宽 3—4 米，两侧或一侧设有栏杆或通长格栅窗，开敞通透。延长方向一般设有四排柱以保证桥廊的稳定性，两侧柱间设有坐凳供路人休息乘凉。

桥廊的中部和两端设有重檐楼亭 3—5 个，有些还有首尾桥门。亭内巧妙地采用挂枋、挂撑的方法，层层支撑而上，姿势若飞。

楼亭外部飞阁重檐，层叠而上，少则三五层，多则七层以上。有四角、六角、八角等形状。亭檐上下，飞角起翘，廊脊和塔脊均有花草凤鱼雕饰。攒尖顶置有覆钵、宝瓶，收尖处还有铜鸟或白鹤。这些饰物嘴里装有簧片，随风转动并呜呜作响。桥廊内常绘有丹凤朝阳、鲤鱼跃滩、坐狮含宝等图案，正脊上多塑有双龙抱宝，美轮美奂。

（二）精湛绝伦的技艺之美

风雨桥是侗族的标志性建筑，是侗族人民聪明才智的反映。值得一提的是，侗族建筑工匠是天生的建筑艺术大师，他们没有图纸、不用铁钉，仅凭简单的工具和长期积累的丰富经验，就能造出一座座别具一格的风雨桥。在侗族建筑中，掌墨师（建筑师）的才艺堪称一绝，他们从不绘制图纸和模型，整体构思全在脑海里。仅凭手上的一把自制的小角尺，一根"香杆"，一支竹片沾墨笔，成百上千、长短不一、大小不等的梁、柱、枋等，就可在木匠的手中精确地做出来。

建筑师们使用侗族特有的 12 个"墨师文"作为符号画上标记，正是这 12 个神秘的符号，在搭建木质结构的建筑中，毫厘无误，堪称世界建筑史上的一种绝技。

风雨桥外部的结构形式，是集亭台楼阁于一身，其形态各异、变化多端，然而又协调一致，有机地结合在一起。风雨桥的内部构造，柱、梁、挂、枋纵横交错，上套下接，组成绝妙的力学方程式。给人以别致、匀称、和谐之感。风雨桥的悬臂托架简支梁，看起来是极为简单的几根木头，其中却蕴涵着深奥的力学知识。这种用托架减少支架跨距的方法，广为现代的桥梁设计者所采用。而侗族工匠在数百年甚至更早的上千年前，就如此精确、娴熟地运用，确实让后人叹为观止、深为敬佩。

秦似在《程阳桥序》中就这样赞美："……侗族人民善歌舞，多巧思，其建桥技术之超卓，世所罕及。桥之结构，秀丽庄严，犹如游龙翘首，又如凤凰展翅，……雨檐斗拱，设计之精，瓦脊雕饰，色调之美，格局风韵，形成之奇，均集侗族木石建筑之大成，……充分体现民族艺术之特点……"

（三）融入自然的和谐之美

侗族风雨桥大多因地形地势而建，既与村寨的鼓楼、木楼、寨外的凉亭等建筑物浑然一体，呼应生姿、交相辉映，又融入周围青山绿水之中，以其自身的古朴美丽为山林增色。它作为一种建筑的人工文化，好似浑然天成，不仅不与自然冲突，更是自然的有机延伸。风雨桥雕梁画栋，色彩鲜明而朴实，其泥塑鸳鸯鸾凤，栩栩如生，所绘青龙鳌鱼，形象逼真。而廊内两侧，往往绘有侗族历史故事、生活场景以及山水风光，生动形象。再加上周围

古树凉亭、老牛、农夫，好似一幅优美的田园风景画。风雨桥以自然为依托，借助于自然，又得益于自然，形成了一个完满和谐的整体，体现了侗族"天人合一"的思想体系。

侗歌中这样赞美风雨桥：

花桥（风雨桥）长又长，

银瓦阁上安，

大珠檐下装，

富丽又堂皇，

百样强，

山清水又秀，

胜过别的山乡。

（四） 乐善好施的人性之美

侗族人民不仅是物质文明的创造者，也是精神文明的传播者。他们勤劳善良，团结互助，民风淳朴，具有较浓厚的群体意识。建造风雨桥所用材料，皆是千家万户的捐赠，每一座风雨桥旁，都竖有一块石碑，记载着各家各户捐款捐物捐工情况。在一些风雨桥的旁边还修有水井，水井周围以青石板镶成，并以雕有龙鱼图案的青石板覆盖。劳碌奔波的行人可以随时饮用解渴。热心肠的妇女还经常把自己制作的草鞋挂于桥亭，供长途跋涉者使用。点点滴滴都展示侗族人民乐善好施的人性之美。这珍贵的精神财富，在侗族人民中间代代相传。

五、与风雨桥有关的侗族民俗

(一) 踩桥

　　风雨桥竣工之时，都要举行盛大的踩桥庆典仪式。在桥上铺一块红布，由一位德高望重的老者"仙人"率领村上众位老人先走过桥。这时候，铁炮声、鞭炮声、芦笙声、欢呼声，在桥的四周响起。本村的男女老少，外村的和远地赶来参加庆贺的人，排成长长的队伍，一起来踩桥。据说，踩桥可以使老人延年益寿，使青少年长身体、长智慧，没有生育的妇女可以怀上龙凤胎。踩桥仪式通常要进行几天几夜。

(二) 祭桥

　　祭桥一般在除夕这天进行。侗族同胞认为，阳世间人人都有一座属于自己的灵魂桥。这座桥是人从阴间投胎到阳间的必经之桥，死后又由这座桥回到阴间去。如果没有这座生命之桥，就会失去前行的道路，就会找不到人生的方向，就无法在阴阳间轮回。祭桥时要将自己衣服上的一绺棉线和一包茶叶、盐巴放在桥下，用以表示自己的生命（魂灵）时时与桥同在。他们把这个仪式亲切地称之为"暖桥"。

(三) 添桥（帮桥）

　　是长辈在属于孩子的那座桥的旁边添上一根新杉木，杉木上系一块家织的红布，以招呼孩子的灵魂从系有红布标志的桥上转回家，并祈求桥头婆婆保佑孩子平安无事。当孩子生重病时，就是他的灵魂

子误上的那座桥。方法是：巫师把一双筷子放在盛满水的碗口上，一刀砍去，木筷断成两截，而碗里的水纹丝不动，说明孩子的灵魂平安无事，不会再误上别人的桥了。

（四）安桥

表示从桥上接过一批小孩的魂魄来阳间投胎。

（五）过桥

新娘进男方家门需"过桥"（门槛下放一根象征桥的扁担），表示新娘的灵魂从桥上走过来成为男方家族的正式成员。

六、各具特色的风雨桥

（一）天下第一长的风雨桥——芷江龙津桥

位于湖南芷江侗族自治县的龙津风雨桥，比著名的程阳风雨桥长 185 米，号称"天下第一长的风雨桥"。它横跨潕水（源于贵州，流入湖南），风格独特、气势恢宏。

1. 龙津风雨桥概况

龙津风雨桥，又叫乌龙桥，因像乌龙横卧潕水之上而得名。龙津桥始建于万历十九年（1591 年）。四百多年来经过多次损毁和多次重建，一直是湘黔公路的交通要塞，是商贾、游客往来云集的繁华之地，史称三楚西南第一桥。

重新修复的龙津桥长 252 米，宽 12.2 米，人行道宽 5.8 米，由桥、廊、亭三部分组成。桥墩高 1.5 米，呈船的形状，用规矩四方的青石围砌而成。共 15 空水道，16 个桥墩。七座凉亭雄踞在长廊之上，中间最高的一座桥亭高达 17.99 米。桥面上亭廊浑然一体，廊上有亭、亭下有廊，全部采用木结构。廊檐三层，亭檐五层，深蓝色的琉璃瓦覆盖在白色的檐口上，恰似层层龙鳞。设计者独具匠心，采用挂枋式建筑，使亭檐轻巧秀美。同其他风雨桥一样，龙津桥也是不用钉铆，全部以榫相接，纵横交错，斜穿直套。亭与亭之间的廊脊上，镶嵌着兽头雕饰和金黄色的"双龙抱宝"，各个形态逼真，栩栩如生。

沿着"之"字形的木梯拾级而上，行至亭上的观景台，极目四望，内陆最大的妈祖庙、两千多岁的大树王、占地四千多亩的远东盟军机场、名震中外的抗战胜利受降牌坊，以及芷江古城的"晚山叠翠""秀水拖蓝""雁塔秋风""谯楼月朗""景刹星辉""木洞烟萝""杨溪云树"等八大美景尽收眼底。

2. 龙津风雨桥的建造过程

终年不断的潕江水将芷江城划分为东、西两部分。以舟为渡的两岸百姓及商贾行人常常落水丧生，葬身鱼腹。在潕水上修建风雨桥，是世世代代侗族同胞的美好心愿。然而，由于

芷江地区处于黔滇门户，"全楚咽喉"，自古是兵家必争之地。战事连年，苦难不断，侗民们始终无法了却心中的愿望。明成化十八年（1482年），副使冯俊为战事方便，将几架木船编为一组，再互相连接，以减少洪水的冲击力，筑起了一座浮桥。明正德元年（1506年），副使张镇、徐潭也因为军事需要，在浮桥上面又铺了一层厚厚的木板，以增加浮桥抵御洪水冲击的能力。嘉靖二十七年（1548年），五省总督、兵部侍郎张岳在原来基础上进行了大规模的改造："联巨舟，江西布木，其上维以铁锁，东西岸卓石为栓，左右翼以栏。"

明万历十九年（1591年），沅州城有个叫宽云的和尚，见两岸百姓出行不便，于是四方奔走募捐，共募集到建桥资金一万五千两，粮食十一万石。他根据前人的经验教训，用巨石连上铁锁，并嵌上铅锭，垒筑桥基。出水后，再砌石墩十六座，水道十五孔，墩上用铁链加固，用木枋等铺成桥面。宽云和尚化缘修建的风雨桥，因桥墩与流水形如龙口喷津，故取名"龙津风雨桥"。春来潮涨，"龙津"滔滔，形成一大奇观。文人墨客称此奇观为"龙津春浪"，并列为芷江八景之一。因"桥据楚上游，滇南贵州之往来其途"，历史上又称"三楚西南第一桥"。

明万历三十年（1602年）一场山洪，将龙津桥毁于一旦。直到崇祯六年（1633年），驻沅州的云南都司金书阮呈麟，发起募款，终于又重新修复了龙津风雨桥。桥面上盖两面走水的重檐五层七楹，中间有八角凉亭，楼高三层，碧瓦朱栏，翘角凌空。东西桥头各建牌楼坊一座，西坊上书"芷水回澜""上游锁钥"；东坊上书"龙津砥柱""彼岸接登"。并在桥东设关帝庙护桥，桥西建长虹亭，以铭碑永记捐资建桥者。当时一位京城文人特为此桥写一对联："凌空蜿蜒虹腰阔，破浪平分锯齿齐。"

到了清代乾隆四十二年（1777年），一把大火又将它化为灰烬。此后，龙津风雨桥一直在复修、水冲、大火、征战中艰难度日。

抗战初期，出于战争所需，将其改成石墩木面的公路桥，通行汽车，运送战备物资。因芷江机场是盟军的主要空军基地，而龙津风雨桥又是大西南主要军需的供给线，所以，成了日军飞机的主要轰炸目标，几乎每天都遭到敌机轰炸，最多一天有27架敌机轮番轰炸。令人惊奇的是，虽然风雨桥不堪水灾、火灾，但在敌人炮弹面前却坚强不屈、依然挺立。保证了交通线的畅通无阻。1945年8月21日，龙津风雨桥以伤痕累累的疲惫之躯，迎来了震惊世界的"芷江受降"。

1998年，芷江县委、县政府做出了"还千百年侗民夙愿，复修龙津风雨桥"的决定。凭借艰苦奋斗的精神和聪明才智，大家齐心协力，龙津桥终于被修复一新，以勃勃生机傲立于苍穹之下。

钟鼓楼木洞景星雁塔秋风灵气播声名甲冠天下

展杨溪妈祖花山受降牌坊秀姿引往来汇集此桥

这是悬挂在桥上的一副楹联。今天的龙津桥，是一座集商贸、旅游、观光、交通于一体的全国最大的木结构风雨桥，是华夏大地一道不可多得的建筑文化景观。

（二）世界上四大名桥之一——程阳永济桥

1. 程阳风雨桥概况

在侗乡众多的风雨桥中，规模最大、最具代表性的，当属广西三江的程阳风雨桥了。

程阳桥又名永济桥，横跨于广西三江县城东北约二十公里、程阳马安寨境内的林溪河上。据考证，程阳桥始建于1912年，1924年完工，历时12年。

程阳桥全长77.76米，桥宽3.75米，桥高10.70米。桥下五墩四孔，石墩木面翘形桥型。石墩外壳用青条石垒成，墩高9米，呈六角船形以减少洪水的冲力，长6米，宽2米。上下游设68度分水角，内充毛石。1984年修复时，改填毛石混凝土。每孔净跨长为14.2米。石墩上架横直相间的枕木垛，层层挑出承接主梁。桥孔之间用14根杉木排列两层，中间加木头作横梁隔垫，作为主梁架在枕木垛上。桥面、桥栏和桥柱，是一色光洁笔直的杉木。自下往上看，桥分为三层，底层是石墩，中层是木板，上层是楼阁。廊侧有栏杆和长凳，既美观安全，又可供行人休息。游人坐在凳上向远处眺望，只见林溪河蜿蜒而来，茶树满坡，翠木簇拥，田园耕地，农夫劳作，河边水车，缓转灌溉，美如一幅山

水画。桥面上建有五个多角形楼亭，均以大柱为支架，横梁斗拱，层层阁檐迭起，似雄鹰展翅欲飞。在亭阁之间以长廊连接，长廊之中有许多构图精美的侗族历史人物故事、花鸟山水等壁画，雕梁画栋，富丽堂皇，光彩夺目。这五个楼亭，形态各异，中亭为六角形攒尖顶，形似宝塔，富丽端庄；中间四根桥柱上，各绘有一条青龙，天花板绘一彩凤，栩栩如生。四个侧亭为四角攒尖顶，顶部都安有象征吉祥的红色葫芦宝顶，形似宫殿，巍峨雄伟。在楼亭之间的瓦梁上，还有四个葫芦和倒竖的鳌鱼。每个彩绘的檐角上，都有一只色泽鲜艳、栩栩如生的木雕仙鸟。整个桥面的廊楼建筑采用我国南方传统建筑中常用的穿斗木结构，既有古代百越族栏杆式的建筑色彩，又有汉族宫殿式的工艺成分，造型美观、风格别致。远远望去，程阳桥五亭并列，层层叠叠，如彩龙飞降，十分壮观，具有典型的侗族建筑艺术风格。

该桥的工艺特点是：根据杠杆原理，以挂云挂撑支撑亭檐，凿通孔眼，以榫相接，交错吻合，展现了侗族人民高超的建筑艺术。周霖教授生前曾在《永济桥修复记》赞曰："……奇桥伟梁，横亘绿野，峥楼嵘础，倒掩碧空。负砥强似灵龟，承梁胜于螭龙。黛白相间，酿清新为素雅；横竖交列，蕴隽美于会融。不堆不砌，无缺无冗。和谐得体，稳健从容。有谓，美在宜不在妆，雅在清不在艳，信矣。"整座桥雄浑、清雅、壮丽，与江苏苏州宝带桥、赵州安济桥、四川灌县殊蒲桥并称我国古代四大名桥。与我国的石拱赵州桥、铁锁泸定桥、罗马尼亚的钢梁诺瓦沃桥齐名，为世界四大名桥。

2. 程阳桥的修建过程

据民国版《三江县志》记载，程阳桥的修建，是三江县程阳、马安等八个村寨团结互助的结果，也是三江县和湖南通道的侗族同胞团结互助的结果。首先由八个村寨中的六个人发起，这六人中，有木匠、商人、秀才、道士、地主、摔跤健将，他们之间的行业差距很大，有能呼风唤雨的，有勇有谋的，有能出钱的，有懂技术的，这六个人的结合在今天看来也是非常合理和缜密的。每个人分工不同，职能不同，所起的作用也不同，但大家的目标是一致的。六个人经过四年的策划、设计，挨家挨户说服大家，积极参与建桥。发起人中，只有杨唐富是木匠，他就担任建桥的领头人。五十二名老人积极响应，率先垂范，八寨群众捐钱、出力、献料，齐心协力、艰苦奋斗。为了筹够所需资金，这些老人走遍附近侗族村寨，发动千家万户捐钱、捐木、捐粮捐工。桥建到一半的时候，有些人因种种原因想中途退出。面对夭折的进度，大家举手表决制定了押田条约。条约规定：如果报名建桥半途而废，就把约定的田抵押给村里，任由村里处理。最后直到大桥建成，也没有一人中途退出。建桥时人数最多达到二百人左右，平均每户出劳力二到三人。经过四年凿石、备料，三年拉木、架梁，五年竖亭、盖瓦、装饰，前后历经十二个春秋寒暑，程阳桥最后终于竣工了。令人感动的是，在建桥的过程中，有几位老人过世了，他们的后人勇敢地担起重任，继续完成老人未竟的事业。从程阳桥修建的过程中，我们看到的是侗族人民团结互助的伟大精神。

3. 程阳桥的两次大劫难

在近百年的风风雨雨中，程阳桥曾两度惨遭破坏。

1936年，突如其来的山洪暴发，南面的三个亭子被冲走，几个村寨的侗族同胞自备干粮，沿林溪河、浔江、融江、柳江一路拦截，行程约三百多公里，沿河打捞被冲走的木头，然后逆流而上，把抢救出来的木头运回来。经过一段时间准备工作，三年后开始修复大桥，历时两年完成，恢复了原貌。

解放后，国家对这座民族文物瑰宝十分重视，先后于1962年、1974年几次拨款进行整饰，使之焕然一新。并于1982年3月，经国务院批准，将其列为全国第二批重点文物保护单位。

1982年7月，广西大学土木系副教授周霖带领本校数名师生，进行实地观摩并详细绘出了平面、立体、剖面图纸，并带回学校认真研究。当他们发现有些梁木已近腐朽、桥墩基石松散，桥轴移动位置而且缺乏防漂措施后，详细写出修复方案，提交到文物部门，呼吁尽快进行维修。不料方案上报不到十天，程阳桥再次遭受洪水袭击，又被冲垮了两个桥墩。国家文物局非常重视，广西壮族自治区政协副主席秦似教授率领广西大学土木系副教授周霖等人组成工作组，火速奔赴现场勘察，深入调研、悉心策划，提出了一整套修复方案。方案拟定后，国家文物局马上审准，拨款抢修。周霖先生受自治区人民政府委托，总管程阳桥修复工程技术。工程铺开，侗胞称颂。老人献出寿材当梁木，青年们义务献工。他们加固桥墩，升高桥

面，清理河道以保水流畅通，还将桥木浸上防腐剂，以延长寿命。周林先生与当地侗族工程技术人员和民工，同心协力，和衷共济，艰苦奋斗，历时20个月，耗资30万元，这座旷古文物终于恢复了原貌。

程阳桥的修复，周林先生功不可没。1985年12月，周先生写下了文辞优美的《永济桥修复记》，记录了修复过程中的点点滴滴。不幸的是，80年代末，这位毕业于清华大学的广西籍土木专家英年早逝。根据其生前遗嘱，葬于程阳桥畔的山上，永远与程阳桥为伴。

4. 杨家几代建桥人

在建造程阳桥的六个发起人里，有一个木匠叫杨唐富，平时做家庭工匠维持生计。他一生娶了两个老婆，两个老婆都没有生育。杨唐富坚信建桥能给大家带来好运，求得子嗣。于是号召大家捐钱献料，承建风雨桥。杨唐富自己捐出银元200块，还捐出了木头和粮食。皇天不负有心人，果然，在程阳桥建好后的庆功宴上，他的儿子出世，取名为杨银桥（杨善仁），含义是：程阳桥是用银子造出来的。

第一次修复程阳桥时，杨银桥刚刚13岁，父亲杨唐富已经去世。13岁的杨银桥被当年建桥的五位长辈拉到河边，指着冲垮的桥墩，问他是否要继承父亲的事业，参与修复程阳桥，杨银桥毫不犹豫地答应了。他从家里拿出一百多根圆木，380块银元，夜以继日地投入到紧张的修复工作中。

说来也巧，程阳桥于1936年开始修复，两年之后的庆功宴上，杨银桥的大儿子杨师平出世了。

1983年，一场百年未遇的山洪暴发，程阳桥被拦腰冲垮，就在人们为这旷世名桥的毁灭叹息不止的时候，时年五十多岁的杨银桥率领子孙九人，带头出工献料，重修程阳桥。经过两年的艰苦奋斗，硬是将六百多立方米的木料制成九千八百多个构件，不打一钉，穿榫合成了程阳桥。修复后的程阳桥长宽高不变，外观、构件质量、建筑风格也与原桥丝毫不差，赢得国内外专家的交口称赞。更巧的是，在修复竣工的庆祝会上，杨银桥的孙子杨宾旅降生了。几次巧合，在当地已经传为佳话，似乎更加验证了建风雨桥能积功德求得子嗣的说法，侗族乡亲修建风雨桥的热情更加高涨。

1997年，杨家人受自治区政府委托拿出祖传技艺，用9800条南国盛产的红木料复制成一座长 2.5 米、高 2 米、重约两吨的程阳风雨桥模型。自治区党委和政府将其命名为"同心桥",作为广西壮族自治区送给香港特别行政区的礼品,用以表达广西各族人民与香港同胞风雨同舟、心心相连的深情厚谊。

建桥修桥,是杨家人一生最伟大的事业。按照祖上定的规矩,手艺传子不传女,杨银桥的五个儿子、十个孙子都得到真传,三代男性都从事木匠职业。杨银桥老人自豪地说:"杨家人会把木匠手艺一代代地传下去,继承光宗耀祖的建桥事业。"

5. 名人与程阳桥

1965 年 10 月,郭沫若慕名到此一游,兴奋之余,欣然为程阳桥题词赋诗:"艳说林溪风雨桥,桥长廿丈四寻高。重瓴联阁怡神巧,列砥横流入望遥。竹木一方坚胜铁,茶林万载苗新苗。何时得上三江道,学把犁锄事体劳。"

1982 年 10 月,著名文物学家罗哲文先生来到程阳桥,深为程阳桥的英姿所倾倒,题词赞颂:"久慕程阳桥之名,三十年来每想一睹实物,今日得遂宿愿,果然名不虚传。亭亭玉阁,临流照影,结构造型,堪称杰作。幸哉!幸哉!"

1988 年,香港学者陈茂祥老先生来到程阳桥,赞叹不已:"不到三江恨不消,避秦早该学侗瑶。蓬莱未必真仙境,人间奇迹程阳桥。"

(三) 为纪念一位老人而修建的风雨桥——老人桥

管阳西阳风雨桥,又名老人桥。始建于明代正德年间(1506—1521 年),至今已近五百年。老人桥是当时十七部民众为邱阜老人所建的,至今保留完好。

此桥位于福建省福鼎县管阳乡西阳行政村老人桥自然村,坐西南朝西北,是一座木质弧形古式桥梁,横跨于溪潭之上,规模颇为壮观。

桥长 30.8 米,宽 4.95 米,高 17 米,桥孔跨度为 24.4 米。东西引桥各有台阶四个。主体结构为五段三层交叉衔接而成,用整条木筒 135 支(不包括横梁木筒),其中两端四支"地龙木",直径 85 公分。桥架顶部架枕木铺桥板,有桥亭一座,竖柱

56 根，其中四根直透"地龙木"衔接。桥面架长廊式桥亭，共 13 间，两边有 1—4 层挡风板，以防风雨侵蚀。桥两侧有木栏杆，设坐凳。桥亭似长廊，中间设有神龛两间，其中一龛供奉泗州佛、水官大帝、真武大帝石像，其神态栩栩如生，雕艺精巧，石像前有一口石香炉；另一龛供奉邱老人，龛中置"明排难解纷邱阜公神位"木制雕二龙戏珠的镀金神牌，前面放一口历史悠久的石

香炉，上面镌有"邱老人公"字样，背面有破损缺口，据说是"文革"中被抛入潭中撞坏的。关于邱老人的事迹，知县黄鼎翰在所编的《乡土志》中这样记述："邱阜，瓦洋人，有齿德，为遐迩排难解纷着数十年，有某甲，妇悍甚，小忿涉讼。阜劝谕弗听，自耻德薄，赴水死。闾里感其诚，建桥设主以祀，至今呼为老人桥云"。

该桥设计合理，建造牢固，为研究古桥之重要史料。

（四）内容最丰富的风雨桥——黄土普修桥

黄土普修桥，又称黄土花桥，坐落在湖南省通道侗族自治县黄土乡新寨。始建于清乾隆年间（1796 年）。后来因毁于洪水，嘉庆八年（1812 年）重修，1984 年复修。

普修桥全长 57.7 米，桥道宽 4.2 米。其中三孔四墩和三拱台阶一座。此桥分为三部分，下部是长方形大块青石围砌的墩台，桥墩为六面柱体，上下游均为锐角，以减少流水的冲击力。中部为桥面，其结构采用密布式悬臂托架简支梁体系，全部为木结构。大桥跨度约为十米，跨度不大，以减少梁的承受力，适应木材有限的截面。上部为桥廊，共 21 间，采用榫卯结构的梁柱。亭廊内设坐凳和栏杆。在三个桥墩上，建有桥亭三座，两边桥亭为三重檐，方形平面歇山顶式。中间桥亭有七重密檐，下三层为方形平面，上四层为八角攒尖葫芦顶，顶尖塑青鸟一只，能转动，随风而鸣。桥柱外挑出一层风雨檐，装饰有狮子、凤、卷草等图案，雕塑精致、曲线优美。桥廊脊泥塑两组"二龙戏宝"饰物，两宝由一个多棱镜和一个风叶组成。多棱镜用小块玻璃镜片镶嵌而成。镜片和风叶都能随风转动。清风拂来，声光交映，美不可言。桥亭、檐板上彩绘了各

种花草，廊柱、枋上涂刷了油漆，五彩缤纷，艳丽多姿。

三座桥亭内部都设有神龛。中亭为关圣殿，供奉关公像，他们还认为关云长武艺高强，可降妖祛邪，保佑他们风调雨顺，家人平安。左边为文昌宫，右边为祭祖祠，也称始祖祠，供奉的是一男一女两座石像。在侗族的传说中，男的叫姜郎，女的叫姜媄，是两兄妹，又是侗族的祖先。

传说远古时期，曾暴发一场大洪水，把村寨、人类几乎全部毁灭，善良的兄妹躲进葫芦里才避过大劫。人世间只剩下兄妹两人。面对如此情景，兄妹内心没有了主意。兄妹成婚就可以生儿育女繁衍后代，但又于情、于理、于法不合；兄妹不成婚，守住了礼仪道德，但最后的结果就是人类的自生自灭。兄妹俩经过一番思考，采取了听天由命的做法：点燃一支香，如果烟向上走就结婚，如果烟向四周散去就不成婚。结果，烟直直地向上走了，兄妹俩顺从天意，决定成婚。但姜媄又畏于世俗，十分害羞，只好蒙脸拜天地成了婚，因而繁衍了子孙，拯救了人类，他们的后代就是今天的侗族。侗族子孙设祠代代祭祀自己的祖先。

在桥的两端，各有桥门一座，桥门为重檐歇山顶。屋脊和檐角泥塑龙凤鸡等动物，龙飞凤舞，令人叹为观止。

桥头立有石碑，其中一碑叙述了建造过程："先族早于清嘉庆年间，建一座雄伟壮丽的大桥，高出水面十五米。上建三座工艺精湛的宝塔，左文昌阁，右孝王祠，尤以塔中的关圣殿，微微高耸中流，宏阔结构为我族伟大建筑。"

石碑上还记载："黄土汇三省之衡，西隣黔东，右称湘桂之门，商族络绎不绝，其交通之重，不言可知也。"

由此可见，侗胞花费那么大的力量与智慧，建造风雨桥，是用他们的习俗造福各族人民。它建在交通要道上，给路人遮风避雨，供奔波不息的商贾小憩，祈求平安顺利，使用价值不言而喻，侗民的善良淳朴可见一斑。

（五）传说中的鸳鸯风雨桥——富川青龙桥与回澜桥

富川位于桂东北，桂、湘、粤三省（区）交界地，是桂江、贺江的发源地。秦始皇统一中国

后，是秦古通道的重要地段，在经济上起到了南北衔接的作用。在军事上更是历代兵家必争之地。

宋代著名的理学家、《爱莲说》的作者周敦颐的十八代孙，宋代会稽太守周弘颂看上了黄沙长标岭下的水光山色，就在平鼎山与青龙山之间择地而居，开始了在黄沙上营造园林的理想。

至明清之后，为祈望"气运振兴，英贤辈出"（风雨桥碑文语），周弘颂的后代和当地民众不断建造风雨亭桥。明代万历年间修建了登瀛风雨桥、回澜风雨桥、青龙风雨桥，清代又陆续建成了集贤风雨桥、毓秀风雨桥、锦桥风雨桥、龙归风雨桥。单是在以"下花园"古园林旧址为核心地带的黄沙河上，两公里

之内就建有六座风雨桥。连同县内朝东、城北麦岭地域内建的，共有二十五座风雨桥，其数量之多可称得上风雨桥建筑的奇观。

这些风雨桥中，木梁构架式的有三座，石墩木桥亭廊式的有十七座，石券桥面亭廊阁楼式的有五座，多数至今尚存。其中的回澜风雨桥与青龙风雨桥现已修

葺一新，被列为广西壮族自治区文物保护单位。因两座桥相距不到一公里，被当地群众称为"夫妻桥""鸳鸯桥"。关于这两座风雨桥，当地民间还有一个美丽的传说。

话说明代万历年间，富川瑶乡青龙寨有个员外叫盘宗师，膝下有一掌上明珠，名叫盘兰芝。兰芝生得聪明美丽，温柔贤惠，琴棋书画，样样精通，是远近闻名的才女。许多富家子弟都来求亲，却没有一个让兰芝中意的。

有一年，正值三月三庙会，盘员外出大榜，要"以联选婿"，为女儿挑选如意郎君。豪山的汉族才子何廷枢，年轻英俊，博学多才，早就仰慕兰芝姑娘的才艺。听说今日盘家张榜招亲，赶忙来"应试"。

盘员外先出上联："江头水浅鱼难上。"

何廷枢不假思索："瑶子才高孟不如。"

盘员外一听，觉得小伙子挺有才气，一看，又长得风流倜傥。心中暗喜，但又表现得不露声色。接着又出了一个上联："水自石中流出冷。"

何廷枢张口便答："风从花里过来香。"

盘员外又道："树大枝繁不歇无名之鸟。"

中国古桥名塔

何廷枢一听便知，盘员外要以此对试试自己有无远大志向，胸中豪气顿起，一字一顿地对出下联："河窄水浅难藏有角之龙。"对得刚劲有力，气度非凡。盘员外抑制不住内心喜悦，伸出拇指连连称好。

　　兰芝对何廷枢的才气也早有所闻，刚才一直在后厅偷听。此时也忍不住走到堂前，以礼相见，说道："相公志向高远，小女子也有一联请相公赐教。"说完就吟出上联："盘氏于归，有爫有殳有皿称富豪。"

　　何廷枢听完后，心想，兰芝姑娘不仅花容月貌，而且才华出众，若能与她结成百年之好，真乃人生幸事。他知道，盘兰芝出的是拆字联，以盘（盤）姓做联。便灵机一动，也以自己的"何"姓来应对："何家完婆，比人比口比丁显雄才。"两人的对联寓意深刻，对仗工整，盘员外也按捺不住心中的喜悦，称赞道："好！好！这真是'神赐盘家婿、天予兰芝夫'。"

　　虽然情投意合、心心相印，但因当地有"瑶汉不通婚"的陋习，两人迟迟没能拜堂成亲。后来，盘兰芝被前来选秀的钦差大臣挑中，被送进皇宫做了皇妃。为了能和心上人相见，何廷枢进京赶考，中了进士，被皇上封为八省巡按。他外抗倭寇、内除奸佞，勤政为民，立下了汗马功劳。兰芝在皇宫中过得并不惬意。由于她正直善良，爱国爱民，屡屡遭到野心勃勃、蛇蝎心肠的柳皇妃迫害，并被打入冷宫，几年后又被遣返回乡。

　　当时人们讹传何廷枢已在抗倭前线为国捐躯，闻此噩耗，盘兰芝悲痛欲绝，便在黄沙河上建起了青龙风雨桥，以寄托自己的哀思、纪念心中的恋人。风雨桥竣工那天，盘兰芝触景生情，不能自控，高喊着心上人的名字，跃入波涛汹涌的黄沙河中，以死殉情，到另一个世界去寻找自己的爱人去了。

　　几年之后，何廷枢回乡省亲。当他听说盘兰芝为自己所做的一切，非常感动。为了纪念自己心爱的姑娘，报答她的情谊，何廷枢在黄沙河的上游也修建了一座风雨桥，取名为"回澜桥"，并亲自题写了修桥碑记。"青龙"乃是"情浓"，"回澜"即"会兰"，纪念两个人的生死恋情。

　　千百年来，回澜桥与青龙桥遥遥相望，相厮相守。皇妃与巡按凄美的爱情故事也代代相传、万古流芳。

　　1. 回澜风雨桥

　　坐落在下花园和三园栎之间

的黄沙河上，东西走向，坐东北朝西南。建于明万历年间。因唐代大作家韩愈在著名散文《进学解》中讲："会百川而东之，回狂澜之既倒。"取回澜为桥名，寓意力挽狂澜，表达了人民群众的美好愿望。

此桥由石券桥、亭、阁三部分组成。桥长为37.54米，宽4.5米，两孔。

桥：用青石条砌成拱状，分三券，每券跨度6.22米。券孔两边用青色长方形石块镶平，券背平铺条石两层为桥面。在石券桥下游三十米处，修建拦水坝一条，高2.5米，厚1米。其作用是堵拦江水，使激流减速，让水在券拱下回旋，形成碧潭，水从坝面匀速流去，大大保护了桥基的安全。

亭：分为上下两层。由32根木柱采用抬梁式构架组成，榫卯结合。下层为长廊，上层利用中间的8根木柱构成四角长亭。廊的两边设有木凳，两边有木条直棂栏杆。

阁：高10米，四方体，重檐歇山，翼角飞翅，脊上装饰有宝葫芦。桥阁分别在北西南开门，门额上分别题有"辉腾叶奕""中流砥柱""来往通行"楷书。各匾额上方又分别绘以彩画"二龙戏珠""鸾凤和鸣""双凤朝阳"。此外，在阁内正墙上，还画出彩墨画六幅，内容为此桥的创建者盘兰芝与何廷枢相恋的故事。

桥上有大型碑刻十二座，刻有"金石壮志""胜跨连虹""山川一握""回澜桥记""功立洛阳""乐施芳题""重修回澜桥亭路记"以及四块芳名碑，记载了建造风雨桥的创导者及募捐人的名字及千秋功业。其中"金石壮志"一碑的序文叫《重修回澜石桥序》，为何廷枢所撰，记叙了此桥在修建过程中遭遇二次洪峰，桥基倾斜，严重破损，以及建造者不怕困难、屡败屡造，终于修建成功的光荣历史。并称其"坦然坚巩，利济往来，永无波逝陆沉之患"。在"回澜桥记"刻碑上，还留有他"捐钱三千文"的芳名。

回澜风雨桥在明代崇祯十四年（1641年）进行重修。清代道光二十五年（1845年）对亭阁进行了维修。1986—1987年，广西壮族自治区文物部门又拨款，对回澜风雨桥进行了修缮，列为县级文物保护单位。1994年列为自治区文物保护单位。

回澜风雨桥自明崇祯十四年重修到现在，已经历三百六十余年，据史料记载，在此期间，本地曾发生过四次大地震，而回澜桥却安然无恙，这是我国古代建筑史上的一个奇迹。

2. 青龙风雨桥

位于回澜风雨桥南下五百余米处，创建于明代末期，比回澜风雨桥略晚些。其结构与之相似，不同之处是青龙桥的石砌券孔为单孔。

桥：长 26.7 米，宽 4.7 米，高 5 米，单拱跨度 7.8 米，皆石拱砌，占地面积 184.78 平方米，券背上加盖两层条石为桥面。

亭：采用 28 根柱抬梁结构，榫卯结合。重檐之间安方格花窗。中间的 6 根木柱为亭，高 5.05 米，两边为坐廊，宽 87 厘米。廊下有 1 米高的木栅栏杆。

阁：有三层，四方体造型。由四柱抬梁构架，榫卯结合。三重檐角飞翘，歇山人字顶，脊上装饰有宝葫芦。阁高 14 米。第一层飞檐爪角上饰有狮子头泥塑，第二层饰有龙尾翻爪，第三层饰有翼角飞翘，出檐 1.1 米。在第二层重檐之下，周围砌有砖墙，以保护阁内柱架。底层楼有三个石造门框，门框匾额分别有"芙蓉锦嶂""山水环之""翠拔群峰"楷书大字，道出了亭楼的风姿及产生的作用。门额两边分别有"太白醉酒""罗敷采桑""春华秋莲两相会"及古典人物故事彩色壁画，描述了人们对美好愿望的追求。

中层楼四面皆有石砌的窗户，窗外额壁上有奇花异草、鱼虾蟹等彩色壁画，华丽清新。

上层楼四周墙壁都用木造门棂式花窗镶饰，采用梅花雕窗艺术，古朴典雅。

此外，在桥亭的西墙上，还有清同治甲戌（1874 年）黄鹤道人题写的"升仙气象"四个楷书大字。旁边绘有"江南一枝梅"和"姜太公钓鱼"等彩色壁画。两边对联为："造就福桥生俊杰，培育济渡毓钟灵。"显示了人们对美好生活的追求与向往。

风雨桥在人民的生产生活中发挥了不可磨灭的作用，历代都给予维护和修缮。青龙风雨桥于清嘉庆初年（1796 年）重新进行了修复。据《整修青龙碑记》记载："斯亭以建，遮使往来无泥途水步涉之劳，复致休息者有登临眺望，更有以息行旌，培风水挺镇宅之妙。"1986—1987 年，自治区拨专款进行修缮，恢复原貌，并列为县级文物保护单位，1984 年列为自治区文物保护单位。

青龙风雨桥，以楼阁高耸入云

的雄姿而闻名中外。有人这样赞美道："四角飞檐，层层第次而上，犹如大鹏展翅欲飞；若登楼凭栏远眺，别具瑶乡画意诗情。"

位于古建花园中的回澜、青龙两座风雨桥，是集我国北方石券桥、南方的亭、古老的阁以及本地的廊桥四者造型特点于一体的新型建筑，建筑界称之为"石券廊桥"。它在我国古代建筑中是独一无二的，对研究我国的古代建筑有着深远的意义。

由于其历史悠久、造型独特，受到海内外众多知名导演的青睐。《茶是故乡浓》《酒是故乡醇》《韦拔群》《远征》等影视剧都曾选取风雨桥为外景，现已成为中外游客的旅游胜地。

（六）现代化的风雨桥——富川瑞光桥

瑞光风雨桥位于富川县富江河上，于1990年兴建，1992年10月竣工。

瑞光风雨桥长110米，宽6米。桥基为青石料，砌成9孔。其中大孔9个，中小孔各2个。桥基到桥亭顶端高15米，桥亭高8.7米。石拱及桥亭连为一体，风格独特。

桥亭为双重飞檐，飞檐间为传统花格窗。歇山顶，用红绿色琉璃瓦装饰。桥亭构架为钢筋水泥结构，亭桥及引桥两旁设置有水泥构件栏珊。亭楼两端有东西两道门，门的山墙上贴白色马赛克。整座桥古朴典雅、华丽清新、通风透亮，既保持了古老风雨桥的风韵，又洋溢着现代化建筑的气息。

此桥取名为瑞光，有两层含义：一是瑞光乃吉祥之光，是人们所期盼的；二是桥的右上侧，又建于明代嘉靖三十四年（1555年）的"瑞光塔"。瑞光桥与瑞光塔遥相呼应，成为当地著名的美景。

（七）最古老的木质立交桥——三江岜团桥

岜团桥的规模仅次于程阳桥，但气韵非凡，堪称侗族桥梁建筑之典范。

岜团桥位于广西三江侗族自治县西北的独峒乡岜团村南的孟江河上，于1896年始建，清代宣统二年（1910年）五月完工。

　　建桥师傅为岜团、平流两村的吴金漆、石含章两位民间艺人。他们建桥没有图纸，只用几根竹竿做测量工具，整座桥的结构全在脑子里。一个从左边建起，一个从右边建起，在中间连接，天衣无缝，是侗族建桥史上的杰作。

　　桥面长50米，两孔三亭两台一墩。桥面分行人道和畜行道高低两层，与现代的双层立体交叉桥有异曲同工之处。人行道宽3.1米，高2.4米；畜行道宽1.4米，高1.9米。全部为杉木穿斗组合结构托架简支梁式。人行道部分，托梁架有两层。下层伸出2.8米，上层伸出4米，各以9根圆木连成整体，两层间以横木分隔。

　　畜行道设在人行道南下侧，托架梁为一层，伸出2.8米上铺一层简支架，直径稍粗，构造与人行道相同。

　　桥盖为歇山式，五层重瓴。

　　一般桥梁出入口各一个，而岜团桥则依山就势，与当地地形通道连成一气，桥的西岸南向只有一条乡路，东岸东、北向各有一条村道，由此设计成南面一个出入口，东岸却有两个出入口，为过往行人提供了方便。

　　南面出口与桥轴成80度角，设有人畜引道、桥门牌坊、桥阁，依山就势，与地形结合得十分得体。来到桥门口时，人畜能自然地各行其道，牲畜极少闯入人行道。过桥时，人能通过栏杆看管过桥的牲口。

　　设计成人畜各行其道的原因是：侗族人民喜爱斗牛，有些牛不耕地，专门饲养用于搏斗取乐。这种牛凶猛强悍，与人同行在桥上很不安全，另外为了保持桥面的稳定与卫生，于是设计者就独具匠心，在桥的南下侧另铺一条畜行道，与人行道构成一个整体，成为一座功能先进的木建筑"立体交叉桥"，这在古今中外建桥史上是绝无仅有的。

　　杉木是侗族人民建桥的主要材料。由于木材抗弯强度较小，一般跨度不宜超过10米。岜团桥所在的苗江宽度27米，多建桥墩会影响航运和伐排通过，也不利于洪水排泄。针对这些实际情况，聪明的工匠采用了悬臂托架简支梁建筑方法。只建一个橄榄形桥墩，迎水角68度，以减少洪水的冲击力。桥台上修阁，桥墩上建亭，既能平衡重力，加固了桥身，又美化

了桥的外形。

因为三江地区气温较高，雨量充沛，又地处崇山峻岭，风力较大，飘雨角较小。为了使桥达到挡雨、遮阳、通风互补的效果，采用了重叠挑檐的建筑手法，挑檐达1.1米，上下檐之间形成的飘雨角小于30度，达到了既能阻挡雨水飘入、又能避免阳光直射的效果。

由于各方面设计科学合理，尽管近百年来人畜行走践踏，以及多次受到山洪冲击，岜团桥始终安然无恙，主体十分坚固。

（八）最具力学美的风雨桥——黎平地坪桥

黎平地坪风雨桥也称地坪花桥，坐落在贵州省黎平县城南110公里的地坪乡地坪寨边。横跨于南江河上，连接上寨、下寨、甘龙三个村寨。始建于清光绪八年（1882年，一说1894年），比著名的程阳风雨桥早三十四年。至今已有一百二十多年历史。三江程阳桥与黎平地坪桥只相隔数里，并且建桥的"掌墨师"为同一个人。

地坪风雨桥长50.6米，高8米，宽4.5米。桥面距离正常水位为10.75米，一墩两孔。它是一座石木结构的桥梁，桥墩和两岸的金刚墙均用规整的青石条砌成。主梁、垫梁和桥面及桥上的建筑物均用杉木建造。由每排四根柱子穿枋成排，再用穿枋将各排串联成一体，形成长廊。长廊两侧设有通桥长凳，供过往行人小憩。凳外还有梳齿状栏杆，1米高。栏杆外还有一层外挑桥檐。三座阁楼镶嵌在长廊之中，大者居中，其他两个桥楼以中楼为心形成对称。中间是一座五重檐的四角攒尖顶宫殿式阁楼，屋架净高9.92米，檐下饰如意斗拱，楼顶安有葫芦宝珠，通高11.4米，远远望去，形如鼓楼。两边的阁楼亦如鼓楼，采用歇山顶，四层出檐，高7.8米。中间阁楼的四根金柱上，各绘一条青龙，天花板上彩绘龙凤、白鹤、犀牛图案，形象生动。其余廊、阁、柱、枋涂以生漆，板壁上绘有侗姑纺纱、侗姑织锦、侗姑插秧、吹笙拉鼓、芦笙比赛、行歌坐月、牯牛角斗、激流放排、南江小景等彩色壁画，情景逼真。在桥两端的柱壁上，书有三副楹联。南端二联分别是：国泰民安白虎山头多彩艳，风调雨顺青龙江岸换新颜。旭日东升四面荣华新美景，红霞夕照五色彩云显光亮。北端一联内容是：沧海桑田世庶黎民景星见，龙盘凤逸社稷生平庆云生。

长廊和阁楼顶上都铺青瓦，桥廊屋脊上有三龙抢宝、双凤朝阳、倒立鳌鱼等泥塑。从高处俯视，桥与廊、阁浑然一体，长廊与阁楼贯通，楼高于廊，中楼又比侧楼高，高低相间，均衡而有层次感。中楼为五檐攒尖顶，两侧楼为四檐歇山顶，外形富于变化而不呆板。近处观看，长廊稍窄，三座楼阁部分突出，栏杆外的披檐仿佛是加上的一条镶边，颇有韵味，可谓别具匠心。离桥北端5米的高地上建有一座攒尖六角风雨亭，亭高9米，葫芦宝顶。亭内有五块坐板，后面有靠背栏杆，亭内住着一位守桥老人，即"桥公"。凭栏远眺，桥河风光尽收眼底。

地坪风雨桥不仅雄伟壮观，在建筑工艺上也十分精湛，特别是在力学原理的应用方面更是独一无二，不同凡响。

第一：桥墩和两岸金刚墙高度同在一个水平面上，上宽下窄，下面呈尖圆状，可减小水流的冲击力。

第二：桥墩将桥分为两孔，左边一孔净跨13.77米，右边一孔净跨21.42米。因两孔的净跨均超过大梁承载能力，于是建造者采用层层挑梁的方法缩小主梁跨度。在金刚墙与桥墩上，先用圆木铺作三层伸臂梁，每层9根，再逐层向外挑出，使每孔的跨度减少6.7米，达到安全系数。

第三：为了调节伸臂梁的水平，采用粗细相间的木料加以调整。运用这样的施工方法，不但可以缩短跨度和调节水平，而且起到枕木作用，缓冲重力。

聪明智慧的侗族同胞创造性地运用传统桥梁技术，充分利用引桥、金刚墙、桥墩和伸臂梁与层叠主梁，在五十多米的河面上架起了一座木桥梁，创造了桥梁史上的奇迹。

地坪风雨桥已有百年历史，历经沧桑。1959年被一场大火烧毁，1964年黎平县政府拨款重建。80年代初，白贵州省政府再次拨款修复。1981年修葺一新，1982年被列为贵州省文物保护单位，1997年被邮电部设计为纪念邮票发行，2001年被国务院列为全国重点文物保护单位。2004年7月20日，黎平爆发山洪，大水冲垮了风雨桥，当地五百多名侗族群众奋不顾身跳入水中，拦截木料，漂流了十几里，终于将百分之七十的主要部件抢救回来。2005年，在文物

部门的支持下，国家文物局批准修复地坪风雨桥。经过数百名当地能工巧匠的艰苦努力，不久，风雨桥又重新屹立在南江河上。

（九）美如娥眉弯月的风雨桥——坪坦回龙桥

如果说贵州的风雨桥是小家碧玉，广西的风雨桥是大家闺秀的话，那么，湖南通道的风雨桥就是豪放大气的男子汉，其中最富于代表性的是坪坦回龙桥。

坪坦回龙桥坐落在湖南省通道侗族自治县坪坦乡、平日村公路旁，横跨坪坦河东西两岸。始建于清乾隆二十四年（1759年）。原名"龙皇桥""俗答花桥"。1931年修复，更名为回龙桥。

回龙桥又称回龙花桥，取"桥长如龙，翼立水上，水至回环，护卫村寨"之意。意思是龙从上游游到桥头，回头护住村寨，守住村寨，使财不外流。当地还流传着"花龙救媳妇"的故事。

古时候，在侗族的一个小山寨里，住着一对青年夫妇，男的叫卡布，女的叫培冠，生得十分美丽。两人恩爱无比，形影不离。

有一天早晨，河水暴涨，卡布和妻子去西山干活。当他们走到小木桥上的时候，一阵大风刮来，卡布迷了眼睛，只听见培冠"哎呀"一声跌落河中。卡布马上睁开眼睛，跳进河里搭救，可是他来回游了几圈都没有找到妻子。闻讯赶来的乡亲们也分头帮忙寻找，找了很长时间也没有找到。这是怎么回事呢？原来，在河底住着一个螃蟹精，是他把培冠卷到河底洞中去了。螃蟹精见培冠十分美貌，就要培冠做他的妻子。培冠不答应，还回手打了他一巴掌。螃蟹精恼羞成怒，露出凶相威胁培冠，培冠的哭声被上游的一条花龙听到了。花龙顺流而下，冲向螃蟹精的岩洞。顿时，河底发出"轰隆轰隆"的巨响，河水荡起一个个巨大的旋涡。不一会儿，从水里冒出一股黑烟，升到半空变成一朵乌云，只见花龙跃上半空，把那朵乌云压下来，迫使螃蟹精现出原形。螃蟹精慌慌张张地爬上悬崖想逃跑，花龙舞动龙尾，把螃蟹精横扫下来。螃蟹精筋疲力尽，向竹林里逃窜，花龙张开口，喷出一股巨大的水流，把竹林击得一片片倒下去。螃蟹精无处藏身，又跃落河中，花龙紧追不舍，终于制伏了螃蟹精。螃蟹精变成了一块螃蟹形的黑石头，后人称之为螃蟹石。

培冠得救了。为了感谢花龙，大家把河上的小木桥改成了长廊式的大木桥。还在桥上四条木柱上雕刻花龙的形象，祝愿花龙常在。在大桥建成那天，举行了隆重的庆祝典礼。这时，天空霞光万道，一朵长龙形状的彩云飘在大桥的上空，原来是花龙回来看望大家。因此，后人称这种桥为回龙桥。

回龙桥系纯木结构伸臂梁式廊桥，原桥墩系木墩。1974年维修时，改木墩为石墩，所以现在为木石结构。桥长80米，宽4米，桥廊23间。桥为弧形，桥墩为大青石砌成。墩上铺架成排的杉木作为桥梁，桥身如游廊，桥背面装有板壁，以挡寒风侵袭。桥南则装有齐胸栏板，并留有一定空间，形成长通棂窗，采光充分。桥廊两边距桥面0.52米高的地方设有长凳，以供路人休息乘凉。桥梁两边的檐板上，绘有"迎客松""侗寨芦笙""关羽头像""娘妹复仇""负荆请罪""飞夺泸定桥""八女投江""吴免起义""岳母刺字"等彩画。桥的两端及中部桥墩上建有三座多角宝塔式楼阁，楼阁分为三层檐，攒尖葫芦宝顶。桥廊脊、阁楼翘角及宝塔顶，都塑有龙、凤、鱼等动物。楼阁收尖处有覆钵、宝瓶、小鸟等饰物。中间楼顶雕有一只白鹤，嘴里含着一个簧片，清风拂过，呜呜作响。阁楼内共有神龛，中间的楼阁为关圣殿，供奉关公，外部南面用杉木板挡住，写有"回龙桥"三个正楷立字。

桥西段采用伸臂式木拱架承重桥体，桥拱净跨19.4米，拱架两端以30度角斜升三排圆枕木，逐层伸臂，桥面铺设木板，形成上下平拱状。东段采用悬臂枕木梁架，三孔两墩。东西两端结构不同、造型不同，反差较大，形成强烈对比。为什么同一座桥要采用截然不同的两种工艺呢？据说这和乾隆皇帝有关。当年乾隆七下江南，到处访察民情、游山玩水。当地人想，不知道哪天，皇上也许会到此一游，于是就集中能工巧匠，修建了这座独树一帜的风雨桥。

坪坦回龙桥周围环境十分优美，桥头有桂树和古松，苍劲挺拔，亭亭如盖，各立一端，古树与桥身倒影，参差重叠，妙趣横生。

与其他风雨桥不同的是，回龙桥桥身平面每间相差一分，成一度弧形，致使全桥向寨中环成20度弧的娥眉月形状，体现了侗族建筑艺术的特有风格。

回龙桥于1931年重新修复，1974年再次维修，是湖南地区现存最大的风雨桥，被列为湖南省重点文物保护单位。

宝带桥

　　苏州是著名的水城，素有"东方威尼斯"之称。城内河道纵横，桥梁众多。而在这众多的桥中最长的一座多孔石拱桥，就是宝带桥。拥有"苏州第一桥"美称的宝带桥，与卢沟桥、广济桥、五亭桥、赵州桥、安平桥、十字桥、风雨桥、铁索桥、五音桥合称为我国十大桥。

一、宝带桥的历史

宝带桥，始建于唐代元和十一年至十四年，相传是唐代苏州刺史王仲舒捐献宝带资助修建，人们为纪念王仲舒捐带建桥的义举，故取名为宝带桥。远远望去，长桥像一条玲珑秀美的玉带，浮于碧波之上。此桥历代屡经兴废，唐元和年间建成后维持了四百多年，宋、元、明、清又曾五次重建或重修。现在我们看到的宝带桥是明代正统十一年重建的。这座沾惹了千年风雨的石桥，往往令游人唏嘘不已。

（一）从京杭大运河说起

宝带桥位于苏州城东南约六里，距苏州蓟门仅三里，横卧在运河与澹台湖间的玳玳河上，这里是贯通江浙两省的陆路古道，又是渲泄太湖之水出海的重要津梁滋口。陆路衔接苏嘉古道，水上则是连接运河与吴淞江的隘口，桥址为古代贯穿江浙的交通要道。宝带桥的修建，同古时漕运的发展有直接的联系。

江浙一带，自古为鱼米之乡，历代帝王无不以此作为征敛财赋的重地。隋大业六年（610年），隋炀帝开凿江南大运河，开辟水路，将大量江浙的粮食和珍宝运往京都。到唐代，漕运已空前繁忙，每年从东南运往京师的漕运粮食不下四十万斛，大批粮食经由大运河千里迢迢运往北方。

从苏州到嘉兴的一段运河，系南北方向，载满"皇粮"的漕船，秋冬季节要顶着西北风行进，不背纤是很困难的。然而，纤道在澹台湖与运河交接处，却有个宽约三四百米的缺口，需填土作堤，"以为换舟之路"。可是，一旦"填土作堤"也就切断了诸湖经吴淞江入海的通路，且路堤又会被汹涌湍急的湖水冲垮，以桥代堤成为燃眉之急。

而当时京杭大运河和澹台湖之间的玳玳

河，地处要冲，肩负南北通衢，"自澹台诸湖而来众水"经运河"并入淞江"。唐代元和年间，朝廷一方面加强了运河两边的卫戍，另一方面又广修纤道。而澹台湖口有三百多米的湖面，纤道被阻断，漕船至此困难重重。为了方便拉纤引船，又不切断太湖水入海的通道，并考虑到船只的通行，便在玳玳河上设计建造了这样一座独具个性的石拱桥。

（二） 宝带桥名字的由来

宝带桥始建于唐元和十一年（816 年），元和十四年完工，历时四年。当时的苏州刺史王仲舒，为保证漕运的顺利畅通，决计下令广驳纤道，建桥湖上，并且变卖自己的玉质宝带，筹建此桥。当地士绅深为感动，纷纷解囊捐赠，兴工建桥。桥为"挽道"，一反江南常规，不取"垂虹架空"之石拱型，而是设计为"宝带卧波"之长堤型桥。为使湖水通畅，于是采用多孔、狭墩结构。为纪念王仲舒捐带建桥的义举，当地人民将此桥命名为宝带桥，宝带桥之名由此而来。

王仲舒（762—823 年），山西太原人。唐朝文学家。少好学，工诗文。历任苏州刺史、洪州刺史、中书舍人等。元和年间（806—820 年），在南昌奖励文学，文风盛开。还邀请当时担任袁州刺史的韩愈来到南昌，对南昌文学的发展作出了重要贡献。作有《滕王阁记》和《钟陵送别》等。流传下来的诗有《寄李十员外》："百丈悬泉旧卧龙，欲将肝胆佐时雍。唯愁又入烟霞去，知在庐峰第几重。"王仲舒善书法，尝书唐光福寺塔题名：《唐书本传》及《金石略》。此外，王仲舒还是滕王阁的建设者。

尽管南昌是王仲舒人生历程中最重要的一站，但真正让他名垂千古的却是用玉带换来的宝带桥。王仲舒治苏期间"变屋瓦，绝火灾，赋调常与民为期，不扰自办"，深得百姓爱戴。鉴于当时的漕运状况，他立志要在古运河之侧建造一座长桥，但是在运河上造一座长桥需要巨额费用，一时又难以筹措，于是便有了变卖玉带的举措。

我国历史上不乏因人而得名的建筑景观。如苏堤、白堤等。这些因一己之举造就了千古名胜的封建士大夫，以身作则，身体力行，实践了儒家"达则兼济天下，穷则独善其身"的信条。也是教育后世为官者，"情为民所系，利为民所谋"的绝佳历史教材。

此外，民间还有一说，即因桥似宝带浮于水上而得名。由于宝带桥特殊的长度和形制，这个特点是显而易见的。

(三)宝带桥的荣衰兴废

宝带桥自建成至今已有1160多年了，在漫长的岁月中，它饱经沧桑，受尽了磨难。据资料记载，宝带桥曾因毁坏而7次重修。其中，既有洪水等自然灾害的原因，也有维修不善等人为原因。

自唐代元和十四年建成后，宝带桥在宋代、明代、清代都又曾重建。唐代的宝带桥经四百多年后，到南宋绍定五年（1232年）才重建。尔后，又屡损屡建，曾搭木桥以渡，"每有覆溺之患"。到了元代，僧人善住经过此桥，曾赋诗颂桥："借得他山石，还将石作梁。直从堤上去，横跨水中央。白鹭下秋色，苍龙浮夕阳。涛声当夜起，并入榜歌长。"诗中的"苍龙""石作梁"之句，都说明当时的宝带桥已是一座长长的石拱桥了。明正统年间（1436—1449年），重建工作又由工部右侍郎巡抚周忱与当地知府朱胜主持。正统十一年（1446年）兴工，当年冬十一月落成，历经四年而重建宝带桥，桥"长千三百二十尺，洞其下凡五十有三，高其中之三，以通巨舰"。建成五十三孔石拱桥，基本上已是今桥的体制与规模了。康熙九年（1670年）宝带桥被大水冲毁，康熙十二年又被修复。道光十一年（1831年），由林则徐主持修理，时费"工料银六千六百七十两有奇"。清咸丰年间和抗日战争时期，由于英帝国主义和日本侵略者的破坏，毁损相当严重。据倦圃野老的《庚癸纪略》记载，1863年8月19日为了通汽船，捉民夫拆去宝带桥两孔，接着连续坍塌了二十五

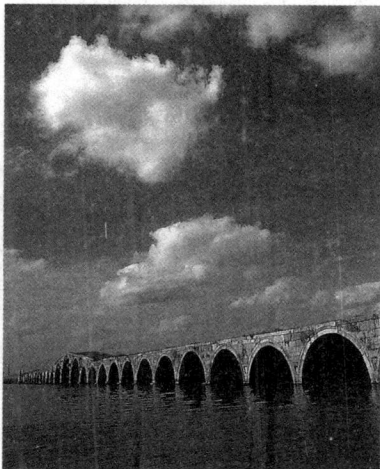

孔，压死兵勇五人。"咸丰十年（1860 年）毁三孔"（又一说为同治二年，即 1863 年），清咸丰十年（1860 年）9 月 29 日，洋枪队头子戈登为了使他的座船"飞而复来号"驶过宝带桥镇压桥西的太平天国起义军，竟悍然毁去桥之大孔，致使宝带桥连续倒塌了 26 孔。戈登在寄回英国的信中称，这条汽船就是这个英国殖民主义者乘坐着去指挥洋枪队攻袭太平军的"飞而复来号"轮船，信中还说："桥崩塌时发出震人的响声，我的小船险些被碎片击沉……这桥的崩塌恐怕应归咎于我，因为我曾拆去它的一个拱洞让汽船驶入太湖，这桥的拱洞是一个重叠在另一个上面，拆去一个拱洞，自然其余的便随之倒塌了。"清同治十一年(1872 年)，宝带桥再次重建。

抗日战争(1937—1945 年)时，南端一段有 6 个桥孔被日本侵略军用飞机炸毁。此时宝带桥已是千疮百孔、破败不堪。中华人民共和国成立后，人民政府根据明代的规模和形制，于 1956 年修复了这座古桥。修复后的宝带桥，桥拱照原样用花岗岩砌成，桥面和两端桥堍也照原样进行了修缮，并把坠入河中的 4 只石狮打捞出来，安装就位。

1972 年，国家又在古桥西面 30 米处新建了 1 座公路大桥，与古桥并卧在澹台河上，古桥被作为文物而供人游览。

1981 年，由江苏省文化局拨款，对古桥进行了全面维修。苏州市邮局拔除了栽在桥上已有五十多年的电话线杆，使古桥恢复了原来的风貌。

2001 年 6 月 25 日，宝带桥作为明代古建筑，被国务院批准列入第五批全国重点文物保护单位名单。

现在，宝带桥上遗存有各种不同质料的石材，这就是宝带古桥的历史见证。

二、精湛杰出的技术成就

宝带桥工程浩大、规模壮观，在古代中外建桥史上是极其罕见的。英国人马戛尔尼所著《乾隆英使觐见记》中，在从镇江往杭州的运河道的日记中云："七日礼拜四晨间抵常州府……又过三小湖，乃互相毗连着，其旁有一长桥，环洞之多，几及一百，奇观也。"

那么这座桥究竟奇在哪里呢？奇就奇在它巧夺天工、精湛杰出的技术成就。作为一座有一千多年历史的多孔石拱桥，宝带桥在建桥技术和建筑技术上都有许多独特的成就，这座长达 317 米的大桥，其一砖一瓦都是无数能工巧匠用智慧与心血铸就的。

（一）采用了"多铰拱"

用石料造拱桥，在我国有悠久历史，拱圈砌筑方法多种多样，但不外乎两种类型，一是纵向并列法，即将石块砌成一片片单独拱圈，这些拱圈纵向排列，并用勾石、腰铁等联结成整体，如赵州桥；二为横联法，即把石块砌成与桥面同宽的一条条长条石，并把这些长条石按弧形砌成整体拱圈，如卢沟桥。

宝带桥的砌拱法，既不同于赵州桥的单拱并合，也不同于芦沟桥的条石弧砌，而是采用了结合两者长处的多铰拱。这在古代建桥史上是极罕见的。虽是江南水乡常见的石拱桥，但它设计精巧、结构奇特。它不用既高又陡的形式，而是建成平坦宽阔的长桥，以便于挽舟拉纤，因而古来纤夫皆受其利。古代澹台湖渲泄太湖之水，也是通往吴淞出海的重要水口，在此建桥宜大忌小。因此，设计者不用冗长繁复的实体墩，却建成了 53 孔的连孔桥。这种建法不仅减轻了桥自身的重量，有利于大桥的长久保存，而且还增加了净空，洪水可以畅流无阻。

宝带桥两法兼用，用与桥同宽的长条石，将整个拱圈分成若干隔间，每个隔间用块石砌成一片片弧形短拱，各片合拢，再与一长条石合而成为整体拱圈。

每两块拱石间，用"稗头"及"卵眼"拼接，这样，当拱圈受力时，拱石可微微移动，自行调整不平衡之内力。由于"禅卯"具有铰接作用，用这样的方法砌成的拱桥，叫做多铰拱。同时，"拱圈千砌，不用灰浆"。当然，干砌拱圈对石料加工的要求较高，砌筑工艺也比较复杂，这也正说明古时匠人用石之妙，造诣之高超了。

(二) 采用了"柔性墩"

宝带桥的另一个特点就是摒弃了以往较为粗壮的重力式桥墩，大胆采用了轻巧的柔性墩，可防止多桥孔连锁倒塌。每座拱圈的两端拱脚，分别砌在两座桥墩上，每座桥墩支持着相邻拱圈的拱脚，两拱之间形成一个三角地带。桥面与拱圈之间的空腹内，夯填三合土，空腹两侧，石砌肩墙。这样一来，桥面荷重由腹腔填土直接传递至桥墩身的推力。宝带桥为了避免实体墩会阻碍泄洪、且费工料、增加桥身的自重量的局限，采用了柔性墩。柔性墩的问世，反映了拱桥传力途径的变化，以达到省工、省料的目的。同时，墩身尺寸减小，使全桥桥身不致于过多压缩于水面，有利于宣泄水流和船只来往。墩基用的杉木桩，直径为15—20厘米，每墩60根，分5排，每排12根，桩长120厘米左右，桩距约80厘米，排列紧密，木桩上铺大条石或铺垫两层大块石，上面再砌墩身、这种桥墩比实体桥墩轻，又利于泄洪，因河底表层土质松软，采用木桩基础可将上部结构的重量传到深处承受载力较强的地基上，一般不会造成基础的不均匀沉降，这就保证了基础的相对稳定，它可以减少阻水面积，节省石料用量。但弱点是只要一孔的拱圈受力后，会牵动两边桥孔，把力传到其他各个桥孔上去。如果一孔坍塌，会导致和它相连的两个桥孔失去平衡，造成坍塌。

值得一提的是，在宝带桥的五十二座桥墩中，并非全是柔性墩，驼峰南首即自北数第二十七号墩砌成两个并立的桥墩，即单向推力墩，又称刚性墩。这座桥墩体量较大，依靠它的自重可以平衡单方面的推力，一旦邻孔破坏，而不致于波及另一端各孔的安全。据传英军戈登与太平军作战时，曾拆掉此桥的最大一孔，致使北部26孔全部倒塌，但刚性墩以南26孔未遭破快，可见其安全牢固。

（三）采用了"刚性墩"

在宝带桥的二十七与二十八孔之间，是由两个桥墩并立而成的，宽度为2.23米，为其他墩宽的三倍多，而且比其他墩长80厘米，上面还放置着"镇妖石塔"一尊，成了可靠屏障。这种墩今天称为刚性墩，因它能承受单向拱推力，也叫单向推力墩。现在建造多孔连拱桥时，每隔3至5孔必须建造一座刚性墩。这种墩不仅宝带桥有，江苏吴县的行春桥（九环洞桥）等也有，说明五百年前我国桥工已形成了这样的概念，这是桥梁技术史上的一大成就。宝带桥桥跨（最大跨度为6.95米）与墩宽比是11.6：1，从而使桥下泄水面积达85%，居世界古拱桥的首位。古罗马及欧洲的古石拱桥都采用厚墩，如13世纪初建成的英国老伦敦桥，桥跨与墩宽的比例竟达1.3：1（34尺：26尺），阻水面积大，桥型显得笨重。直到18世纪法国桥梁大师贝龙（1708—1774年）从理论上证明桥跨与墩厚比可以达到12：1—10：1，欧洲才出现了薄墩桥，但还是不及宝带桥桥墩薄。这使我们清晰地看到我国古代能工巧匠的惊人智慧。

（四）讲究桥面建筑艺术

宝带桥造型优美、技术精湛，整个桥身用整洁细密的青石和当地坚硬素雅的金山石砌成。同时，桥面的建筑艺术处理得亦独具匠心。原来桥的南北两端各竖有石狮一对，如今北端一对仍然蹲着迎接来往的行人，而南端的一对已不复存在。在北堤和自北数第二十七至二十八孔之间的河道上，各建有石塔一尊，底座两层均为正方形，下层刻海浪，上层刻云纹。底层重檐，其他各层皆单檐，顶层塔较长，腰檐上置平座，座周围布以栏杆。塔顶雕刻砚莲、宝顶等。此二塔风格古朴、造型挺秀，经鉴定为宋代遗物。说明宋时宝带桥上就建有宝塔，传说此塔为镇水而建。

此外，宝带桥还建有石狮和碑亭，既丰富了桥的内容，又显示了官府造桥的气派。

碑亭离北堤石塔相去不远，单檐歇山顶，石质仿木结构，方形，边长4.32米，高6.13米。据民国《吴县志》记载，碑亭建于

清代同治十一年（1872年），内置有清代张树声（振宪）的碑记，据此可以知晓宝带桥的历史。

宝带桥不仅改善了大运河和澹台湖之间的交通状况，而且因其风格绚丽、桥型雄伟、建筑精巧，桥址又正处在大运河与澹台湖的汇合处，加上周围有青山绿水相衬，湖光山色、碧辉相映，恰似飘动在水乡原野上的一条宝带，更显绮丽多姿，实在令人陶醉。其中三孔联拱特别高，以通大船，两旁各拱路面逐渐下降，形成弓形弧线。全桥构造复杂而又结构轻盈、风格壮丽、奇巧多姿，成为江南名胜。

（五）统一中有变化，小处不小视

宝带桥桥面宽阔平坦，系用青石夹花岗岩砌筑而成。桥身狭长如带，下由五十三孔联缀而成，都是半圆形的券形拱，拱圈皆近于半圆形，拱高约等于孔之半，拱圈上都有护拱石，在三大孔的护拱石上各有一道凸起的眉拱，以增加桥拱的立体感。宝带桥一孔连接一孔，组成了五十三孔的连续拱桥，亦称连拱桥。

宝带桥全长317米，桥宽4.1米，北端引道长23.4米，南端引道43.06米。桥拱跨径一般都在3.9米左右，唯有中部三孔中，孔跨径最大的达6.95米，高达7.5米。桥面平坦，符合功能要求，大运河上来往船只需纤夫拉曳，平直桥面适合纤夫行走。为了通行大船，将其中的十四至十六孔增大，兼顾泄水、通船的要求。桥墩成喇叭形，下端宽6.1米。桥两端各有一对威武的青石狮，北端还有四出碑亭和五级八面石塔各一。石塔高4米，以整块青石雕凿而成，底座呈正方形，刻海浪云龙纹；塔檐也均以石块刻成。每级八面，各面雕凿佛龛，内镌刻小佛像。在二十六与二十七孔间水盘石上，也有同样的石塔一座。

从这些统一中的巧妙变化、粗致的细节中，我们可以看出建桥人心思的细腻与工艺的精巧，除了表示感叹敬佩之外，对于当今的桥梁建筑，宝带桥可资借鉴的地方，也有很多很多。

中国古桥名塔

三、有关宝带桥梁的诗词与传奇

历来，名胜古迹便与诗词歌赋及民间传说关系密切，名胜古迹孕育了诗词，诗词又使得名胜古迹更加闻名。宝带桥便是由诗词传说而引人入胜的古迹之一大例证。

(一) 千古文人，千古一桥

试想这样的场景：暮春时分，四周田野里油菜花金黄，河两岸杨柳碧绿，阳光下河水波光粼粼，远处长方山一脉葱翠。"长虹卧波、鳌背连云"的宝带桥，与周边的环境结合得竟是如此和谐巧妙。任是何人，行走在桥上，也会不觉进入宋词的意境。

元代僧人善住经过此桥时，写下了这样的诗句："借得他山石，还将石作梁。直从堤上去，横跨水中央。白鹭下秋色，苍龙浮夕阳。涛声当夜起，并入榜歌长。"从中可以看出，早在元代，宝带桥已不仅是一座颇具规模的石拱桥，而且还肩负着繁忙的运输任务。

明代的王笼咏宝带桥："春水桃花色，星桥宝带名，鲸吞三岛动，虹卧五湖平。"在他简洁的二十字背后，我们仿佛看到群山起伏，原野千顷，远山近水，浑然一体，构成了如画般的风景。

"澹台湖水绿如油，宝带桥平匹练浮，好种碧桃三万树，年年花里作春游。"这是清代诗人陆世仪吟咏的宝带桥景色。尤其是明月当空，每个桥洞各呈一个月影映于湖面，"瑶台失落凤头钗，玉带卧水映碧苔，待到中秋明月夜，

五十三孔照影来。"

有首月夜泛舟宝带桥的诗，写得最为优美："琉璃世界一无尘，海阔天空太湖滨；五十三孔停桨问，月华浓处是姑苏。"

清代顾侠君的《清嘉录》记载："十八日昏时，游石湖观宝带串月。"顾侠君还有一首长诗，记录宝带桥观串月的情状，写得细腻真切，若不是身临其境是写不出来的。现录于此——《串月歌》咏之云："治平山寺何费蛲，湖光吐纳山连遥。烟中明灭宝带桥，金波万迭风骚骚。年年八月十八夜，飞廉驱云落村舍。金盆山水耀光芒，琉璃进破银瓶泻。散作明珠千万颗，老兔寒蟾景相吓。鱼婢蟹奴争献奇，手搴桂旗吹参差。水花云叶桥心布，移来海市秋风时。吴侬好事邀亲客，舳舻衔尾排南陌。红豆新词出绛唇，粉胸绣臆回歌席。绿蚁淋漓柁桥倒，醒来月在松杉杪。"

这些诗词，都以充满画意的笔触，形象地勾勒出宝带桥"长虹卧波，鳌背连云"的宏伟景象。

（二）马戛尔尼的惊喜

18 世纪末期，英国人马戛尔尼千里迢迢来到中国，见到了乾隆皇帝，却为下跪的问题闹得很不愉快。有学者认为，马戛尔尼和乾隆的相见，一个代表着世界上最强大的帝国，一个代表着世界上最古老的帝国，他们都有傲慢的资本，再加上文化上的巨大差异，产生矛盾、冲突是必然的。

不过，除了不愉快，一路上中国这个东方古国的自然风光和人文景观，还是让马戛尔尼时时有惊喜。1793 年 11 月 7 日，他在日记里写道："七日礼拜四晨间抵常州府，过一建筑极坚固之三孔桥，其中一孔甚高，吾船直过其下，无需下桅……已而又过三小湖，乃互相毗连者，其旁有一长桥，环洞之多，几及一百，奇观也。"

其同伴摆劳氏《从中国旅行记》中也说道："此种世间不可多见之长桥，惜于夜间过之。后有一瑞士仆人，偶至舱面，见此不可思议之建筑物，即疑神数其环洞之数，后以数之再三，不能数清……"

就连那傲慢的英国人都连呼"奇观"，我们只能再次感谢先辈用不可思议的智慧与汗水，造就了玳玳河上这不可思议的东方迷梦。

和人一样，一座桥也有它的盛年。在以河运为主的时代，宝带桥见证了无数南来北往的船影，那些来来往往的船，不知承载了多少历史风云。

（三）神仙造的桥

除了王仲舒变卖玉带筹资建桥外，在苏州当地，还有个更富民间传奇色彩的传说。

相传，在澹台湖边上有座庙，庙里住着一位老和尚。百姓们很想在澹台湖边上建一座庙，可是风又大水又急，不好打桩。有一个深夜，老和尚忽然听到有人敲门，他很奇怪——这庙周围很少有人家居住，这么晚了也很少有人路过。他起来打开庙门，一看，有老人，有小伙子，还有一个漂亮的姑娘，整整八个人。老和尚不知道这些人是干什么的，就推脱说："我的庙小，没有地方可住啦！"那八个人说："我们还没吃饭哩。"老和尚极为不高兴地回答："庙里没有斋饭啦。"这时有个人从随身带的葫芦里倒了一把米，又放了一包红枣在米里，对老和尚说："那烦请您用这些米烧点红枣饭吧！"

不一会，饭烧好了，满屋浮动着香味，八个人马上就把饭吃完了。老和尚准备收拾枣核和碗筷时，一个人告诉他说："这枣核还有用呢。"和尚笑道："你们可真是奇怪，枣核能有什么用？"

饭后，那八个人每个人手里拿了把枣核，向老和尚道谢后，出门向澹台湖走去，老和尚替他们着急，再走过去就是湖了，正要向那八人喊时，却看到他们在湖面上如履平地，一边走一边往湖

水里撒枣核，走着走着就不见了。老和尚这才如梦方醒，心想："这八人莫非是八仙？"

天亮了，老和尚看到昨晚那八个人走过的湖面上，长出了粗粗的木桩，苏州刺史王仲舒知道后，明白是老百姓们一心造桥的愿望感动了仙人，于是他用镶满了珍珠翡翠的宝带换来三千两白银，架起了长达一百多丈的大曲拱桥。

另外还有一个传说。上古时代，天庭里住着一位仙女，虽然过着无忧无虑的生活，却常常很寂寞。平日里常听其他仙女说人间有一个地方叫姑苏，那里山清水秀、土地肥沃、物产丰富，人们安居乐业，过着神仙似的生活。

有一日，她终于动了凡心，悄悄地离开了天庭，驾着祥云，来到了太湖的上空。此时五百里太湖，风平浪静，七十二岛像散落的珍珠一样镶嵌在湖面上。天色已近黄昏，湖面上白帆点点，正值渔民满载鱼虾归航。向东飞过天平、灵岩二山，仙女来到姑苏城上空。低头看时，只见行人车马熙熙攘攘，丝竹管乐隐约可闻。此时仙女拨转云头，霎时来到澹台湖上。澹台湖虽小，却白浪滚滚，煞是险恶。忽见一叶小渡船，在巨浪中艰难地行进。湖的两岸聚集着南来北往的过客。仙女看着他们焦急的神情，动了慈悲恻隐之心，便解下腰间的玉带，随手抛向湖面。玉带在风中飘飘荡荡，落到湖上，便化为一座五十三孔的石桥。湖水顷刻风平浪静，原来是玉带镇住了湖中兴风作浪的湖怪。两岸人们欢呼雀跃，首次步行走过了澹台湖。

被镇住的湖怪，却附在桥头的石狮上。后来也常幻化成女身，在周围的村庄作孽，迷惑青壮年。终于有一位不被女色所惑的美少年，趁女妖吐舌害人的时候，挥剑将她的舌头斩下。从此村民恢复了往日的平静。不过，今天的宝带桥上，真的有一座石狮是断了一截舌头的。

由于此桥为仙物所化，桥孔数目也变化无常。有个渔民想了个办法，他带上了一百根竹签，依次在每个桥孔下放上一根，最后剩下四十六根。然而，当他数收回的竹签时，却发现只有五十三根竹签。据说，当地有两个小学生刚学算术时，也试着想弄清宝带桥到底有多少孔，却总是你说五十三，我说五十四。

每当月圆之夜，几百米长的宝带桥横卧湖口，似长虹卧波，如宝带沾水，极为壮观。而当明月当空，53个桥孔便出现53个月影，连接成片，妙趣横生。

神仙造桥的传说当然经不起推敲，也不严密，但我们对于民间传说也不要太苛刻了。最重要的是，当地传说反映出了中华儿女世世代代期望天遂人愿的美好愿望。

（四）澹台湖与澹台灭明

前文一再提到，宝带桥横卧在美丽的澹台湖上。提到这澹台湖，又有一段传奇。

澹台湖位于江苏省苏州市吴中区长桥镇，这里绿水环绕、碧波荡漾。宝带桥便横卧在湖的西边。现在，在湖的北面新建了一个澹台湖公园，公园融中西建筑风格于一体，垂柳绕岸、绿草成茵，成为游客憩息游览的好去处。

澹台湖名字的由来，跟历史上一位传奇的孔门弟子有关——澹台灭明。澹台灭明，字子羽，比孔子小39岁，鲁国人。长相额低口窄，鼻梁低矮，不具大器形貌。澹台灭明投师孔子门下，孔子见他相貌丑陋，认为他没有大器之象，不愿收其为徒。后因有碍于自己"有教无类"的主张，遂勉强收为弟子，但依旧以貌取人，对他颇为嫌弃。澹台灭明受到冷遇后，毅然退出孔子的弟子行列，但更加发奋求学、严谨修行。

子游做武城宰时，孔子问"你在那里遇到什么人才了吗？"子游说："有位叫澹台灭明的，做事从不走捷径或投机取巧，如果没有公事，他从不到我屋里来。"

后来，澹台灭明往南游学到吴地（即楚国，后老死在楚国），在今天的澹台湖这片地方，结庐修学，跟从他学习的有三百多人。他有一套教学管理制度，影响甚大，是当时儒家在南方的一个有

影响的学派。孔子听到这些消息，感慨地说："吾以言取人，失之宰予（孔子的另一个学生）；以貌取人，失之子羽（即澹台灭明）。"意思是，"我凭语言判断人，看错了宰予；凭长相判断人，看错了子羽"。成语"以貌取人"便由此而来。

澹台灭明重义轻财。据《括地志》记载：一次，澹台灭明携带一块价值连城的宝玉渡河，舟至河心，忽有二蛟从波涛中跃出，对渡船成夹击之势，欲夺宝玉。澹台灭明气愤地说："吾可以义求，不可以力劫。"遂挥剑斩二蛟于河中，并将宝玉投入水中，以示自己毫无吝啬之意。他的这种高尚品德影响了一代又一代鲁人。数千年盛行于齐鲁大地的"宁让钱，不让言"的鲁国遗风，可以从澹台灭明身上找到影子。

澹台灭明德行高尚、学识渊博，尽管遭遇不公，仍以孔子为宗师，崇奉孔子学说，专释春秋大义及修身、齐家、治国、平天下的道理，教导学生读《三坟》（即伏羲、神农、黄帝之书）、《五典》（即少昊、颛顼、高辛、尧、舜之书）、《八索》（乃八卦之说）、《九丘》（九州之志）等古书，兼习"六艺"。在教学中提倡"学而不厌""发奋忘食"的学风，"诲人不倦""有教无类"的教学态度，"不耻下问"的学习精神，"温故而知新""学而时习之"的学习方法……培养了一批学有造诣、人品端正的学生，因而贤名远扬，其才干和品德传遍了各诸侯国。

澹台灭明去世后，其弟子将他安葬于武城故里（今平邑县魏庄乡土桥村西300米处）。东汉明帝永平十五年（72年）祀孔子及七十二贤，他是其中之一。唐玄宗开元二十七年（739年）被封为"江伯"。宋真宗大中祥符二年（1009年）升为"金乡侯"，儒家传人将他列于曲阜孔庙大成殿前西庑内从祀孔子。明天启四年（1624年），在费县关阳司建二贤祠，主祀曾参、子游。清乾隆三年（1766年），关阳司巡检胡世祚将澹台灭明由从祀改为主祀，并将二贤祠更名为三贤祠。清嘉靖十三年（1808年），粮道孙星衍将钱泳手书墓碑一座立于澹台灭明墓前。

澹台灭明游学期间，游历到过吴国，在现在澹台湖的地方结庐修学，招收门徒，通俗地讲，就是开设学堂。由于地理的变迁，岁月荏苒，沧海桑田，当年澹台灭明结庐的地方陷落成了一个湖泊，当地人为了纪念澹台灭明，便将湖泊命名为澹台湖。

我们要感谢澹台灭明的不妄自菲薄和不自暴自弃。而在这漫长的岁月中，有多少本来可以成就一番事业的人，却因为师长、亲友的否定，就这么泯然众人了？又有多少像澹台灭明那样的人才，能不因他人之言动摇自己的信念和信条，成就了自己，也成就了历史和传奇？

站在宝带桥上远眺公园，澹台湖波光粼粼、水气氤氲，犹如一幅美丽的千米画卷徐徐展开，满园景色尽收眼底，令人流连忘返。

千年的误会和遗憾早已灰飞烟灭，展现在我们眼前的，只有这十里平湖，百米长桥，和晚风徐来时，那耀眼的夕阳余晖。

（五）苏州好，串月看长桥

清代沈朝初做过一首词《忆江南》："苏州好，串月看长桥。桥影重重湖面阔，月光片片桂轮高。此夜爱吹箫。"

苏州习俗，农历八月十八日有看串月之举，所谓"串月"就是在一座桥的数个桥洞的水中可以看到一串月亮，如同一长串塔灯倒映在水中，宝带连环，湖水淼淼，水影相接，煞是好看，是一年一度的盛事。但看串月的地点、时间，有谁真正看到了"串月"，自然景观究竟有多美等一连串问题，仔细考查起来，疑问不少。

1. 何处看串月？

据记载，苏州能见"串月"者，实有多处。一说是石湖畔的行春桥。前文提到的沈朝初的《忆江南》，有注说："行春桥，跨石湖之上，八月十八日月光初起，入桥洞中，其影如串。"明代卢熊《苏州府志》也有记载说："十八日昏时，登楞伽山，遥望湖

亭，士女为看串月之游。"据清代吴县顾录撰写的《清嘉录》记载："（八月）十八日，游石湖，昏时，看行春桥下串月。"徐私、张大纯写的《百城烟水》里说："八月十八日，群往楞伽山（即上方山）望湖亭看串月，为奇观。"

有人说，看串月必须在一定的地点。据顾录记载："或云：'十八夜串月，从上方山塔铁练中看出。'是夜月之分度，适当铁练之中，倒影于地，联络一串，故云。"

关于观赏串月，文人墨客，留下了宝贵的文字。蔡云作了一首七绝《吴歈》："行春桥畔画桡停，十里秋光红蓼汀，夜半潮生看串月，几人醉倚望湖亭。"把当时游人饮酒望串月的情景描写得生动逼真。有个叫尤西堂的人也写过一首诗："常是携儿看串月，行春桥畔听吹箫。"由于看串月名声很高，也有乘兴而去，败兴而归的。有位叫徐士铲的诗人写了一首《吴中竹枝词》，颇有牢骚："秋风十里绿蒲生，串月看来虚有名，十八桥环半遮没，渔村一点水边明。"估计那夜，天上没有月亮，秋风大作，天气较冷，游兴自然淡了。不过一般来讲，当时游湖吹箫，登山看串月，颇有雅趣，也确实是很热闹的。

二说的是滏台湖畔的宝带桥。据《钱牧斋轶事》载："石湖东数里宝带桥，十八日夜，月光出土，正对环洞……桥西（滏台湖）波面一环一月，连络横流，荡漾里许。……吴梅村（吴伟业）屡欲观之，而终不果。唯牧斋与徐元叹（即徐波，明遗民）见之。"

顾氏的《清嘉录》记载："十八日昏时，游石湖观宝带串月。"顾侠君还有一首长诗，记录宝带桥观串月的情状，即我们上文提到的《串月歌》。

再来看沈朝初有《忆江南》："苏州好，串月看长桥，桥碎重重湖面阔，月光片片桂轮高。此夜爱吹箫。"从这些诗词中看得出，当年宝带桥看串月是热闹非凡的，大船小舟云集，箫音歌声不断，饮酒品鲜，依栏赏月。苏州人实在是很好客，也很有雅兴。

三说是从上方山顶望湖亭上远眺，可见行春桥与宝带桥下月光流泻，连成一片，共见62个圆月（行春桥9孔加上宝带桥53孔的合计数）。如清代徐菘在

《八月十八日楞伽山看串月》的长诗中有过一段描述："昔人所见更奇绝，宝带桥横作天阙，玉轮初出无纤云，六十二拱各一月。"

2. 何时看串月？

一般来说，在八月十八日就可以看到串月。又说十七日和十九日前后一日，也能看到串月。当地人说，二月十八日亦见串月。具体发生的时间，从以上引文、引诗中可以看到有昏时（天黑时）、月光初起时和半夜三种说法，莫衷一是。甚至还有一说是中秋夜到宝带桥下看串月的。有首古诗中说得很清楚："瑶台失落凤头钗，玉带卧水映碧苔，待到中秋明月夜，五十三孔照影来。"

3. 有谁真正看到过"串月"奇观？

查阅了许多前人的记载和诗文，钱牧斋说自己看到过这种奇景，但他又说：若月出时云气遮闭或月已上桥，即无此景。其他人的诗文中，都是含糊其词，仅是描写月光、湖面和长桥的景色，对串月奇观并无具体确切的描述。相反，有人直率地指出，所谓看串月其实徒有虚名。

如《吴中竹枝词》："秋风十里绿蒲生，串月看来虚有名。十八桥环半遮没，渔灯一点水边明。"其实这种串月奇观，要月光出土，正对环洞，方见一环一月。这是在特定的时间、地点和条件下，才能出现的一种自然景观，转瞬即逝，故不易被人们所见。前往看串月的人虽多，而真正能看到的人，却寥寥无几。

对于前人的真真假假，我们不必太过苛刻，毕竟赏花弄月就是种感性活动，没必要一板一眼锱铢必究。否则的话，李白的"白发三千丈"，杜甫的"感时花溅泪"，统统不合常理，都要被遗弃到常人的审美范围之外了。

何地何处得见"串月"奇观、谁人真正见得已不重要。重要的是对原本平淡的生活，用诗意的心去对待。

宝带桥

四、宝带桥之谜

对于那些做学问的专家学者们来讲，宝带桥可谓是一座谜一般的桥梁。历代桥梁专家、历史学家，不断地从这座年代久远的桥上发掘出愈来愈发人深思的问题，例如宝带桥桥孔中，为何中间三孔特别高？前文已经提到的"串月"，是否确有其事？宝带桥为何不设桥栏？宝带桥为何采用薄性桥墩？关于宝带桥清末炸毁时间，为何史籍记载有出入？针对这些问题，大量专家学者作了详实的考察考证与探索，得出了很多既有益于科学界又有益于普通民众的解答与结论。

（一）谜案之一

宝带桥谜案之一是由茅以升提出来的，今天所见的宝带桥，系石拱形式，有桥洞五十三孔，其中三孔特别高，很像明代（1445 年）重建的宝带桥。然而，宝带桥最初的形制是否也就是唐王仲舒助资修建的桥，是否也是五十三孔中有三孔特别高呢？当然有待于考证。明代重修之前的宝带桥是座木架便桥，在木便桥之前的五百年中，四百年是唐代的桥，一百年是宋代的桥。宋代的拱桥现存的还无中间突起的例子，至于唐代，已有隋代建的赵州桥为证，所以将宝带桥修成石拱很有可能，甚至是为了便于行船，对桥洞做了特殊设计。这样说来，宝带桥可能在唐代就早有规模了。

（二）谜案之二

宝带桥谜案之二是串月。宝带桥五十三孔各孔都为圆弧，接近于半圆形，属于陡拱。陡拱的拱脚对桥台桥墩所施的水平推力较小，对桥石桥墩有利。陡拱的桥孔下净空较大，便于行舟，也利于流水。从造型方面说，桥孔本身与水中倒影均为半圆，虚实相接，合为整圆，波光粼粼，秀丽异常。传说每逢阴历十五明月当空时，五十三个桥洞下，各衔一月，景色迷人。无名氏留下这样的诗句："瑶台失落凤头钗，玉带卧水映碧苔，待看中秋明月诗，五十三孔照影来。"串月，在我国古代桥梁中有多处具此奇景。苏州茶磨山下石湖畔的行春桥，有九个环洞，"长虹卧波，空水映发……八月十八日夜，吴人于此串月，画舫徵歌，欢游竟夕"。"串月"一景究竟是真实出现还是凭空虚拟？古代建筑设计中缘何会造就"串月"的奇观？这些疑问都有待人们去破解。

（三）谜案之三

茅以升称宝带桥为"艺术上的名桥"，明代王宠有诗云："春水桃花色，星桥宝带名，鲸吞山岛动，虹卧五湖平。"此桥如此精美，桥孔之多又为国内众桥之冠，为何没有栏杆?既危险又影响桥的造型美。要解开这第三个谜，不能不从开发大运河说起。

隋朝为了大规模发展漕运，于大业六年(610年)开凿运河南段，自镇江经苏州到杭州，全长八百多里，称为南运河。唐都长安，为了保证京师的粮食需求，必须从南运河将江南的稻米调运入京城，而粮船的运行，沿途需要纤夫在岸上背纤牵引。但在澹台湖与运河交接处，有个宽约三四百米的大缺口，纤夫不能通行，于是就在这里填土作堤，"以为挽舟之路"。可是土堤切断了湖水经吴淞江入海的通路，堤坝也常被河水冲毁。为方便过往客商、保障运输，王仲舒策划兴建此桥。宝带桥是为背纤人建的，所以不具有江南常见的石拱桥陡而高的特点，而是采用了多跨、狭长和平坦的桥型，同时也不设桥栏。这是宝带桥谜案之三。

（四）谜案之四

薄性墩之谜是第四谜。宝带桥突出优点是桥墩很薄，而早先的石拱桥，桥墩都是很厚的。这与施工方法有关，因为拱桥只能一孔一孔地向前建造，要考虑桥墩的厚度能否承受单侧向的拱推力，故砌筑得很厚。这样的厚墩，既挡水，又费工。宝带桥的建造者根据相邻桥孔的推力可以相互平衡的原理，大胆革新，创造了薄型桥墩。这是拱桥建桥史上的一大进步，宝带桥比欧州的薄墩桥要早数百年。薄墩多孔拱桥也有缺点，因为桥墩尺寸小，容易侧移变形，

只要一孔受力，其余各孔就会产生连锁反应，因而此种拱桥又称为连续拱桥(连拱桥)。连拱桥的桥墩在恒载时，左右两边的拱推力基本平衡，因而不至于被推倒。可是一旦有一孔被破坏，桥墩两边的推力失去平衡就可能会倾倒，甚至牵一发而动全身，导致全桥尽毁。为了避免这种状况，我国古代桥工在北端数起的第二十七号墩，设计了两个桥墩并立，这个墩上面建有"镇妖宝塔"。由于这个桥墩的尺寸过大，可承受来自单边的拱推力而不会被推倒。现拱桥中称此种桥墩为单推力墩，亦称制动墩，或刚性墩，一般每隔三到五孔设置一个。宝带桥能如此设置，表明我国古代的能工巧匠在那时就已深明薄墩连拱的这一受力特性了，这是我国古代建桥的先进性之所在。

（五）谜案之五

清同治二年(1863年)九月二十八日的傍晚，宝带桥突然在几声巨响中，从中间一孔开始往北一孔一孔地崩塌，一下子倒塌了二十七个孔，桥上当即有两人葬身河底。后经林则徐主持，花工料六千六百七十余两得以修缮。宝带桥何以突然倒塌，地方志上并没有记载。《苏州志》及《吴县志》对宝带桥倒塌一半的原因，只字不提，仅以"咸丰十年（1860年）又毁，同治十一年（1872年）工程局重建，北挽建有碑亭"这样的记载列入志书。这段文字不仅隐去了宝带桥被毁的真相，而且还把被毁的时间即同治二年（1863年）改为咸丰十年（1860年），提前了三年。这是为什么呢？

要解开这第五个谜案，必须弄清咸丰十年苏州一带发生了什么历史事件。原来，太平天国军队在这一年进入苏州，宝带桥并未大毁。志书撰写者将大毁时间提前三年，恰是太平军进入苏州之时，误导读者把毁桥之事与太平军入城之时联系到一起，以归罪于太平军。还有一个叫姚济的人，写了一篇《小沧桑记》，公然写道："闻宝带桥被贼拆去。"这个"贼"指的是太平军。这些记载大大歪曲了历史真相。直到宝带桥于1863年毁崩的一百多年后，即20世纪70年代末，这个错误才被纠正过来。

五、从宝带桥到苏州古桥

要看宝带桥，就不得不到苏州。而到了苏州，你又怎能只看这一座桥呢？要了解宝带桥，你得先了解苏州和苏州的古桥。

宝带桥，不是苏州古桥册的终点，而是一个刚刚开始的起点。宝带桥，只不过为我们展开了一个局部的卷轴，真正的面貌还有待一双善于发现的眼睛和一颗善于感受的心灵。

和人一样，每一座桥都有自己的故事。苏州有着二千五百年的文明历史，更有名扬四海的古典园林和文物古迹。但苏州园林，都深锁于高墙之内。若想领略唐代诗人杜荀鹤笔下"君到姑苏见，人家尽枕河，古宫闲地少，水巷小桥多"的水城风貌，唯有踏访具有古城特色的一座座外形优美、线条柔和、气势雄伟、给人以美感且各具特色的古桥了。

（一）有趣的对比

上文已经提到，宝带桥正是以其桥孔之多、桥身之长、结构之精巧成为苏州古桥中的一朵奇葩的。

而在苏州古桥中，还有哪些特点显著的桥呢？

苏州最高的桥是吴门桥，位于盘门外，跨古运河（南护城河），北宋元丰七年（1084年）建。宋《平江图》载，原为三桥相连，下设三洞，故名"三条桥"。南宋绍定年间改建为整体石级拱桥。盘门系当时苏州正南城门，此桥乃"步入吴门第一桥"，故名吴门桥。它与附近的水陆古盘门、千年瑞光塔一道，组成盘门三景。吴频迦云："古桥耸立誉吴城，傲视磐关势更英。千载胥涛桥下过，奔流不尽古今情。"

苏州最古老的桥是乌鹊桥，始建于春秋，因其地设有吴王乌鹊馆，故名。直至清末民初，其规模之宏伟，仍属城内石拱桥之冠。据称，拱桥之顶与玄妙

观三清殿等高，桥体用武康石构成。雨后斜阳，明丹莹紫，至为壮观。白居易有"乌鹊桥红带夕阳"之句，明代高启亦诗云："乌鹊南飞月自明，恨通银汉水盈盈。夜来桥上吴娃过，只到天边织女行。"

苏州最有名的桥是枫桥，位于寒山寺旁，跨古京杭运河。据传旧时皇粮北运，经该河段时禁止其他船只通行，故名"封桥"。后因唐张继《枫桥夜泊》诗而衍为今名。南宋范成大《吴郡志》云："枫桥自古有名，南北往来之客经由，未有不憩此桥而题咏者。"唐代杜牧云："唯有别时今不忘，暮烟秋雨过枫桥。"高启亦有"画桥三百映江城，诗里枫桥独有名"之句。枫桥始建年代不详，现桥为清代乾隆三十五年（1770年）重建，咸丰十年（1860年）被毁，同治六年（1867年）又重建。

苏州最漂亮的桥是行春桥，位于城西上方山路。始建年代无考。南宋淳熙十六年（1189年）修。范成大《行春桥记》云："吾门以西，横山以东，往来幢幢，如行图画间。凡游吴而不至石湖，不登行春，则与未始游者无异。"明代成化、崇祯年间先后重修，并增石栏。桥为半圆九孔连拱，全长54米，花岗岩砌筑。长系石则为武康石，端部雕兽面系宋代旧物。条石栏板，各望柱头雕蹲狮。桥身平缓，势若长虹。旧时苏州农历八月十八日有游石湖、看行春桥下串月之俗，其时，明月初起，桥洞中月影如串，游人倾城而出，游船如织，歌舞音乐通宵达旦。元代郑元《行春桥》云："醉拥捧心过，韶华艳绮罗。至今湖嘴上，彩霞卧沧波。"清代顾希亦云："行春桥下午风和，画舫楼船次第过。"清代尤侗又云："常是携儿看串月，行春桥畔听吹箫。"

不仅是长度，宝带桥的可圈可点之处还有桥孔的数量及结构的巧妙。而在苏州城内，还有一座桥——觅渡桥，也值得一书。尽管它是座单孔石桥，但就规模巨大、雄伟壮观和结构轻巧而论，丝毫不输于宝带桥。

觅渡桥现为市级文物保护单位。桥体为东西走向，在桥东有南北向五级石阶，登上台阶是一个四米见方的平台，转向西侧就上了正桥。正桥东侧有四十四级石阶，西侧有五十一级石阶。现因年久失修，台阶上已有裂痕，在西侧台阶半数以上及桥顶和东侧台阶上皆有杂草丛生。桥两边有一米多高的桥栏，桥栏上南北均有十七根石柱，每两根石柱间的栏板上各有六个平行四边形石孔，大小约三十厘米见方。

据《苏州旅游经济大全》一书记载："觅渡桥始建于元大德二年（1298年）。当时的苏州已是江南重镇，城市经济相当发达，过往商旅众多，赤门湾是去葑门的必经之地，可是仅有渡船可供来往。渡船则借以横暴，欺凌行人，或趁风晨雨昏之机，颠越取货。相传当时有昆山僧人敬修几遭其厄，遂发起募捐建桥，历时两年，桥方建成，名灭渡桥，后人皆称为觅渡桥。该桥气势不凡，工巧精致，市民及南来北往的商旅无不为之称庆。由于觅渡桥地处水陆要冲，历史上为军事据点和税卡所在，曾发生过多次重大斗争。明万历三十二年（1604年）税吏黄建节驻镇于此，凡乡民人等路经这里，只鸡匹布都要征税。市民领袖葛成率众发动了震惊明王朝的反税监斗争。1862年太平军重兵驻守该桥，重创了戈登领导的洋枪队。1895年丧权辱国的《马关条约》签订后，这里又成了'租界'的要津。由洋人任税务司的'苏州税关'也设在觅渡桥西堍，扼守税关，俗称'洋关'，激起苏州人民的强烈反抗。"《中国历史文化名城词典苏州》一书中记载："明正统年间，苏州知府况钟重建觅渡桥，清同治重修。"现在的觅渡桥为1985年重修的。

（二）苏州古桥的讲究

宝带桥上建有石狮和碑亭，既丰富了桥的内容，又显示了官府造桥的气派。原来桥口南、北两端各竖有石狮一对，而在北堤和自北数第二十七至二十八孔之间的河道上，各建有石塔一尊，做镇水之用。

这些都是建桥的讲究。但要提到苏州古桥的讲究，可不止建塔、镇石狮子这么简单，其中的内容蔚为大观。

单从流于表面的装饰手法上了解，这里面的学问就大了。

1.桥身装饰。桥身装饰具体题材有动物纹样、宗教纹样、吉祥纹样等几种类型：常见的动物纹样有龙、狮子等形象，这些动物纹样作为装饰的一种表现题材，始终存在于人们的传统意识之中，并常常被装饰于各种建筑物上，以借助它降妖伏魔，去邪呈祥。

常见的宗教纹样有"轮回"和"莲花"两种。在苏州古桥梁上，"轮回"图案多见于桥面上，把"轮回"图案刻在桥中心，时时告诫人们要抑

宝带桥

93

恶扬善、广积功德，有一定的教化作用。莲花有仰莲和覆莲之分，苏州古桥梁上所刻的莲花，多在望柱头，常见形状是向外开放的莲瓣中再刻一个莲蓬。在苏州桥梁的排柱或券石上也都有莲花的图案，玉盘似的荷叶托着含苞欲放的莲花，刻工精细、层次丰富，给人以赏心悦目之感。

吉祥纹样在古桥梁上运用非常多，而且题材广泛。常见的有"八吉祥""如意""八宝纹""暗八仙"等装饰图案，这些图案多见于装饰在苏州古桥梁的船鼻子上或锁石上，有些图案偶尔会出现在两块桥面的石梁之间。

2. 附加装饰。附加饰纹一般都直接刻在桥梁建筑本身上，作为桥梁的附属石刻的石塔、石幢、石敢当虽然与桥梁分开，但也属于桥梁装饰的一部分，它们具有敬佛意味，并能起到镇百鬼、压灾殃、保安康、起辟邪的作用。这些附属装饰反映了广大劳动人民对幸福安康生活的渴望。

从总体上看，苏州古桥有自己的装饰特点

1. 装饰结构多样且多变。古桥装饰表现具体形象，以单位纹为主，且结构形式随表现内容的变化而变化。主要表现形式有球心、放射、对称、相向、平衡、交叉、穿插诸式等，均以圆满为基本特色。如上津桥桥面上的轮回装饰纹样，形成充满张力的环形结构，当中刻有一个圆圈表示圆心，外围的光束是围绕这一点旋转的，同时在光束的表现上又多富于变化。西园寺桥面上的五福捧莲花的装饰纹样，以圆满为特色进行具体的雕刻，以适应桥面外方内圆的装饰形式特色。

2. 装饰造型生动、简练、富于变化。造型上的生动简练，富于变化是古桥装饰中的又一特点。如相门桥桥墩上龙的塑造，如用几根相对细弱的线条来画出水涡的形状；苏州莫邪路上的永林通贵桥，抱鼓石上的旋涡，以极其简练的刻画，表现出龙的腾飞之态和涡形旋转的力度。

3. 表现手法丰富多彩。古桥梁的装饰表现手法上，除浮雕的块面造型外，还有浅雕、深雕、镂雕等其他造型形式，以表现不同的内容和风格。如同里乌金桥桥面上的"马上报喜"装饰纹样，采用浮雕的形式；上津桥的抱鼓石上的"太极"装饰纹样，采用浅线刻的形式；灭渡桥桥上龙筋石上的"狻猊"装饰纹样，采用深雕的形式；私家独用的"暖桥"的栏杆上则采用镂空装饰的手法。

装饰只起到美观的作用，对于一座桥来说，真正重要的是结构和造型。而提到这其中的渊源，就说来话长了。

苏州的古桥，在唐代主要是木桥，宋以后多为石桥。结构分为石拱桥和梁式平桥二种，以石拱桥为多，便于桥下通航。大多数古桥在明清时曾修缮过或重新建造。现存最古老的是宋代桥梁，用料都是花岗岩和武康石，许多桥上的石栏杆还有精雕细刻的各种图案，并刻有桥名、桥联。各式古桥，种类繁多。

从目前来看，苏州古桥大多是单孔或多孔的石拱桥，结构合理、造型精巧，给人以玲珑稳重的感觉。桥身中部驼峰高耸，两端接近步阶，形成环洞桥，结构有有铰拱和无铰拱两种，而苏州的石拱桥大多数属于有铰拱，这种结构，附加应力小，拱圈比无铰拱跨径大而轻巧。这里因地处长江下游冲积平原，河流平缓，表土层较厚，许多桥梁建造在软弱的地基上，为保证桥身的安全稳定，防止下沉，采取了一些措施，最常见的是采用木桩打地基的办法，以加强基础的牢固。

此外，江苏古石拱桥不单造型优美、用料考究、工艺精湛，就是古老拱桥的护拱石、栏板、栏杆、抱鼓、桥柱、对联、踏步等雕刻亦相当精美。南京、苏州、扬州的园林水池里的石桥，形式多样、线条简洁、轻巧素雅，由于石桥外形的起伏，随着曲线的上下，展示了不同角度的景致，更增加了园林的幽美景色。

既然造型种类这么多，装饰手法这么丰富，造一座桥时，怎么才能从浩如烟海的样式中选择最合适的那一种呢？

苏州古桥之所以让人看也看不完，看也看不厌，就在于建桥的人们懂得在什么地方该建什么样的桥，同周围的风景配合得相得益彰。

在街坊民居中，有独家使用的"暖桥"和跨河桥；在园林中大多是曲桥和廊桥；在人流或航行频繁的主要航道上，建有"亭桥"，或在桥头建有凉亭，便于行人休息。风格各异的古桥，就像一道道临空飞虹，使水巷风貌更为丰富多彩。苏州最古老的桥是乌鹊桥，始建于春秋，因其地设有吴王乌鹊馆，故名。直至清末民初，其规模之宏伟，仍属城内石拱桥之冠。据称，拱桥之顶与玄妙观三清殿等

高，桥体纯用武康石构成。雨后斜阳，明丹莹紫，至为壮观。白居易有"乌鹊桥红带夕阳"之句，明代高启亦诗云："乌鹊南飞月自明，恨通银汉水盈盈。夜来桥上吴娃过，只到天边织女行。"

总而言之，江苏古桥梁反映了江南建筑的特色，不管在建筑的技术和艺术上都显示出江苏地区风格，成为江苏水乡最富有代表性的建筑。

（三）苏州古桥的历史文化内涵

苏州每一座古桥的命名，都是有来历的。这些名字，成为其历史文化内涵的一个标签。

在今阊胥路上有一座泰让桥，追溯此桥名的历史就要从吴人的祖先讲起。据史料记载，商代末年，居住在西北的周族逐渐兴起，周族首领古公亶父有三个儿子，太伯、仲雍和季历。古公亶父认为季历常有"圣瑞"，想把王位传给他。太伯、仲雍知道父亲的意图后，都同意让季历继承周族君位。

他俩趁古公亶父生病，借口要去南岳衡山采药为父治病，到了江南，住在梅里平墟（今锡山梅村）。与中原比较，此时江南地区还很落后。太伯、仲雍到吴地后，"断发文身"，改从当地风俗，加入越族。不久他们的德行受到当地居民的钦佩，由"义之""敬之"到"君而事之"，"从而归之者千有余家，共立以为勾吴"。

一个弹丸小国"勾吴"国就是这样建立起来的，吴国的历史由此开始。太伯、仲雍也成了吴国的开山鼻祖。

古公亶父病重临死前，遗命太伯继位，太伯三让而不受，所以有"太伯三以天下让"之说。季历即位，兢兢业业治理国家。其孙发即武王，武王伐纣灭商，建立西周。周武王追谥古公亶父为太王，封太伯之后于吴。

泰让桥就是取材于这段历史而命名的。太伯、仲雍以国家大局为重，主动让贤，甘愿到贫穷落后的吴越地区开创基业，这种淡泊名利的思想境界和吃苦耐劳的精神是值得称道的。

皋桥，位于东、西中市交会处，因"汉议郎皋伯通居此桥侧"而命名。探究此桥历史，还有一段夫妻患难与共、相敬如宾的佳话。皋伯通一生无多大政迹，但他做过一件善事，就是收留了恩爱夫妻梁鸿、孟光。所谓"不有贤主人，安识隐君子"。

梁鸿,东汉初扶风平陵人(今陕西咸阳西北),"家贫而尚节介,博览无不通,而不为章句"。他与妻子孟光隐居于霸陵山中,有一次梁鸿因事出关,经过洛阳,看到宫室华丽,感慨万千,写下《五噫歌》:"陟彼北芒兮,噫!顾览帝京兮,噫!宫室崔嵬兮,噫!人之劬劳兮,噫!辽辽未央兮,噫!"

梁鸿的这首《五噫歌》在京城广为流传,同时也引起了统治者的忌恨。朝廷下令缉拿梁鸿,梁鸿夫妇隐姓埋名,一路逃到吴地的木渎西北山村,在那里耕樵度日,后又寄居在皋伯通的廊下小屋内,"为人赁春"。沦落至此,夫妇仍旧相敬如宾。每次梁鸿吃饭时,孟光总要举案齐眉,以示对丈夫的敬爱。皋伯通终于发现梁鸿非等闲之辈,便"舍之于家",待之上宾。梁鸿去世后,皋伯通又妥善安葬了他,"以要离烈士,而伯鸾清高,可令相近"。

花桥,曾因唐代大诗人白居易的诗句而著名。白居易任扬州刺使期间,非常想念苏州的花桥,写有"扬州驿里梦苏州,梦到花桥水阁头"的诗句。花桥与丝织业结下了不解之缘,民国初年时,桥上建有木结构的桥阁,内供丝织业的祖师菩萨,桥的西堍还有一座土地庙,机匠们找不到工作就常在庙烧香祈祷。

苏州历代一直沿袭思民、爱民之风,有些桥的名称就来源于此。如同里的"思本桥",桥名取自"国以民为本,民以食为天"的思想。

苏州古桥梁不仅有很深的造型造诣,而且建筑工艺和文学艺术的结合也很完美,这一特点在众多古桥梁的楹联上都有所体现。桥联的内容包括宗教劝善、记功颂德、地理状况、结构特征和民风习俗等。桥联上和桥碑上的书法非常精湛,所以桥联是集书法美、工艺美为一体的桥梁装饰要素。

有的古桥将文学语言巧妙地融入桥梁建筑的设计环境中,为人们鉴赏古桥提供了方向。如苏州著名的枫桥及名诗《枫桥夜泊》,便深化了这座古桥的文化意蕴。

古桥梁的命名还具有深刻的意蕴和丰富的情趣。很多以吉祥的字眼来命名,如富安桥、太平桥、吉利桥、永寿桥等;还有一些因造型形态而得名的。苏州的古桥实在多,传说也多,不胜枚举。总的来说,尽管年代久远,但无论桥名、桥联、建筑特色还是关于它们的种种古老传说,无不蕴涵着丰富的文化内涵和历史蕴味。

宝带桥

97

六和塔

　　六和塔自古就是杭州城的重要标志，也是中国古塔的杰出代表之一。六和塔位于西湖之南，钱塘江畔月轮山上，地理位置优越，站在塔顶，滔滔江水尽收眼底，心神为之荡漾。"孤塔凌霄汉，天风面面来。江光秋练净，岚色晓屏开"，真实描绘了塔江相互呼应的风光。六和塔同时兼具镇伏江潮和灯塔导航之功，既是不可多得的景观，又能造福一方百姓，这一点是其他塔所难以比拟的。

一、浮屠西来　华夏生根

　　塔是一种外来建筑，但自传入后逐渐与我们的文化相融合，并对我们的生活产生了重要影响。中国的塔在发展过程中，除了保存有佛教赋予的意义外，还逐步与风水文化相结合，经常建其镇山、镇水、镇邪、点缀河山、显示教化等。

（一）塔的含义

　　塔是一种传统的东方风格的建筑，源于印度，称作窣堵波，多为五层七级，也有高至十三级的，是一种供奉或收藏佛舍利（佛骨）、佛像、佛经、僧人遗体等的高耸型点式建筑，随着佛教在东方的传播，窣堵波这种建筑形式也在东方广泛扩散，在中国又称"佛塔"、"宝塔"，在传播过程中又和古典的楼阁台榭结合起来，所谓的"垂铜盘九重，下为重楼阁道"，即在多层的楼阁顶加上一个有九层相轮的塔刹。

　　在中国佛教徒那里，佛塔和浮图多是通用之义。浮图，又作浮头、浮屠、佛图，一般有两种理解：旧译家以为佛陀之转音。《广弘明集二》曰："浮图，或言佛陀，声明转也，译云净觉。灭秽成觉，为圣悟也。"《南山戒疏一上》曰："言佛者，梵云佛陀，或言浮陀、佛驮、步陀、浮图、浮头，盖传音之讹耳。此无其人，以义翻之名为觉。"《秘藏记本》曰："浮图，佛也，新人曰物他也，古人曰浮图也。"新译家以为窣堵波（即塔）之转音。《智度论十六》曰："诸聚落佛图精舍等。"《西域记一》曰："窣堵波，即旧所谓浮图也。"《瑜伽伦记十一上》曰："窣堵波者，此云供养处，旧云浮图者，音讹也。"梵语杂名曰：'浮图，素睹波，塔，制怛里。'在中国采用后一层意思，认为是梵文音译的较多。

　　中国民间流传"救人一命，胜造七级浮屠"之语，意在鼓励人们通过救助他人的方式来积累功德。这句话的记载最早见于《增广贤文》，该书成书不晚于明朝万历年间，主要讲人生哲学、处世之道。其

中有一句"救人一命，胜造七级浮屠。城门失火，殃及池鱼"。据查证明代冯梦龙《醒世恒言》第十卷《刘小官雌雄兄弟》亦有记载："刘公道：'官人差矣！不忍之心，人皆有之。救人一命，胜造七级浮屠。若说报答，就是为利了，岂是老汉的本念！'"但是《增广贤文》的书名最早见之于明代万历年间的戏曲《牡丹亭》，而《牡丹亭》创作于1598年。《醒世恒言》出版于天启七年（1627年），从成书时间来看，《增广贤文》早于《醒世恒言》。所以说"救人一命，胜造七级浮屠"这段话最早记载应该是在《增广贤文》里。

（二）塔的种类

中国现存塔2000多座。塔的种类非常多，以样式来区别，有覆钵式塔、龛塔、柱塔、雁塔、露塔、屋塔、无壁塔、喇嘛塔、三十七重塔、十七重塔、十五重塔、十三重塔、九重塔、七重塔、五重塔、三重塔、方塔、圆塔、六角形塔、八角形塔、大塔、多宝塔、瑜只塔、宝箧印塔、五轮塔、卵塔、无缝塔、楼阁式塔、密檐塔、金刚宝座塔、墓塔、板塔、角塔等。

按结构和造型可分为楼阁式塔、密檐塔、单层塔、喇嘛塔和其他特殊形制的塔。

以所纳藏的物品来区别，有舍利塔、发塔、爪塔、牙塔、衣塔、钵塔、真身塔、灰身塔、碎身塔、瓶塔、海会塔、三界万灵塔、一字一石塔。

以建筑材料来区别，则有砖塔、木塔、石塔、玉塔、沙塔、泥塔、土塔、铁塔、铜塔、金塔、银塔、水晶塔、玻璃塔、琉璃塔、宝塔、香塔。

就塔排列位置的样态来区别，有孤立式塔、对立式塔、排立式塔、方立式塔等。各种式样的塔中，造型最古老者为覆钵式塔。覆钵式塔由栏坛、基坛、塔身、覆钵、平头、轮竿、相轮、宝瓶等各部分组成。

中国古塔所使用的建筑材料大体可以分为木、砖石、金属、琉璃等几种。木塔主要流行于东汉、魏晋与南北朝时期，是用汉民族传统的木结构方法建造成的。砖石塔是唐代以后兴起的，是用垒砌、发券、叠涩等方法建造而成的，中国现存的大部分古塔都属于这种建筑类型。宋代以后，人们有时候喜欢用雕模制范的方法来铸造金属塔。

（三）塔的结构

印度的窣堵波是由台基、覆钵、宝匣、相轮四部分组成的实心建筑。中国塔一般由地宫、塔基、塔身、塔顶和塔刹组成。地宫藏舍利，位于塔基正中地面以下。塔基包括基台和基座。塔刹在塔顶之上，通常由须弥座、仰莲、覆钵、相轮和宝珠组成；也有在相轮之上加宝盖、圆光、仰月和宝珠的塔刹。这些形制是由窣堵波演化而来的。

后来塔身逐渐变为多层造型，于公元3至4世纪，即有三层塔身出现，其后更有五层、七层、九层、十三层、十五层、十七层，乃至三十七层等重层结构。覆钵是向下的半球体，状如倒覆之钵。我国与其他东方诸国的坟墓，自古即呈小丘之状。后来，覆钵的半球形渐次增高，如鹿野苑的达密克塔，它的覆钵明显高耸起来。泰国、缅甸等地的覆钵形状却逐渐变高如炮弹的形状。而西藏等地的佛塔则与之相反，上方开阔，下端缩小，犹如球形。

在千姿百态的中国佛塔中，不论是密檐塔，还是楼阁塔、风水塔、文峰塔，细细观察的人总会发现，塔的层数皆为奇数，单层、三层、五层……十三层、十五层、十七层，偶数层的塔极罕见，连塔刹相轮也不例外。而塔的平面皆为偶数边形，如四角、六角、八角、十二角塔等，绝对没有奇数边的平面形式。除了构造上的原因外，其构思乃出于中国阴阳对立统一的宇宙观。数字有奇有偶，有阴有阳。天数奇数，为阳数，生数；地数偶数，为阴数，成数。天在上，是圆的，向高发展要用天奇数；地在下，是方的，平面展开要用地偶数，这是中国人对数的讲究。天覆地载，高天厚地，天地合一，"所以成变化而行鬼神"。总体来说，天地所代表的数的观念来自于中国文化源头之一的《易经》。

当然，佛教也有自己的解释：塔的四边，象征四圣谛；六边象征六道轮回；八边即是八相成道；十二边指十二因缘等等，而塔的奇数层在佛教中则表示清白与崇高，"七级浮屠"之说亦为常人所知。不管怎样，印度窣堵波在与中国楼阁的结合过程中，前者已被后者大大地同化了。

（四）塔与佛教

有关造塔的起源，可远溯至佛陀时代。根据记载，须达长者曾求取佛陀的头发等，以之起塔供养。佛陀圆寂之后，则有八国八分佛陀舍利，各自奉归起塔供养。我国历代所建的舍利塔极多。据记载，三国时，有僧人得舍利，孙权令人以铁槌击打而舍利不碎，因此建塔供养，这可能是中国建造舍利塔的开始。隋文帝之时，全国各地建舍利塔的风气极盛。公元601年—602年，隋文帝共诏敕天下八十二寺立塔。其后，历代皆有修造舍利塔的活动。元代以后多数佛寺中只建佛殿而不建塔。佛塔的重要性逐渐下降，而被佛殿所取代。佛塔虽然是一种建筑物，但是佛教认为人们可借此积累功德。

1. 造塔的功德：

《百缘经》中说："佛告阿难，昔迦叶佛入涅盘后，有迦翅王收其舍利，造四宝塔。时有长者，见竖塔枨，心生随喜，持一金钱，安着塔下，发愿而去。缘是功德，不堕恶道，天上人中，常有金钱，受福快乐，乃至今者，遭值于我，出家得道。"另外《譬喻经》举出十种造塔之殊胜果报："不生于边国；不受贫困；不得愚痴邪见之身；可得十六大国之王位；寿命长远；可得金刚那罗延力；可得无比广大之福德；得蒙诸佛菩萨之慈悲；具足三明、六通、八解脱；得往生十方净土。"

2. 礼塔的功德：

《僧只律》中说："若人于百千黄金布施别人，所获得的功德，不如一善心，恭敬礼佛塔的功德。"在《一切如来心秘密全身舍利宝箧印托罗尼经》中释迦牟尼说：如果众生能于此塔以一香、一花礼拜供养。即使是八十亿世劫中积累的生死重罪都能一时消灭，而且生时能避免灾殃，死时可投生到佛家。《缁门崇行录》云："邻，范氏子，母王氏，不信三宝，邻逃东都依广受寺庆修律师出家，忽思亲归宁，父失明，母已故三载。因诣岳庙敷坐具，诵法华，誓见岳帝，求母生处。其夜岳帝召谓曰：'汝母禁狱现受诸苦。邻悲泣请免！'帝曰：'可往鄮山礼育王塔，庶可救也！'邻即诣塔，哀泣礼拜，至于四万，俄闻有呼邻声，望空中见母谢曰：'承汝之力，得生忉利天矣。'倏然不见。"

（五）塔的人情

　　王世仁在《塔的人情味》中指出，古印度的塔传到中国发生了两个变化：一个是塔中天地位置的变化，另一个是塔的人情化。

　　中国造塔的历史还是比较早的，《魏书·释老志》："九宫塔制度犹依天竺旧状而重构之，从一级至三、五、七、九。"这里的"天竺旧状"指的就是印度的窣堵波，"重构之"即为相叠多层的木楼亭阁。那个时期佛塔的基本形式就是木楼亭阁顶上放置窣堵波，这是两种建筑文化的融合。和中国人一样，印度人也有天圆地方的观念，那半圆形的窣堵波就代表了佛教的宇宙观。中国人在接受佛教过程中，也接受了佛塔的功用，但是用中国人自己的天地观进行了改革，印度窣堵波里在下面的"天"被高举到了上面，下面便以方形平面的楼阁来支撑，代表"地"，这是中国人"天圆地方"宇宙观的体现。

　　另外传到中国的佛教也受到儒家入世的伦理思想影响，佛也被赋予了人性色彩，佛所居住的塔也被打上世俗生活的烙印。循着这个思路，佛塔由原来埋藏佛骨的阴森地宫走上了地面，变成了"寺"。"所以在中国往往寺与塔建在一起，有塔便有寺。古老宫殿式的寺庙平面展开，既是供奉佛祖的神殿，又可居可游；而那孤高耸天的佛塔，以它巨大超人的空间体量，打破传统古典建筑平缓坦然的空间序列，既是佛陀'涅槃'神圣的象征，又成了风景胜地的标志。"很有意思的是，中国建的塔是窣堵波和亭台楼榭的结合，这不仅是建筑式样的变化，同时也反映了中国人对宗教的一种不纯粹的认识。英国思想家罗素、德国思想家康德都曾经批评过中国人宗教意识淡漠、缺乏宗教感情。而美国的宗教社会学家克里斯蒂安·乔基姆的概括更为明晰："中国人的确是不注重宗教教义的，他们很少认为信仰某种特定的宗教教义——拒斥其他的教义是一件生死攸关的大事……在中国，神与人之间似乎存在着某种契约型的东西，人对神的祈求通常都伴随着某种有恩必报的允诺。"窣堵波那种神秘宗教象征被塔刹以下楼阁所赋予的现实人生综合了。王世仁先生的结论是："中国的佛塔是'人'的建筑，而不是'神'的灵境。"

二、众口悠悠 "六和"四说

六和塔又名六合塔，其名称由来，历来说法不一。据《杭州杂志》介绍，佛道儒三家及民间均有解释，其主旨都是为地方百姓消灾祈福，因此考证孰是孰非已经没有太大意义了，现把这几种说法列出来与大家共赏。

（一）佛教的"六和敬"之说

佛教典籍《本业璎珞经》中之"六和敬"曰：身和同住，口和无诤，意和同悦，戒和同修，见和同解，利和同均。"六和敬"其本意是"依存而止住"，一般谓依赖于有力、有德者之处而不离，亦称为依止。佛陀在世时有众多僧团跟随，即以"六和敬法"统摄这些跟随者，它以"和"为原则，从言、行、意、见、利、戒等六个方面规范僧众行为，"六和敬"后来成为佛教的所有寺院僧团所共同遵守的生活制度，其目的是使共同生活在一起的僧众能身业清净，和睦相处。

"身和同住"：要求僧团内的每一个人各自以和乐为怀，尊敬他人，相互之间没有轻慢之心，否则轻的领悟不到佛法真谛，重的死后可能"堕恶趣，生地狱中"。

"口和无诤"：佛教十恶业中，语业占其四，胡言乱语欺骗他人，最终是不利于修行的。20世纪中期，著名的藏学家更敦群培说过这样一句话："如果你赞同某一个观点，你会寻找到成千上万个论据支持它；如果你反对一个观点，你也同样可以找出成千上万个论据来佐证它。"《论语》中说："巧言令色，鲜矣仁。"意思相同，为个人胜负或利益而争辩，就会忘了自己追寻的大道，身心哪能安稳呢？

"意和同悦"：是要求做到精神和心理的清净，行为和认识一致，这也是儒家所讲的独乐乐不如与众乐之意。

"戒和同修"：戒就是寺庙中"规矩"，是所有僧人必须共同遵守的准则和行为规范。因此"戒和同修"就是在遵守共同的制度和规约的前提下，努力修行。

"见和同解"：见即是意见、见地或见解，所以"见和同解"就是要在思想上、观念上保持高度的统一。在认识事情的方法上，见解趋于一致就可以消弭争端，这也是"利和同均"的前提。

"利和同均"：利就是大家所获得的利益，包括"财利和法利"。不论是经济上的财利，或者是知识上、宗教实践上的佛法之利，必须要有共同分享的意识，否则，就会使寺院内部发生利害冲突，最终会影响到僧团的根本利益。

智觉禅师以佛教徒身份建造六和塔，当然是希望六和的戒规能广为传播和接受，尤其是能为普通人所理解，起到感化世人、消弭争端的作用。自释迦牟尼始，历代高僧大德皆有普度众生的誓愿，六和塔的修建也是一例。但是和众多宝塔单纯为供奉或收藏佛舍利（佛骨）、佛像、佛经、僧人遗体而建的目的不同，它并非因为单纯的佛教意义而建。

据《咸淳临安志》卷八十二载："智觉禅师延寿始于钱氏南果园开山建塔，因地造寺，以镇江潮，塔高九级，五十余丈，内藏佛舍利。"可见六和塔建立之初有两个目的——镇伏江潮和收藏佛舍利。而前一个目的明显更重要一些。据说，六和塔建成之后，江潮和缓了许多，不再像以前那样四处激荡，而是顺着江道平稳地流动了，深受潮患的百姓自此免了家园离破之苦。此外，六和塔还兼具灯塔的功能。钱塘江上，风急浪高，时常有事故发生。六和塔建成之后，巍峨耸立，远处即可望见，每当夜幕降临，江上往来船只，可凭塔顶明灯高照辨识行船方位、方向，在波涛汹涌之间多了一些保障。

（二）道教的"六合"之说

道教理解的六合即：天，地，东南西北四方，这代表了道教的宇宙空间观，世界万物就包含在一个"六合"的宇宙内，《庄子·齐物论》中就有"六合之处，圣人存而不论"的说法。以此方位为基础，道教发展出"六御"。南宋刘用光《无上黄箓大斋立成仪》对道教仙神排列了顺序：

玉清上帝、上清上帝、太清大帝、昊天至尊玉皇上帝、勾陈上宫天皇大帝、中天紫微北极大帝、

六和塔

105

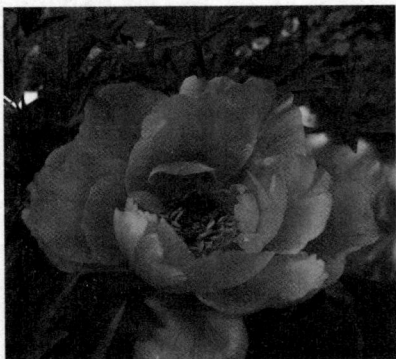

东极太乙救苦天尊（即青华大帝）、南极长生大帝、后土皇地祇。

前三尊为"三清"，后六尊则构成了上（玉皇）、下（后土）、四方的"六合"布局。道教称之为"昊天六御宸尊"，加上"三清"，合为"九皇御号"。

六和，亦即六合，塔以此为名也是想借助六御的力量镇压各方妖魔。

（三）《晋书·五行志》的"六气和"之说

《晋书·五行志》载："六气和则沴疾不生，盖寓修德祈年之意"。"沴"有多个意思，在这里是指（气）不和，沴疾是因气不和生的病，即瘟疫。

在古代有"五运六气"之说，简称"运气"。"五运"指木、火、土、金、水五个阶段的相互推移；"六气"指风、寒、暑、湿、燥、火，以三阴三阳来代表，结合地支，说明自然界的六种正常气候。"六气"代表一年六个时节的气候特征，若六气表现太过，则自然界的气候不正常，此时因六气异常表现而产生的六种致病因素，称"六淫"。

如果六气正常，不仅不会有瘟疫等大的疫病蔓延，而且风调雨顺、五谷兴旺，百姓也会安居乐业，所以说塔以六和为名，也含有为百姓祈福之意。

（四）六和镇江的传说

《杭州杂志·六和塔》中录有民间广为流传的"六和镇江"的故事，说的是古时钱塘江里住着一位性情暴躁的龙王，经常无缘无故兴风作浪，打翻渔船，淹没农田，沿岸百姓苦不堪言，怨声载道。见此情景，有个叫六和的孩子挺身而出，发誓要用石头填满钱塘江，不让龙王再为祸人间。六和扔了七七四十九天石头，终于降伏了龙王。后人为了纪念六和的壮举，就在月轮山上修建了一座宝塔，并以六和的名字作为塔名，这就是"六和塔"。

和许多民间故事一样，"六和镇江"的传说也反映了我们中华民族的精神和性格——勇敢、善良，但绝不畏惧强权，敢于为正义和真理献身，正是这种精神使我们的民族在危机时刻总能爆发出惊人的力量，这是值得我们永远继承和发扬的精神。

中国古桥名塔

三、妙手偶得　浑然天成

　　游塔需要某种"采菊东篱下"的心境，以便从喧嚣的都市中抽离出来，有许多哲人批评现代生活是绝对主客体对立的，我们生活在一种分裂的痛苦中，古代人尤其是东方人没有我们这种痛苦，他们与自然是亲切和谐的，我们日益感觉空洞的"天人合一"观念在他们那里是真实的境界或状态。但总有现代人能找得到那种心态，轻松地切入历史时空。李望苗在《六和塔闲话》中流露的心境是恰如其分的，

　　"你可以随便捡一个时刻拾级而上，就像现在这个夏日的傍晚，浓密的树荫替你遮蔽了夕阳的余热，你会觉得你是闲来无事才去拜访一段远古的往事，或是去赴一位高僧的晚餐。每每登高一级，你都会觉得你离北宋开宝三年的事情更近了一步。而你接近的，且不都是怀古。白云掠过典雅的上空，那是曾经亲切的时光。"

　　一份悠然、一份苍凉、一份渴盼，只有对历史有感觉的人才能体味六和塔的美和意境，时时刻刻活在当下的人，六和塔最多是不算漫长的生命中到过的一个地方，而对于前者它是追寻前尘往事的一扇门。

（一）古塔江南

　　杭州（古称钱唐、临安、武林），今浙江省省会，全省政治、经济、科教和文化中心，是全国重点风景旅游城市和历史文化名城。杭州地处长江三角洲南翼，杭州湾西端，钱塘江下游，京杭大运河南端，是长江三角洲重要中心城市和中国东南部交通枢纽。

　　杭州有着江、河、湖、山交融的自然环境。全市丘陵山地占总面

积的 65.6%，平原占 26.4%，江、河、湖、水库占 8%，世界上最长的人工运河——京杭大运河和以大涌潮闻名的钱塘江穿城而过。杭州西部、中部和南部属浙西中低山丘陵，东北部属浙北平原，江河纵横，湖泊密布，物产丰富。素有"鱼米之乡""丝绸之府"和"人间天堂"之美誉。

杭州属亚热带季风性气候，四季分明，温和湿润，光照充足，雨量充沛。全年平均气温 17.5℃，平均相对湿度 69.6%，年降水量 1139 毫米，年日照时数 1762 小时。杭州生物种类繁多，国家一级保护动物有 13 种，二级保护动物有 55 种，二级保护植物有 13 种。全市平均森林覆盖率为 62.8%。矿产资源有大中型的非金属和金属矿床。临安昌化出产一种世界罕见的鸡血石，为收藏石和图章石中的珍品。

有着两千多年悠久历史的杭州还是我国八大古都之一。

公元前 222 年，秦初次置钱唐县、余杭县，同属会稽郡。南朝年间，先后置临江郡、钱唐郡。隋开皇年间首度改称杭州，并开建城垣。此后，隋炀帝开凿自京口（今江苏镇江）至杭州的江南运河，长 800 余里。杭州逐步成为水陆交通的要冲，具备了成为大都市的条件。唐代，为避讳改钱唐为钱塘。杭州刺史李泌和诗人白居易在城中凿井筑堤，疏浚西湖，使生活环境得到了改善，杭州人口迅速增加，逐渐成为东南名郡。

923 年，钱镠建立吴越国，定都杭州，杭州首次成为一个政权的首都。随着不断发展，杭州也成为全浙江及周边地区的政治、经济中心。杭州的著名石塔（保俶塔、雷峰塔、白塔等）多建于这一时期。

北宋年间，置两浙路，杭州为路治所。北宋时期的杭州在科技方面也有长足发展。庆历年间，毕昇发明胶泥活字印刷术。《梦溪笔谈》的作者沈括也是当时杭州人物的代表。

南宋 150 多年间，是古代杭州发展的鼎盛阶段。1129 年宋高宗南渡后以建康府为行都，之后于 1138 年改越州为临安府，正式定临安为行都，此后杭州成为宋朝实际意义上的首都。杭州是南宋的政治、经济、文化中心。北方大量人口南迁入杭，使杭州成为当时世界上人口最多的城市。据《咸淳临安志》记载，当时临安府人口已达 124 万多人。北方移民中的文人学士和能工巧匠，促进了杭州经济和文化的发展。其中丝绸、造纸、印刷、陶瓷、造船业尤为发达。

南宋被元所灭，杭州遭战火摧残，临安府改名杭州路，是江浙行中书省的治所。元末，张士诚举兵攻占杭州，并改筑城墙，新开运河，奠定了此后数百年杭州城区的轮廓。1366 年，朱元璋攻陷杭州。

明代，改杭州路为杭州府，为浙江行中书省和浙江布政使司的治所。清代，仍称杭州府，为浙江行省省会。19 世纪 60 年代，杭州成为太平天国与清军反复争夺的战略要地，城市也受到了极大破坏，收藏《四库全书》的"文澜阁"也曾毁于战火。清光绪二十年（1894 年），根据《马关条约》，杭州被辟为通商口岸，在拱宸桥地区设立通商场和日本租界。1911 年 11 月 5 日，新军起义，俘获浙江巡抚，结束了杭州的封建时代。

许多到过杭州的文人都留下了美妙的诗篇，宋代大文豪苏东坡曾写道："天下西湖三十六，就中最好是杭州。"白居易也留下了"江南忆，最忆是杭州"的感慨。就连 13 世纪来华游历的意大利旅行家马可·波罗也曾由衷地称赞其为"世界上最美丽华贵之城"。

而六和塔就坐落在杭州城南钱塘江边月轮山上（钱塘江大桥西北侧），在西湖南侧，是杭州著名的旅游胜地。西湖边还有两座塔：雷峰塔和保俶塔。有人评价："雷峰如老衲，保俶如美人，六和如将军."三座塔风格各异，或古朴或妩媚或沉浑，相映成趣，是到西湖不可不看的景观。六和塔内有一联："俯瞩桑乾滚滚波涛萦似带，遥岑恒岳苍苍岫嶂屹如屏."在六和塔上望去，俯瞰两个视角，视野开阔，不写塔而胜似写塔，堪为六和塔雄浑之气的写照。

（二） 内部结构

现存的六和塔，高 59.89 米，占地约 890 平方米，外形雍容大度，气宇不凡，为清光绪二十六年（1900 年）重新修建，现在的外形基本保持了清光绪以来的旧貌。塔基外表用条石砌筑，每边长约 13 米，据梁思成考证，塔基已经照原来的范围缩小了不少。有些阶条石上，还留有方形琢孔，

排列规矩，可能原来立有望柱。塔身为砖砌，外檐为木结构，平面呈八角形。外檐共十三层，其中七层与塔身相连，另外六层为暗层，它们夹于其他七层之间，这就是所谓的"七明六暗"。塔身结构呈内外双槽形式，从外往里依次分为外墙、回廊、内墙和塔芯室四部分。每层塔芯室用斗栱承托天花藻井。藻井用

两层菱角牙子叠砌而成，为了显出其华丽、深邃，斗栱的铺作增加，排列稠密，与转角铺作同为五铺作双杪单栱计心造，且有连珠斗形式。部分塔芯室内施各式彩绘，不过已不是宋代原貌，而是近人增饰。每层的塔墙都十分厚实，以底层为例，外墙厚达 4.12 米。这种结构既有利于支撑塔身，也使六和塔整体看上去更显坚实、劲节。塔墙须弥座上的壁龛内，之前应有各种佛像，现在都已经散轶不见了，非常可惜。塔芯内墙四面辟门，游客可由此直达外部木檐廊，极目远眺，蓦然感到古人赞六和塔之句——"孤塔凌霄汉，天风面面来。江光秋练净，岚色晓屏开"，说得极为真切。

塔顶为八角攒尖顶，上置葫芦形塔刹，冠踞全塔。这件塔刹，为元代遗物，全由生铁铸成，高达 3.55 米，最大直径约为 3 米。整件塔刹分成五级，刹座圆形，之上两层覆盆，覆盆之上宝珠，宝珠之上为葫芦，顶部刹杆呈"巾"字形，形制古朴，铸造精细，其上有元元统二年（1334 年）的小楷铭文，内容大致是求福祈瑞之意。可以想见，在当时的工程技术条件下，要将这重达数吨的塔刹安放到近 60 米高的塔顶上稳居一方，需要付出的人力物力是难以想象的，同时让到此游览的游客不得不心生感叹。

六和塔现有的外围塔檐，是晚清时重新建造的，却淡化了清代建筑的繁缛、绮丽，檐体不加任何雕饰，装饰性构件除风铎外，一概从简，建筑手法极为明了、简洁，与塔身整体风格十分和谐。塔檐层层支出，宽度由下逐层向上递减，檐上明亮，檐下阴暗，塔檐与塔身之间的阴影处理适度、合理，远远望去，整座塔显得层次分明、轮廓生动，给人深刻的印象。塔檐外角，总共悬挂有 104 只风铎，每当劲风吹刮之时，它们就会叮当作响，宛如天外飞来的阵阵仙乐。

六和塔内，最具建筑科研和艺术审美价值的，是须弥座束腰上的宋代砖雕，

共 174 组，所取题材极广，人物、花卉、飞禽、走兽以及回纹、云纹、团花等各种图案无不显露其中，这些砖雕不仅形象生动、技法高超，而且式样也与宋代建筑经典《营造法式》所载"彩画作制作图样"如出一辙，是极为难得的实物资料。塔内还保留着不少文物，在六和塔底层回廊东南侧有杭州仅存的一块南宋尚书省牒碑，对于研究六和塔塔史以及宋代官方发文形式等均极具参考、佐证作用，具有很高的历史文物价值。六和塔底层西南、西北、东北、东南内墙壁龛上嵌有南宋《金刚经》刻石四块，由南宋贾昌朝、富弼等三十二位名士达官分别书写。六和塔底层北面甬道内壶门壁龛上有明线刻真武像，为明代作品。碑中刻画之真武像，笔力遒劲，线条婉转，形象生动，为同类刻像中之精品。

六和塔的第三层，布置有六和塔历史文化陈列，由三部分组成。第一部分，介绍六和塔历史及文物遗存；第二部分，介绍建国后六和塔的维修情况；第三部分，展示与六和塔有关的书画作品。丰富的图文和照片、拓片资料，让游客在饱览美景之余，又能享受传统历史文化的熏陶。此外，塔内还恢复了一些古代的匾额，如清乾隆帝为六和塔每层题的字：初地坚固，二谛俱融、三明净域、四天宝纲、五云扶盖、六鳌负载、七宝庄严。现在分别由沈定庵等现代书法家书写。

除了题字之外，自命文采风流的乾隆爷还留下了数首游六和塔的诗，第一首是《登六和塔作诗》："我游西湖率三日，乐矣虑非凛无逸。会稽南望举精烟，宣命明当发清跸。穿塔镇江久所闻，到此不登孤良因，振衣拾级陡其顶，耳饫天籁衣湿云。海眼龙宫寂寥锁，江边雁堵香花妥。之字长流写向东，月峰朝霭揽于左。壮观至是真空前，那更息心安四禅。杜甫添忧我添喜，境移所遇理则然。"

"之字长流写向东，月峰朝霭揽于左"。描摹六和塔的地理形势十分贴切，六和塔位于月轮峰上，钱塘江蜿蜒曲折，走势像个"之"字，乾隆曾把六和塔比作"之"字的一点儿，就是这一点儿镇住了江潮。

(三) 六和观潮

白居易当年留下三首《忆江南》，其二即是忆杭州：

"江南忆，最忆是杭州。山寺月中寻桂子，

郡亭枕上看潮头。何日更重游？"

"山寺月中寻桂子，郡亭枕上看潮头"两句分别说的是"月下桂子"和"六和观潮"的景观，月中桂子只是传说，而钱塘潮奇观确实是存在的。之所以会形成"涛翻三月雪，浪喷四时花，泄练驰千万，惊雷走万车"的壮丽景观与钱塘江临海之处的地理位置有关。

由于钱塘江临海一段呈喇叭形，河口极宽绰，相邻河身则骤然变窄，海口至海宁盐官一带江面宽度从20公里一下缩为3公里。因而每当月圆之时，特别是月亮引力最大的农历八月十八，潮水至海口涌入江内，受骤然变窄的江岸挤压，来不及均匀上升，只能后浪推前浪，产生巨大的潮头。杭州市郊以及沿江凤凰诸山皆为观潮胜地。可以想见，白居易在凤凰山右侧刺史衙门里的虚白亭（即郡亭）鸟瞰江面，涌潮尽收眼底是何等的惬意。

如果是潮势较胜的年份，观潮地点并不太重要，反之则有必要慎重选择观潮地点，六和塔就是观赏钱塘江秋潮的最佳地点之一。现存钱塘江观潮最早的文字记载是晋代顾凯之的《观潮赋》，历经唐宋，出现了大量的观潮诗词歌赋。其中比较有名的是《四时幽赏录》所载的明代高濂作《六和塔夜玩风潮》，高氏不随众人作昼观，而是独辟蹊径，写夜间的江潮汹涌之景，倒是别有一番滋味在心头。

"浙江潮汛，人多从八月昼观，鲜有知夜观者。余昔焚修寺中，燃点塔灯，夜午，月色横空，江波静寂，悠悠逝水，吞吐蟾光，自是一段奇景。顷焉，风色陡寒，海门潮起，月影银涛，光摇喷雪，云移玉岸，浪卷轰雷，白练风扬，奔飞曲折，势若山岳声腾，使人毛骨欲竖。古云'十万军声半夜潮'，信哉！过眼惊心，因忆当年浪游，身共水天飘泊，随潮逐浪，不知几作泛泛中人。此际沉吟，始觉利名误我不浅。遥见浪中数点浮沤，是皆南北去来舟楫。悲夫！二字搬弄人间千古，曾无英雄打破，尽为名利之梦，沉酣风波，自不容人唤醒。"

早在南宋时，六和塔就是观赏钱江秋潮的最佳地点之一，近年来，这一带的潮势明显又趋壮阔。登古塔，观大潮，成了月轮山的新游赏内容。

（四） 六和钟声

佛寺的钟多是晨暮各敲一次，每次紧敲 18 下，慢敲 18 下，不紧不慢再敲 18 下，如此反复两遍，共 108 下。这 108 下是有讲究的：一说是一年有十二月、二十四节气、七十二候（五天为一候），合为 108，象征一年轮回，天长地久；另一说是，人有 108 种烦恼，钟鸣 108 响，以尽除人间烦恼。

由上可知，敲钟对僧众有重要意义，一口佛钟上曾铸有如下铭文："钟声闻，烦恼轻，智慧长，菩提生，离地狱，出火炕，愿成佛，度众生。"钟声原本是为了帮助教徒的修行，但是六和塔的钟已经被赋予了更多涵义。

绕过六和泉、穿过存有乾隆《登开化寺六和塔记》御碑的六和碑亭，来到塔后的一处幽静小亭，迎面可见正中悬着一口巨型铜钟，远处即能望见钟体上两个金色的大字"六和"，钟身上还铸着由著名学者毛昭晰先生撰并书的《六和钟铭》："铄铜为钟，悬诸秦望，格于上下，光于四方……伟哉中华，仁威远扬，千秋万世，地久天长。"与智觉、智昙等人初衷一样，钟铭里也包含着为国民为祈福的深切祝愿，这也可以看作一种传承吧。

六和钟声作为一个景观，建于 1996 年 10 月，之后商业气息渐渐浓厚，新年第一声钟声现在已经采取拍卖的形式，价值不菲，非普通人所能染指。想想"六和敬"的本义：利和同均，不免有一点儿讽刺的意味，时代在发展，曾经超然出尘的六和钟声现在也人为地沾染了世俗的气息。

当钟声响起，"扶摇回旋，震荡飞散，俯压江涛，高遏行云，阵阵余音缭绕，经久不息"，驻足塔下，静心聆听，不同的人对钟声的感受也不尽相同，易感的人可以用钟声贯穿历史时空，在无尽的想象里品味"物是人非"的苍凉和感伤，而那些带着喜悦心情来的人则可以觅到一份祝福，但是每个人都获得了他想得到的东西。

四、追古思远　往事如烟

晚唐诗人杜牧有名句："南朝四百八十寺，多少楼台烟雨中。""四百八十"当然不是确指，极言其多而已；"烟雨"二字描绘的也不仅仅是一种视觉效果，现实的风雨和历史的风雨那一刻在杜牧心中必已模糊一片，说不尽的历史苍茫不仅感动了他自己，也感动了一个个沉浸在那种历史意境中的人。六和古塔的兴衰亦如是，随由风雨、也随由历史。

（一）六和塔的兴衰

六和塔历史悠久，初建于北宋开宝四年（971年），至今已有一千余年。初时，六和塔的位置是吴越钱王的南果园，吴越王钱弘俶为镇压江潮，命延寿、赞宁二禅师建九级高塔。

永明延寿，吴越忠懿王赐号智觉，后清雍正又谥其号为妙圆正修智觉禅师，后世尊为净土宗六祖，是杭州历史上非常重要的人物。自幼聪颖，心地善良，戒杀放生。曾为余杭库吏，因挪用库银购买鱼鳖等动物放生而被判死罪，赴刑途中面不改色，自言："吾为活数万生命而死，死又何憾！"？吴越王钱穆知其并未私用一文，同时也佩服他的胆识，于是特赦免刑释放。有诗赞叹他的行为："视诸众生皆是佛，只顾救生忘国宪。赴市心乐颜不变，蒙教得遂出家愿。"被特赦后，智觉禅师曾去天台山跟随法眼宗二祖德韶学教参禅，洞悉教理，深入禅定。据传入定 90 日，有鸟在他的衣服上筑巢。因其佛理精湛，威望日著，吴越忠懿王钱弘俶邀请他到杭州主持重修灵隐寺，灵隐寺得以振兴。

宋开宝四年，奉昭在月轮上督造六和塔，此事在《咸淳临安志》卷八十二有记载："智觉禅师延寿始于钱氏南果园开山建塔，因地造寺，以镇江潮，塔高九级，五十余丈，内藏佛舍利。"六和塔不仅有镇潮的作用，而且由于这里是吴越出海要道，高塔突起，夜晚悬挂明灯可为江上船只指引航向，夜行人自此安全了许多。

宋徽宗宣和三年（1121年），方腊起义，杭州作为兵家必争之地，六和塔也未能幸免，在战火中几乎片瓦无存，塔院损毁殆尽。到了南宋绍兴二十二年（1152年），高宗赵构因见钱塘江潮对沿岸百姓生活侵扰过甚，便命有关官员预算费用，决定重建六和塔。后由礼部官员依旨兴工，临安府转运司协办。绍兴二十六年，智昙来主持工程，愿"以身任其劳，不以丝毫出于官"。"舍衣钵，募净财"，前后历时十余年，至隆兴元年（1163年）仲春，新塔五层告成，岁末七层塔全部完工。塔规模照原先略小，但是建筑质量却更胜一筹，在浙江佛塔中规制、造型和功能都堪称首屈一指。

同时，亦建成寺院百间，隆兴二年（1164年）赐额"慈恩开化教寺"，因六和塔和月轮山之故，又称六和寺或月轮寺。首任住持即是重建六和塔的功臣智昙。该寺的建筑反映了中国早期寺庙中的风格，即先有塔，后有寺，寺之建筑以塔为中心而建，而不是像后期寺庙建筑那样，以塔为附属物。如今寺虽已不存，但从残余的建筑还可窥见当时格局之一斑。

元朝元统间（1333-1335年），六和塔因岁月剥蚀而作修缮。明嘉靖十二年（1533年），倭寇入侵杭州，烽火连绵，硝烟四起，六和寺与六和塔再次毁于战火。明人郎瑛的《七修类稿》中记有"今光砖巍然，四围损败，中木燋痕尚存，唯内可盘旋而上也"的文字，可见，那时六和塔的木结构外檐已完全烧毁，只余砖构塔身。令人庆幸的是，明万历年间又有一位高僧挺身而出，他就是佛门净土宗的袾宏（莲池大师），在他的主持下，又开始大规模重修六和塔，塔的顶层和塔刹加以重建，还调换了塔身部分中心木柱下面的磉石构件。

清朝雍正十三年（1735年），因六和塔与两岸民生关系密切，下诏特拨库银，命浙江巡抚李卫再作大规模修整，前后历时两年才竣工。

清乾隆十六年（1751年），高宗弘历南巡到杭州，两次专游六和塔，亲自在塔前牌坊上题写了"净宇江天"四字。并为七层塔依次题字立匾，名曰：初地坚固、二谛俱融、三明净域、四天宝纲、五云覆盖、六鳌负载、七宝庄严。六和塔、六和寺原本就久享盛名，加上不断修缮，各项设施较之

前代更加完备，尤其是乾隆游塔产生的名人效应，使六和寺一时间香火鼎盛，终日游人不断，可以说是六和塔历史上又一中兴时期。

清朝道光、咸丰年间，六和塔又因天灾人祸而日渐破损，外部木结构部位甚至败落无存，衰败持续了将近五十年。直到光绪二十五年（1899年），杭州人朱智（敏生）在残存的砖结构塔身之外，重新构筑了十三层木结构外檐廊。其中偶数六层封闭，奇数七层分别与塔身相通，塔芯里面，则以螺旋式阶梯从底层盘旋直达顶层，全塔形成七明六暗的格局。朱智重修六和塔，以木工为主，难度高，进展慢，工程尚未结束，便一病不起，但仍对六和塔念念不忘。浙江巡抚刘树堂曾于光绪二十五年向清廷呈递了朱智《遗折》，折称："嗣因钱塘县境内，濒江石塘，坍塌已甚，并六和塔年久失修。臣目击情形，工程紧要，自愿分年措资，独力修建。呈请前任抚臣廖寿丰奏明在案；二十一年十一月，蒙恩颁到御书匾额一方。……今年入春以来，旧恙增剧，料不久于人世。……臣子早经即世，臣孙应鹏，尚在孩提。现在塘塔工程，幸已及半，惟有遗属、家属，悉心经理……早竣全功，了微臣未竟之志。"

这是佛教徒之外另一个对六和塔有大功的人，非是为名为利，只为造福乡里，一片丹心，日月可鉴，杭州人至今对他十分怀念，便是因为他当年修六和塔的善举。

1961年3月4日，国务院公布六和塔为全国重点文物保护单位。在此前后，六和塔又经过多次维修，其中规模较大的有三次。第一次在1953年，当时塔顶屋面漏水严重，修缮时对塔内原有的古式彩绘全部更新，同时调换了底层木柱，代以砖柱，并于1957年在塔顶安装避雷针。第二次在1971年，解决了木结构霉烂、白蚁危害等问题，并加设铁栏杆，将部分木窗台板改为钢筋混凝土结构。第三次也是规模最大的一次是在1986年，针对六和塔木架构出现不同程度残损等现象，在进行全面勘察之后，清华大学建筑学院专家组按照《威尼斯宪章》精神，以加固、维护为主，确定了维修方案。1991年5月，维修工程进入实施阶段，工程主要是调整塔顶屋面坡度，加固地栿钢结构，同时更换各层屋面全部屋瓦一万余张。是年十二月竣工，工时344天，耗资198.8万元。

六和塔差不多有一千多年的历史，屡次维修或重建，塔身却依然基本维持原状，分寸未移，原因何在？祕密就在塔基上。据实地勘察，六和塔不是直接筑造于基岩，而是坐落在密实的板块状基础之上，据推测，很可能是由蛋青或浓糯米粥作为胶结物，粘合碎石、卵石而形成的，故而塔身的重量，能够均匀分布在板块状持力层上，改点状受力或环状受力为面状受力，分散了受压强度，保持了长时间的相对稳定。六和塔的基础依山势而建，向东南方略有倾斜，倾角约五度，这使得六和塔可以抵御杭州地区常常会从东南方向刮来的台风以及频繁的江潮侵袭。从材料选用到设计无不体现出古代设计者的匠心独运，也可以说是古代人民的一个创举。

古塔巍巍，数度毁于战火和风雨侵袭，但又有那么多的人前后相继，不为名利，只为苍生计，呕心沥血，终于将古塔风貌保留下来，想想那些在漫长岁月里因为各种原因化为尘埃的各式建筑，今天我们还能看到六和塔，不知是一件多么幸运的事。

（二）六和塔的传说

1. 月轮寻桂

月轮山，南濒钱塘江，海拔153米，由泥盆系石英砂岩构成。《杭州府志》卷二十一："以其形圆如月，故名。"千年古塔六和塔就矗立在山腰上，山东南有钱塘江大桥。站在山顶，向南远眺，江风习习，

古塔、大桥和滔滔江水尽收眼底，使人心旷神怡。六和塔与钱塘江大桥这对一古一今，一横一竖，风格完全不同，照理应该是很不和谐的搭配，却在这里完美无缺地与周边的自然环境融合在了一起，不由让人感叹造物的神奇。

杭州花卉以桂花为冠，现在更是升格为市花。它的香气浓郁，优雅怡人，金秋时节桂花开放时，杭州满城弥漫着桂花香，人的思绪也随着香气变得轻灵起来。月轮寻桂更是中国古代许多到过杭州的文人墨客欣然神往的雅事，至今在杭州灵隐寺内还留有唐人宋之问的题诗《灵隐寺》，其中有一句："桂子月中

落，桂子就是桂花，"月中落"说的是我国民间流传甚广的一个故事——吴刚伐桂。

相传，汉朝的吴刚因为学道过程中犯了天条，被罚往月宫砍桂树，树高五百丈，砍倒树即可解除惩罚，但每砍完一斧，桂树就自动长合。吴刚穷尽无数日月仍然无法逃脱惩罚，只是每年八月中秋才能稍事休息，与人间共度团圆佳节。据说，他在这一天会撼动种在月宫中的桂花树，让金黄色的桂子从天而落，于是便有了宋之问的"天香云外飘"。

从某种意义上讲，他所受的惩罚和古希腊神话里的西绪福斯一样，后者也是因为冒犯了神而被罚，他要将一块大石推上陡峭的高山，每次他用尽全力，大石快要到顶时，石头就会从其手中滑脱，然后再下山去推，周而复始永无止境。这两个故事能在多若繁星的中西方神话中流传不衰，其实就是因为说出了深刻的人生处境:最可怕的惩罚莫过于即无用又无望的劳动。

明代田汝成所编辑的《西湖游览志》也记载了一件与桂子有关的轶事："宋时，张君房为钱塘令，夜宿月轮山，寺僧报曰:'桂子下塔'。遽起望之，纷如烟雾，回旋成穗，散坠如牵牛子，黄白相间，咀之无味。"这里的塔就是六和塔。如果放开我们的想象力，脑海中会浮现那样一幅清冷如幻境的画面: 月色皎洁，月轮山清辉一片，"回旋成穗，散坠如牵牛子"的桂花从六和塔上飘落下来，恍若置身仙境，令人产生无尽的遐想。

2. 钱王射潮

钱王即钱镠（852—932 年），字巨美，浙江临安人。公元 893 年为唐镇海节度使，五代时被封为吴越国国王。在民间传说中钱王被传成体恤民情，同时又充满霸气、不畏鬼神的人物。

钱塘江水潮高浪大，两岸难以修堤坝，有谚云"黄河日修一斗金，钱江日修一斗银"，可见其害。钱王治理杭州的时候，开始也修不好江堤，手下报告说，有潮神作对所以修不好大堤，请钱王放弃修堤的打算。钱王大怒，决定自己降伏他，于是八月十八潮神生日这一天，命令一万名弓箭手在江边排开阵势射潮。据说这一天潮头最高，水势更是排山倒海凶猛无比；而且潮神会在这一天骑着白马跑在潮头上面的，钱王想在这时候杀杀潮神的威风。

八月十八这天，钱王早早来到事先搭好的观潮台察看动静，但是选好的一万名弓箭手却不能及时到位，手下报告说：途中经过一座宝石山，山路狭窄，只能容一人穿行，所以违了军令。钱王大怒，骑马赶到宝石山一看，果然如此，他见山南有条裂缝，于是两只脚踩在山的裂缝处，用力一蹬，竟然把山给蹬开了，中间出现了一条宽宽的道路，从此，这个地方就叫"蹬开岭"。

弓箭手迅速穿过山路，来到江边列开阵势，钱江沿岸的百姓，受尽了潮水灾害，如今听说钱王射潮神，都争着观战助威，几十里长的江岸，黑压压地挤满了人。钱王叫人拿来了笔墨，写了两句诗：

"为报潮神并水府，钱塘且借与钱城。"

并警告潮神如不听劝告，就要采取行动。可是潮神并没有理睬钱王的告诫，在岸边远远地可以望见一条白线，翻滚而来，愈来愈快，愈来愈猛，近岸时，就如同乱石穿空，直向观潮台冲来。钱王一见，喝令："放箭！"

只见万箭齐发，直射潮头。连续射出了三万支箭，竟逼得那潮头不敢向岸边冲击过来。钱王又下令："追射！"那潮头只好弯弯曲曲地向西南逸去，最后消失得无影无踪了。因此，直到今天，潮水一到六和塔边就快没有了；而在六和塔前面，江水弯弯曲曲地向前流去，像个"之"字，因此人们又叫这个地方为"之江"。

这就是"钱王射潮"的故事，在历史上有该事件的原型。钱王即钱镠，后梁开平四年（910 年），钱镠调军民数十万在沿江北岸，从六和塔到艮山门大规模兴修水利，并采用立幌柱、打竹笼等方法降服汹涌的潮水，筑起了一道长 338593 丈的石塘，彻底根治了杭州城的潮患，"钱王射潮"的传说即由此而来。

历史上的钱王，不仅治理过潮水，在保境安民的其他方面也颇有建树，是一位有雄才大略的政治家、军事家、外交家和书法家，堪称"吴越文化的创立者"。

钱镠清醒而冷静，掌权之初就确立了"善事中国，保境安民"的基本国策。据说，钱王的父

六
和
塔

亲钱宽拒不接见衣锦还乡的钱王，理由是"吾家世代田渔为事，未曾有贵达如此，至今为十三州主，三面受敌，与人争利，恐祸及吾家"。这种居安思危的顾虑可能对钱王制定国策产生了重要影响。钱王在位期间一直致力于桑麻水利，使境内出现了"青巷摘桑喧姹女"的热闹景象，这在战火纷飞的五代是比较罕见的。尤值一提的是，公元907年，扩建牙城时，有术士向钱王献策，如在旧基扩建，国祚只有百年，如填西湖更建，可以延长十倍，钱王则从百姓角度否

定了这个建议，西湖无水则民不聊生，哪能有千年国运呢？后来又大力疏浚西湖，历史上有"留得西湖翠浪翻"之句赞扬他的决策。

佛学兴盛更是吴越文化发展的一个突出标志，据《咸淳临安志》统计，吴越都会杭州有寺院150多所，素有"江南佛国"之称，临安的功臣塔，杭州的灵隐寺，余杭大涤山的天柱观，杭州的六和塔、雷峰塔、保俶塔等都是吴越时修建的。灵隐寺的弥陀石佛、摩崖石刻和石塔、凤凰山的梵天经幢等吴越时期文物一直保存至今。

（三）六和塔的轶事

1. 鲁智深坐化六和寺

《水浒传》第一百十九回"鲁智深浙江坐化　宋公明衣锦还乡"，对鲁智深和武松的结局都有交待，后者因为断臂之故不愿受封而在六和寺出家，前者则更有传奇色彩，一个从来不曾吃斋念佛的和尚却在六和寺直接坐化了。

宋江率梁山好汉生擒了方腊后，进京途中屯兵六和塔，众人在六和寺安歇，夜半潮信涌来，声如战鼓，鲁智深是关西汉子，不知浙江潮信，以为贼人杀来，便要打出去。后来被僧人劝住才知是闹了个误会。但是却突然记起师傅的一番话："逢夏而擒，遇腊而执，听潮而圆，见信而寂。""逢夏而擒"便是在万松林活捉了夏侯成；"遇腊而执"，指生擒方腊；潮信二字则应了"听潮而圆，见信而寂"。当下并不迟疑，问明圆寂之意，随即坐化了，宋江等人均不及见一

面。只留下一篇颂子："平生不修善果，只爱杀人放火。忽地顿开金绳，这里扯断玉锁。咦！钱塘江上潮信来，今日方知是我。"

《水浒传》这样一部阐释儒家价值观的名著，其中的重要人物却以佛教的方式觉悟，给人一种颇为有趣的联想。

中国儒家志向是"立言、立功"，说穿了就是不能平平淡淡地活着，要在历史上留个名，最好能在《史记》那样的史书中占个"传"什么的。鲁智深也好，武松也罢，在民间知名度如此之高，也算实现了儒家的理想吧。不过，"子不语：怪、力、乱、神"，一句话就给日后的儒家确定了基调，所以儒家始终缺少彼岸的关怀，在了生死一途上，总需向外寻一些东西。一个只爱杀人放火、快意恩仇的假和尚却以圆寂而终，颇有"放下屠刀，立地成佛"的意味，不知写到此处，施耐庵是否也有几分无奈。

实际上，在并不出名的《水浒后传》里也有一段故事和六和塔有关。李俊、柴进等人救了宋高宗而到杭州等封赏，这期间，昔日啸聚山林、东讨西杀的一批好汉齐聚集杭州旧地宣游，去拜访了尚在六和塔的武松，并一齐拜祭了鲁智深骨塔，还在林冲墓上奠了酒，在墓门松树下，遥想林冲当年在中牟县杀高俅的事情，大家唏嘘不已。后来诸位好汉又进了涌金门，拜祭了被敕封金华将军的浪里白条张顺。出了钱塘门，回到昭庆寓中，把五百银子与六和塔住持领去，作修缮塔资用。

这段故事也许没有多少人知道，却表达了人们对那群义气深重的英雄的深切不舍与怀念，六和塔专门辟出一个"六和典故壁"的景观也正是圆了人们的这样一个梦。

2. 智昙复塔

智昙是六和塔第二代建设者，宣和三年（1121年）方腊起义，战火烧至六和塔，巍巍古塔毁于一旦。绍兴壬申二十二年（1152年），高宗赵构因见钱塘江潮"捣堤坏屋，侵毁良田，为患甚烈"，于是准备拨库银重建六和塔。但是僧人智昙却愿"以身任其劳，不以丝毫出于官"。他不但自己捐资捐物，还不辞辛苦四方化缘，精诚所至，金石为开，当地官吏、富户和众多善男

六和塔

信女为智昙所感动，皆鼎力相助，前后历时十余年，至隆兴元年（1163年）末全部完工。这次重建的六和塔共有七层，规模上虽然比不上塔初建之时，但精整、坚固则超过旧构，在浙江佛塔中规制、造型和功能都堪称首屈一指。

同时，塔院亦告建成，隆兴二年（1164年）赐额"慈恩开化教寺"，因该寺依塔而建，故又名六和寺，因位于月轮山，亦称月轮寺。第一任住持即是重建六和塔的功臣智昙，为纪念他的义举，现在碑亭边修有他的铜像一座。

3. 乾隆御碑

清乾隆十六年（1751年），高宗弘历南巡到杭州，两次专游六和塔，对钱塘江、月轮山一带的山河风光激赏不已，发出了"壮观至是真空前，那更息心安四禅"的感叹。兴之所至，还在塔前牌坊上题写了"净宇江天"四字；又取佛学寓意，在六和塔一到七层上各赏赐御书四字匾额，而且一至五层还各有佛、道偶像供奉。乾隆的题额，第一层为"初地坚固"，前供地藏菩萨塑像，后置明万历刻北极真武像；二层是"二谛俱融"，供东海龙王像；三层写作"三明净域"，供弥陀、观音、势至像；四层书题"四天宝纲"，供鲁智深像——这是根据《水浒传》中武艺高强的鲁智深圆寂之地就在六和塔的传说，后人因而还为之在此塑像；五层题的是"五云扶盖"，供观世音像；六层四字为"六鳌负载"，七层留题了"七宝庄严"。其中，明线刻真武像至今犹存，其余所供奉的佛道偶像都已毁损无存。

其中的内容因与塔之层数巧妙嵌合，品读起来饶有趣味。

除了与塔相映成辉流传极广的匾额外，乾隆还赋写诗章数篇，并撰写一篇《登开化寺六和塔记》，刻成石碑，碑高4.35米，宽1.5米，是杭州现存最完整的清乾隆的手书碑刻之一。

乾隆以帝王身份六下江南，风流韵事以外，还留下不少御制诗，但是大浪淘沙，能被人记住的却几乎没有，金庸在《书剑恩仇录》一书中作了个长注，引用日本学者稻叶君山《清朝全史》的记载："乾隆御制诗至十余万首，所作之多，为陆放翁所不及。常夸其博雅，每一诗成，使儒臣解释，不能即答者，许其归家涉猎。往往有翻阅万卷而不得其解者，帝乃举其出处，以为笑乐。"十万之数或许有些夸张，但总能说明诗作确实很多，不过少有精品，也在历史上留下一个笑柄。唐代的张若虚仅传作品两首，就有一篇是家喻户晓的《春江花月夜》，闻一多说他"孤篇横绝，竟为大家"，两相对比，多少给我们一些做人做事的启示吧。

4. 六合同春

新中国成立后出任最高人民法院院长的沈钧儒曾赋二绝：

"人生何处是仙乡，佳偶良朋一举觞。到此应无凡鸟想，湖山有福住鸳鸯。"

"塔影潮声共证盟，英雄儿女此时情。愿书片语为君祝，山样同坚海洋深。"

这两首诗是他 1936 年 4 月 26 日为六和塔下举行婚礼的六位明星作的即兴祝词，沈钧儒作为当时上海滩知名大律师、上海法科大学教务处长，被请去作证婚人。

这三对红极一时的明星分别是：赵丹和叶露茜，唐纳和蓝苹，顾而已和杜小娟（明洁）。作为当时进步的青年演员，沈钧儒十分欣赏他（她）们，在婚礼上也送出了真诚的祝福。

在六和塔下举行了婚礼，其寓意是年长的唐纳想出来的：六和，六合也；六和塔下，六合同春也。虽然有"六合同春"的美好祝愿，但是世事变幻，六人后来均有婚变，有人重新解读这段轰动一时的雅事，戏称其为：六和塔，六不和。

围绕着六和塔发生了多少故事已不可确考，往事如烟，对错是非似乎已不重要，恰如泰戈尔笔下的那只没有在天空留下痕迹的鸟，却在观者心里留下了无法磨灭的印迹。

五、古风新韵　现代六和

　　六合塔历经千年风雨，数次倒而重建，历代都有人不计名利来维护，它的存在意义已经远远超出了一般的塔，作为一个符号，它的身上寄托了人们向往一个升平乐世的理想。在古代，乱治循环，动不动刀兵四起的社会，这也仅仅是一个理想而已，然而今天，在一个新社会里，它终于变成了现实。古老的六和塔仿佛重现了青春一般，时时向喜爱它的人们奉献着惊喜。

（一）六和塔的发掘

1. 珍稀壁画重见天日

　　2003 年 8 月一次例行维修保护中，刷墙工人偶然发现了尘封于六和塔内的珍稀壁画，之前关于六和塔的所有维修、档案，甚至历史记载中，都没有提到过塔内有类似的彩色壁画。

　　据公开报道，杭州钱江管理处文物科已在六和塔内揭开约 41 平方米的 21 处珍稀壁画，分别位于塔的第 3、5、9、11 层的回廊甬道壁龛。据估计，塔内的壁画面积达 140 平方米。杭州市园林文物局钱江管理处文物科科长张慧琴根据上面的绘画风格和游客题记，初步断定年代是在明末到民国初年。根据国家文物局的意见，管理处对已揭开的壁画进行了清洁、修补、加固、表面护封等初步保护措施。

　　2007 年 4 月 16 日，一直秘藏不露的彩色壁画露出真容，不过考虑到维护方面的原因，此次见面只对媒体开放了 10 分钟。手拿长柄蒲扇，酷似八仙过海中的汉钟离；身穿红袍，衣袂飘飘的仙女；身着盔甲战袍，怒目圆睁的天兵天将。人物表情动作惟妙惟肖，令观者大饱眼福。

　　无缘近距离观看的游人，只能通过六和塔内上演的壁画真人秀来弥补遗憾

中国古桥名塔

了。八仙中的何仙姑和吕洞宾联手打败东海龙王，穿着和舞蹈动作都十分飘逸的女子表演的"六和飞天"等等，也稍微让人解除了一点儿遗憾。

2."按典索骥"找回围墙

现在的六和塔多了一道围墙，这道围墙可是大有来历，它是根据记载乾隆下江南经历的《南巡盛典》第七册中的六和塔平面图建起来的。杭州历史学会常务理事丁云川就收藏有这个史料，在第一百零四卷"浙江名胜"的条目下，有黑白线描的六合塔平面图。塔正南有一个三门石牌坊，四周有圈方形围墙，顶端盖小青瓦。图下注解云："六和塔，宋开宝三年，僧智觉于龙山月轮峰开山建塔，以镇江潮，名六和塔，并创塔院为开化寺。"可见实有其事，六合塔四周建围墙就是要恢复乾隆时期的原貌。

那么乾隆为什么对六和塔情有独钟，每下江南都要登临呢？《南巡盛典》对此有记载："乾隆十六年，圣驾南巡，厪念海塘，特幸寺中，亲登塔顶，悉江流之曲折……海若不惊，圣情悦豫，爰亲洒，辰翰为文，以纪盛事焉。"

原来乾隆并不仅仅为六和景致所吸引，而是担心沿江堤坝能否挡住钱塘江潮水，于是亲自登塔查看，发现江潮平稳，水波不兴，才真正放下心来。处江湖之远亦要忧民，可能正是这份忧民的情怀才成就了中国历史上少有的盛世吧！不过站在六和塔塔顶，龙颜大悦的乾隆不会想到，数百年后杭州人凭借记录他行为的《南巡盛典》，把已经消失的六和塔老围墙找了回来。

（二）六和塔的新建筑

1. 古塔博览苑

20世纪90年代在六和塔近旁新建"中华古塔博览苑"，将中国各地著名的塔缩微雕刻，集中展示了中国古代建筑文化的成就。这是以六和塔为依托进行的延伸性探索。

中国古塔博览苑1993年春建成，占地百余亩，就在月轮山脚下，可作游六和塔后的余兴。苑内仿建中华名塔100多座，它们的外观多按原塔十分之一比例制作，也有为原塔的八分之

一、六分之一或二分之一的。造塔材料大多采用与原塔所用相同材质的砖、石、木等构建，其目的是力求真实。塔苑择建的各地古塔，都具有很高的价值和代表性。为了让游人在有限的时间和空间内全面了解我国塔的全貌，六和塔苑几乎囊括了中国古塔的各种不同形式，常见的楼阁式塔、密檐式塔、覆钵式塔，以及较少见的金刚宝座塔、花塔、过街塔等，在这里都可以见到。这些塔的仿真程度高，并且是在一个有限空间里同时展现的，便于观者比较、鉴别和研究。

因此，这里仿造的塔虽然不能登临凭眺，真实地提供身临其境的快意，却可在建筑、绘画、工艺、风俗研究等多方面给人以教益和启发。有人称这里是"一塔引得百塔来，百塔映出万般奇"，此言不谬也。

另外，塔苑内的微缩塔，其布局也别具一格，总体思路就是顺乎自然，不改变外在环境，而是因地制宜顺势而为，却受到了意想不到的效果：那些精致的小塔，在山林环境的衬托之下，显得苍老古朴，仿佛有了一种凝重的历史沉淀感。而塔苑的游步道也颇具特色，它回环往复，曲折蜿蜒，往往使人产生"山穷水复疑无路，柳暗花明又一村"的感觉，充分显示出中国造园艺术的特色。另外，散布于塔苑的几个园林建筑小品，也颇为引人注目，它们造型、用材各异，或竹亭、或石亭、或草亭，无不巧妙地与周边环境和谐融合在一起。小坐亭中，近可以观塔，远可以望江，机缘凑巧的话，还可以听潮、听钟，别有一番情趣任人品味、流连。

2. 龚佳育墓

龚佳育墓位于六和塔畔牌楼里，是西湖风景区乃至杭州不可多得的保存较为完整的清代士大夫墓葬实迹，墓区面积约 960 平方米，墓道长 62.7 米，依山势砌筑成七个台基。墓前方的华表、牌坊、碑亭、石羊、石马、石虎、石翁仲均保存完好，1997 年 8 月被列为省级文物保护单位。

龚佳育（1622—1685），字祖锡，晚又字介岑，世为杭州人。曾任山东按察金事、江南布政使司布政使、太常寺卿、光禄寺卿等职。龚佳育为官期间清廉正直，不谓权势，奉公守职，勤政爱民，神道碑中称其"所至有异绩"，深受百姓爱戴。龚佳育还是清初著名的藏书家，吴晗《江浙藏书家史略》称其"藏书至数万卷"。2002年西湖风景名胜区开始实施龚隹育墓保护工程，2004年竣工。在整修墓道、拆迁住户的基础上，工程充分利用山石、水体、植物等载体，结合山林清泉等组景，保留部分灵国老建筑，塑造和体现自然和人文景观。使龚隹育墓与六和塔景区串联成片，成为濒临钱塘江畔的西湖风景区重要景点。

（三）六和塔的品牌效应

作为风景名胜，六和塔最被人关注的可能就是旅游功能，实际上它深厚的历史和文化底蕴，早已引起各个领域的注意，它的价值也转化成某种符号，被人们以各种方式利用着。

1.20元"万寿山"与"六和塔"票券之争

在现代史上，六和塔还有一场鲜为人知的票券之争。

中国人民银行从2000年10月16日起在全国发行第五套人民币20元券。这种20元新钞，是新中国建国后在大陆发行的第一枚面值为20元的新纸币。但是在建国前夕中国人民银行于1949年发行的第一套人民币中有7种不同图案不同颜色的20元纸币，一运肥票券；二推车票券；三工厂火车票券；四帆船火车票券；五是六和塔（或万寿山）紫红色版、六和塔（或万寿山）蓝色版；六是打场蓝色版、打场黑色版。

带有六合塔标志的票券分别是1949年7月和1949年10月发行的，前者图案为：正面是六和塔、牛群，背面花符；颜色正面浅蓝，背面墨绿。后者图案为：正面是六和塔、牛群，背面花符；颜色正面紫红，背面黑灰。

就是这套人民币中20元券的塔和牛群，有"六和塔"和"万寿山"命名之争。

多数人民币图鉴书籍持"万寿山"观点：新华出版社1988年出版的《中国历代货币》、中国金融出版社1988年出版的《人民币图册》、中国大百科全书出版社1993年出版的《中华人民共和国货币图录》、中国金融出版社2000年4月出版的《中华人民共和国人民币管理条例学习辅导读本》等，均称1949年版20元带有塔和牛群的票券为"万寿山"。

不过，民间有收藏家通过对收藏的钱币实物进行比较后，发现这组票券（第一套人民币20元第3、第4版别）上的图案很可能是杭州的"六和塔"。他的理由如下：

首先，把这组票券的图案再与第一套人民币100元万寿山票券、200元佛香阁票券进行比较，就会发现它们的主景是完全不同造型的图案；万寿山中心主景为佛香阁，其前面的排云殿、后面的智慧海均可看到。佛香阁是一座八面三层、高41米的宗教建筑，而六和塔则座落在钱塘江畔月轮峰上，前后无大建筑，为八面九层，塔高59.89米。二者无论从造型、高度上看，还是从周围参照物上看，都有明显区别。

其次，我们把这组票券的图案与国民党中央银行德纳罗印钞公司1942年发行的2000元法币券背面图案比较，可以肯定，二者也为同一图案。而湖南出版社1993年出版张志超编著的《民国中央银行法币图鉴》一书的27页，明确表明此券图案为"六和塔"。

2. 杭州城标之争

2007年5月15日开始，杭州抛出20万元重奖面向全球公开征集杭州的识别符号，城标作为城市品牌的形象代表，被要求在设计中体现"生活品质之城"的理念：既要体现杭州的"精致和谐、大气开放"城市人文精神，也要体现"让我们生活得更好"的实用内核。另外两个评价标准是：品味品牌与特色文化相结合；美观特色与实际应用成效相结合。   现在杭州城标比赛早已尘埃落地，一个由汉字"杭"的篆书演变而来的标志将代表杭州，诠释城市魅力。但是参赛的2号作品仍然给人们留下了深刻印象，它的灵感来源就是六和塔。利用杭州的拼音字母，巧妙地组合成六和塔的形象，是2号城标作品的创意点。

六和塔是古建筑，要体现"大气开放"的现代人文精神颇有难度，设计者想到了把杭州的英文名字进行合理变体，形成了线条化的六和塔。这样就把历史的内涵和现代精神巧妙地融合到一起。

设计者自己介绍说，选用屹立于钱塘江畔的六和塔作为题材，正昭示着杭州正在从西湖时代向钱塘江时代过渡的趋势，体现了传统的杭州正在越来越多地融入国际化的元素，开阔的钱塘江、大气的六和塔，未来的杭州将以更加开放的态度迎接八方来客。而且，六和恰如其分地体现了和谐涵义，与构建社会主义和谐社会的主题不谋而合。在这里，我们又一次感受到"六和"名字的魅力，"一掣现在的铃，历史和未来都遥相呼应"，让那铃儿响起的不正是我们一直追求的美好期盼吗？

　　六和塔的厚重、它的传奇、为天下苍生计的寓意以及历经千百年风雨屹立不倒的执著，不知让多少文人墨客牵肠挂肚，诗兴逸飞，给后世留下传诵千古的佳句。许是一种移情的作用吧，和六和塔有关的诗词或多或少带有一点儿了悟人生的禅意。宋赵师侠写有《鹊桥仙·归舟过六和塔》：

　　风波平地，尘埃扑面，总是争名竞利。悟时不必苦贪图，但言任、流行坎止。

　　忽来忽去，何荣何辱，天也知人深意。一帆送过桐江，喜跳出、琉璃井里。

　　词牌题目明明白白告诉我们，赵师侠没有登塔，只是在船上远远望了一眼而已，感慨却如此之深，必是那"六和"的名字使他想起了"六和敬"了吧。佛教讲空，名利荣辱都是明心见性的障碍，放下了即得解脱。"喜跳出、琉璃井里"，寥寥数字，解脱后的洒脱溢于言表。

　　六和塔矗立在那里，跨越了千年的时空，默默诠释着"物是人非"的感伤，不禁让人心生疑问：如果它也有感情，应该在白云苍狗的变换中憔悴不已还是大彻大悟了呢？

崇圣寺三塔

　　崇圣寺三塔始建于唐宋时期，是我国最古老的塔群之一。千百年来，三塔鼎立于苍山洱海之间，成为大理的标志和白族文化精神的象征。

一、崇圣寺三塔的由来

崇圣寺三塔位于昆明西约 400 公里的大理，大理是国家级历史文化名城，它东临洱海，西及点苍山脉，气候温和、风光秀丽，自古以来便是一个神秘而又令人向往的地方。

出大理城北行 1.5 公里，便是有大理"文献名邦"之称的崇圣寺三塔了。该塔初建于南诏丰祐年间（824—859 年）。寺中坐落一大两小三座佛塔，大塔先建，南北小塔后建。三塔鼎立，俊逸挺秀，卓然不凡，是苍山洱海胜景之一。壮观的庙宇曾在咸丰、同治年间损毁，但三塔却完好地保留下来。1961 年 3 月国务院公布第一批全国重点文物保护单位，便将其收入其中。

下面，让我们一起穿越时空隧道，回到千余年前的古国南诏和大理时代，领略一番崇圣寺三塔的神奇魅力。

（一）神秘古国：南诏和大理

南诏（738—937 年）和大理（937—1253 年）是中国唐宋时期以白族为主体的少数民族在西南部建立的奴隶制政权，国境包括今日云南全境及贵州、四川、西藏、越南、缅甸的部分土地。在唐朝时期，云南洱海一带生活着六诏。"诏"，就是"王"的意思，即大首领、大酋长。六诏，也就是六个政权。他们是今天彝族和白族的祖先。六诏名称和居地如下：

蒙嶲诏——居地在巍山县北部至漾濞县，又称样备诏。

越析诏——也称么些诏（磨些族部落），居地在今凤仪县至宾川县。

浪穹诏——居地在洱源县。

邆赕（音藤闪）诏——居地在今邓川县。

施浪诏——居地在浪穹诏东北牟苴和城。浪穹、邆赕、施浪总称为三浪。

蒙舍诏——居地在今巍山县。六诏中蒙舍诏在南方，因称南诏。

六诏势力大致相等，不相臣服。其中蒙巂、越析两诏幅员最为辽阔，兵力最为强大；蒙舍诏位列第三。然而，8世纪初期，实力本不强大的蒙舍诏却凭借其首领皮罗阁卓尔不群的智谋和超强的政治斡旋能力，在唐王朝的帮助下强大起来，于738年统一六诏，建立了南诏国，定都太和城（今云南大理）。902年，南诏最后一个王舜化死了，舜化的儿子不满1岁，汉族大臣郑回的七世孙郑买嗣主掌国政，杀死舜化的儿子，又起兵杀死蒙氏亲族八百人，灭南诏，自立为王，改国号"大长和"。南诏至此亡国。南诏自皮罗阁建国，先后历十主：皮罗阁（738—748年）—阁逻凤（748年—778年）—（孙）异牟寻（778年—808年）—寻阁劝（808年—809年）—劝龙晟（809年—816年）—（弟）劝利（816年—823年）—（弟）丰祐（823年—859年）—酋龙（世隆，859年—877年）—法（隆舜，877年—897年）—舜化（897年—902年），共165年。

928年，大长和国王郑买嗣传位至孙郑隆亶时，东川节度使杨干贞杀郑隆亶，灭大长和国，拥立赵善政为骠信，国号大天兴，又名兴源国。929年，杨干贞废赵善政自立，改国号为大义宁。937年，通海节度使段思平灭大义宁国，建立大理国。大理虽地方偏僻，但经济发达、文化繁荣，成为西南地区历史上最为显赫的地方政权。大理政区东至普安路之横山（今贵州普安），西至缅甸之江头城（今缅甸杰沙），南至临安路之鹿沧江（今越南莱州北部的黑河），北至罗罗斯（元朝用以专指今四川西昌地区和凉山族自治州的罗罗人及其居住地的名称）之大渡河，面积相当于今天云南省的2.9倍。与南诏相比，大理社会经济有了更大发展。农业生产已与"天府之国"四川相差无几；畜牧业也较为发达，每年都有数千匹马被贩卖到广西；大理的手工业非常兴盛，冶铁业水平很高；大理与缅甸、越南、马来亚、印度、波斯等国家都有贸易往来；特别是在汉文化的影响下，大理人民创造了僰（白）文——即用汉字写白语、读白音的语言。大理共经历二十二世国王，317年。大理国历代国王世系如下：段思平（937—944年）—段思英（944—945年）—段思良（945—951年）—段思聪

（951—968 年）—段素顺（969—985 年）—段素英（986—1009 年）—段素廉（1010—1022 年）—段素隆（1022—1026 年）—段素真（1026—1041 年）—段素兴（1041—1044 年）—段思廉（1044—1074 年）—段连义（1075—1080 年）—段寿辉（1080—1081 年）—段正明（1081—1094 年）—（高升泰，1094 逼段正明逊位，自立为王；1096 年还王位于段氏）—段正淳（1096—1108 年）—段正严（1108—1147 年，又名段和誉。《天龙八部》里段誉的原型）—段正兴（1147—1171 年）—段智兴（1172—1200 年）—段智廉（1200—1204 年）—段智祥（1205—1238 年）—段祥兴（1239—1251 年）—段兴智（1251—1254 年）。

古代云南地方政权，从"大长和"至大理国，内部矛盾重重，无力扩张版图，所以，对内地唐宋两朝"深闭固拒"，政治上少有往来，军事上鲜有行动。965 年，宋军将领王全斌灭掉后蜀后，请求乘胜进攻云南，宋太祖赵匡胤认为唐朝的灭亡是由于南诏的原因，因而不想再与大理国发生关系，便用玉斧在地图上沿大渡河划了一条线，说："此外非吾所有也。"与大理国划江而治。自此，大理与宋王朝中央攻权几乎彼此隔绝了三百余年。1253 年忽必烈率兵杀入云南，灭大理。

从公元 8 至 13 世纪的唐宋五百多年间（即从 738 年南诏国建立至 1253 年大理国覆灭），大理一直是云南的政治、经济、文化中心，南诏、大理国的都城所在地。

（二）莲花西来，天成佛国

南诏和大理都是以儒治国、以佛治心的国家，佛教非常繁荣。

佛教很早就传到南诏。据《南诏中兴二年画卷》（成书于南诏国时期的《南诏中兴二年画卷》，记载了许多关于南诏国时期的历史故事和神话传说，是研究南诏政治、经济和宗教的重要史料）载，南诏在细奴罗称王（649 年）之前就开始有佛教的传播。《南诏野史》则说：714 年，南诏王盛罗皮派张建成使唐，得

佛像、佛经回来供奉传播。虽然佛教传入南诏的具体时间说法不一，但有一点是肯定的，即南诏与佛教有着极为久远的历史联系。

到底是谁最早将佛教传入南诏的呢？目前，在大理白族自治州民间流传最广、影响最大、也比较一致的说法是印度高僧赞陀崛多。

赞陀崛多本是印度摩伽国瑜伽密宗教主，著名的阿吒力教派的僧人。据学者考证，他在"蒙氏保和十六年（839年），自西域摩伽陀国来，为蒙氏崇信，于鹤庆东峰顶山，结茅入定，慧通而神"（明万历《云南通志》卷十三载）。《康熙剑川州志》也记载道："赞陀崛多尊者，唐蒙氏时自西域摩伽国来，经剑川遗教民间，悟禅定妙教，曾结庵养道。"

赞陀崛多所传播的阿吒力教是印度大乘佛教密宗的一个教派。阿吒力是"轨范师""导师""正行"的意思。阿吒力教有三个特征：第一，信奉的主神是大黑天神，大黑天神是梵语"摩诃迦罗"的意译，是阿吒力教的护法神。时至今日，大黑天神在白族中仍具有十分崇高的地位，享受着信众的顶礼膜拜。第二，僧人尤崇阿嵯耶观音。"阿嵯耶观音"这个称号鲜见于佛教典籍，为阿吒力教所独有。目前所见阿嵯耶观音像，与中原地区所见观音丰满的女性形象不同，形态多颀长纤细，宽肩细腰，身着印度菩萨式衣服，白族信众俗称其为细腰观音。第三，僧人可以有家室。他们的子孙也能世代为僧。因为与"台密""东密""藏密"等一般的密宗教派不同，阿吒力教史称"滇密"。

赞陀崛多在南诏获得了极大的成功。他不仅赢得了南诏王室的信任，而且被丰祐拜为"国师"，阿吒力教被丰祐尊为国教。特别有意思的是，赞陀崛多还娶了南诏王丰祐的妹妹越英为妻。

国王的信奉以及僧侣与王室的联姻，极大地推动了佛教在南诏的传播。不仅王室成员全部皈依佛法，而且丰祐的母亲也出家为尼；丰祐还亲自颁布政令，要求百姓虔敬三宝，每户至少供奉佛像一堂。《南诏野史》记载道："帝好佛，岁岁建寺，铸佛万尊。"丰祐时，南诏境内佛寺遍地，小寺三千，大寺八百。"叶榆三百六十寺，寺寺半夜皆鸣钟""伽蓝殿阁三千堂，般若宫室八百处"等诗句生动地描绘了南诏国佛教兴盛的景况。南诏浓郁的佛教文化氛围和精深的佛学造诣，在培养出了像李成眉、寿海、十了等许多大德高僧的同时，也促进了佛教寺院的新建、重建和扩建。

南诏之后，大长和国郑买嗣为向被他杀绝的蒙氏王室八百人表示忏悔，曾铸佛万尊。所以，大长和时期，虽然政治上血雨腥风，但宗教的传播未受丝毫影响。

大理国时，佛教更加兴盛。除密宗外，禅宗、华严宗等教派纷纷传入。佛教不但在民间广有信徒，而且日益得到皇室段氏家族的支持，成为大理国巩固王权的工具。

还在做通海节度使时，段思平的心中就已种下了礼佛向善的种子；在登上权力的顶峰后，他更加厌倦杀机四伏、波诡云谲的政治斗争，开始渴望心远地偏、宁静淡泊的生活。到了晚年，他更是认为，只有佛才能给这个茶花遍地、山清水秀的国家带来宁静祥和。因此，他不仅自己皈依佛门，而且还不断地通过各种方式宣扬佛教。

大理国第二世国王段思英笃言佛教，刺文著述《传灯录》，开科取士，专门选任"释儒"（读儒书的和尚）做官，同时王室的很多成员也都出家为僧。他本人即位一年就到崇圣寺出家。据史籍记载，大理国的 22 位国王中，就有 9 位"逊位为僧"。国王纷纷出家，自然扩大了佛教在民间的影响，推动了佛教在大理国的普及。元朝人郭松年《大理行记》中载："此邦之人，西去天竺（印度）为近，其俗多尚浮屠法，家无贫富皆有佛堂，人不以老壮，手不释数珠。一岁之间，斋戒几半，绝不茹荤饮酒，至斋毕乃已。"三百余年间，大理寺院遍地，香烟缭绕、僧众接踵、经声悠扬，一度成为轰动南亚和东南亚的"妙香佛国"。

佛教之繁荣，为大理赢得盛赞。有佛学家赞大理曰："苍山与洱海，佛教之齐鲁。"

（三）崇圣宝刹，皇家寺院

佛教的繁荣，极大地推动了寺院的产生。

玄化寺、感通寺、崇圣寺、华亭寺等宝刹应运而生。

据专家考证，崇圣寺始建于唐开元年间（713—741年）。丰祐任南诏国王时，采纳寿海大法师"以南诏为佛国，重修崇圣寺为护国大崇圣寺"的建议，重修崇圣寺，并定阿吒力教为国教。崇圣寺初建时，规模就很宏大。据《南诏野史》记载，重修的崇圣寺"基方七里，周三百余亩，为屋八百九十间，佛一万一千四百尊，用铜四万五百五十斛"；有"三阁、七楼、九殿、百厦"之规模。《大理县志稿》记载："崇圣寺，又名三塔寺，在（大理）城西北（苍山）小岑峰下。其方七里，周三百余亩，寺有雨铜观音像，高二丈四尺，统计为佛一万一千四百，为屋八百九十一间……"

重修的崇圣寺楼宇巍峨，规模宏大、高僧云集、活动频密，不仅迅速成为南诏佛教活动的中心，而且声名远播，吸引了南亚、东南亚地区的佛教信徒。南诏国时期的唐贞元十八年（802年），骠国（今缅甸）国王雍羌和王子舒难陀，就在南诏王异牟寻的陪同下到三塔崇圣寺祈拜敬香，因而崇圣寺三塔成为东南亚、南亚崇尚的"佛都"。

经历代的扩建，到宋代"大理国"时期，崇圣寺达到鼎盛巅峰。大理国的22位国王个个信佛，对崇圣寺格外垂青，钟爱有加；9位国王到崇圣寺"逊位为僧"，这不仅使崇圣寺成为名副其实的皇家寺院，而且极大地扩大了崇圣寺的影响。1056年，暹罗（今泰国）国王耶多曾两次到崇圣寺迎佛牙，大理国王段思廉以玉佛相赠。

从元至清朝中期，虽然朝代几经更迭，崇圣寺始终得到皇室保护。

元世祖忽必烈于1253年12月至1254年1月征服大理后，封大理段氏为大理总管。《僰古通纪浅述·总管》记载："兴智失国，弟实复为总管。"兴智，即段兴智，大理国末代皇帝。实，即段兴智的弟弟段实。对这段历史，《滇史》记载得更为详细。《滇史》载，大理末代皇帝段兴智亡国后，他的弟弟段实做了蒙古大理第一代总管（1261—1297年）。段实在位长达36年，并被封为"武定公"。段实是虚心敬佛之人，他"留心内典，崇信三宝"，认为段氏不灭，全

中国古桥名塔

靠菩萨无上恩德，于是发愿大建佛教寺院。他曾自己出资，修缮崇圣寺，绘塑佛像，购置经书；并且"舍田共僧"，每天供应上百位僧人的生活用度。

崇圣寺还得到元朝皇帝的特别恩典。元武宗至大十四年（1311年）和元泰定三年（1326年），两位皇帝分别降圣旨，明令对崇圣寺寺产严加保护，任何人不准夺取。这意味着，元代时期，崇圣寺便被列为"国家重点文物保护单位"。

明代嘉靖二十年（1541年），大理知名文人、曾官任监察御史的李元阳从荆州知府任上告老还乡。他"里居不出，不营生业，薄自奉，厚施予"，花了三十多年时间捐募资金重修崇圣寺。他在《翠屏草堂记》中说："李氏中溪叟，自嘉靖壬寅葺崇圣寺，垂三十年始得竣工。"督学吴鹏在其《重修崇圣寺记》中详述修复后的胜景，"一时，钟鱼磬铎，无间晨昏，而学徒衲子，渐以类集。废者以兴，坠者以举。殿堂弘丽，廊庑崇深。松桧蔚乎清阴，花木纷乎盈目"。"盖有千尺三浮图，玉柱标空，金顶耀日，寰中之塔，无与比肩。高楼百尺，上悬鸿钟，声闻百里。登斯楼也，览云霞于襟袖，荡灏气于层胸。西望苍山，四时皓雪；东俯洱水，数点蒲帆，洒洒临风，有足乐者"。崇圣寺之繁华鼎盛由此可见一斑。

清时，崇圣寺遭受了历史上最大的一次浩劫。云南回民起义领袖杜文秀，于咸丰六年（1856年），率兵攻克大理。混战之中，起义军烧了大多数宫殿，僧侣也四散逃亡。战后虽募捐集资重修，但其规模难与过去相比，只有三塔完好无恙。民国年间，崇圣寺成为军营，除了三塔、雨铜观音殿外，其他建筑已成一片废墟。

崇圣寺的影响不仅仅体现在历史上，还体现在文学作品中。金庸武侠小说《天龙八部》中的"天龙寺"，即崇圣寺。而《射雕英雄传》里的南帝"一灯法师"段智兴、《天龙八部》里的风流王爷段正淳和那位多情书生段誉都是在此出家。

二、崇圣寺三塔的美景与重器

如今矗立在世人面前的崇圣寺是 2005 年重建的。

2003 年 8 月 8 日云南省人民政府在历次修葺的基础上，投资 1.82 亿元人民币，重建崇圣寺，并于 2005 年 4 月 22 日全部竣工，于 2006 年 7 月 12 日举行开光大典。这不仅结束了崇圣寺三百余年来有塔无寺的历史，也弥补了我国文化历史上的一大缺憾，而且创造了许多建筑奇迹。如今的崇圣寺，占地 600 亩，建筑面积 20080 平方米，借鉴了国内外许多著名寺庙的布局特点，集唐、宋、元、明、清历代建筑特色之精华，以三塔为核心，按主次三轴线，八台九进十一层次进行规划建设。其规模、形制远胜于古代，成为西南地区最大的仿古建筑群落。

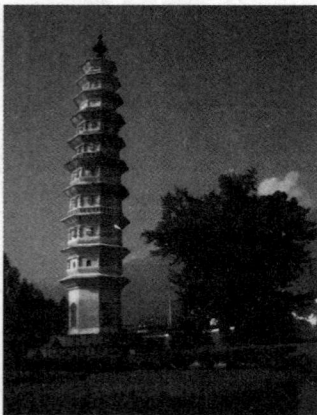

崇圣寺主轴线上坐落着一系列最为恢弘的建筑。大鹏金翅鸟广场、山门、护法殿、弥勒殿、十一面观音殿、大雄宝殿、阿嵯耶观音阁、山海大观石牌坊、望海楼依次而立。法物流通处、方丈堂、客堂、斋堂、罗汉堂、千佛廊、祖师殿、佛教研究院等重要的管理机构与佛法研究场所则沿着中轴线两旁和次轴线上渐次排开。

重建的崇圣寺，中轴线建筑采用最高规格的金龙金凤和玺彩，两次轴线采用庄重典雅的旋子彩，廊阁内院采用活泼诙谐的苏式彩，整个建筑起伏跌宕、错落有致、寺塔相映、金碧辉煌、气势磅礴。寺内塑像众多、形象生动，不仅融合了 "禅宗" "密宗" 的特点，而且形成独特的大理雕像风格。寺内 6178（件）佛像、法器则完全用青铜浇铸而成，用铜千余吨，其中 599 尊（件）为贴金、彩绘，创全国之最。

重建后的崇圣寺三塔宛如镶嵌在苍山洱海间的一颗璀璨的明珠，它金碧辉煌、巍峨壮观，不仅再现了昔日皇家寺院的风采，传承了神秘而邃远的大理文化，而且以其更加恢弘的建筑群落、盛大的佛事活动吸引了海内外众多游人和香客，成为我国西南边陲一道亮丽的风景。

作为旅游胜地，崇圣寺美不胜收，处处充满了人文魅力。阿嵯耶观音像、九龙浴太子等景致都以其美丽的传说而声名远播海内外。

1. 阿嵯耶观音阁

阿嵯耶观音阁是崇圣寺中最著名的景点之一，是一座仿唐代高台三重檐楼阁，中间供奉着大理独有的12米高阿嵯耶观音像。

在中原佛教世界中，人们所熟知和崇奉的菩萨是观世音菩萨，诸如"杨柳观音、送子观音、持经观音、白衣观音、莲卧观音"等都是她的化身；与中原佛教不同，在大理佛教中，人们信奉的菩萨是"阿嵯耶观音"。

"阿嵯耶"是"规范正行，可矫正弟子行为，为其规则、师范高僧的敬称"。用汉语概括起来，就是"圣"的意思，因此，阿嵯耶观音即为圣观音。

由于是大理白族人民宗教信仰的主神，所以，在南诏大理时期，阿嵯耶观音像也铸造了很多，并且材质精良、工艺精湛。

阿嵯耶观音的造型比较独特，在我国数十种观音造像中，早期多为男性菩萨，唐宋以后，逐渐变为女性菩萨。而大理"阿嵯耶观音"则是产生于男相观音向女相观音过渡的时期，呈男身女像——他一方面身材伟岸挺拔；另一方面又身段苗条，细腰跣足，佩戴璎珞、项圈、臂钏。"阿嵯耶观音"与其他观音在服饰上也差别很大，其他观音多披巾着袍，而"阿嵯耶观音"上身坦露，下身穿裙。特别是在他高高隆起的发髻上还饰一尊坐化佛。国内外学术界研究认为，"阿嵯耶观音"的造像可能受印度尼西亚、老挝的佛教造像的影响，但又具有很强的大理特点。

阿嵯耶观音像虽然非常精美，但可惜遗存不多。关于"阿嵯耶观音"像的总数，有不同的说法：有说近20尊的，也有说11尊和12尊的，还有说15尊的。但不管多少尊，都没有超过20尊。其中的6尊都在云南省博物馆收藏，大理州的博物馆也藏有一尊大理国时期的铜质鎏金阿嵯耶观音像；

美国圣地亚哥艺术博物馆等收藏机构收藏 7 尊，是海外馆藏最多的机构，英国大英博物院等国外收藏机构也藏有 3 尊。目前所发现的阿嵯耶观音造像中，科学价值和艺术价值最高的，是 1978 年维修崇圣寺三塔时，在千寻塔顶部发现的一尊金质阿嵯耶观音像。这尊观音为纯金铸造，高 26 厘米，重 1286 克。背部有镂空雕花银质火焰纹形背光，其工艺之精美为世间所罕见，1992 年国家文物鉴定委员会看到这尊观音时，立即将其定为国宝级文物，现收藏于云南省博物馆。大理崇圣寺恢复重建后的开光仪式期间，该观音像曾被迎回展览。

2. 九龙浴太子喷泉

九龙浴太子喷泉位于大雄宝殿后面，是以九龙浴太子传说为题材将九龙和太子以石雕形式精心雕刻，并辅以高科技喷泉而成的一组景观，反映了佛教故事中浴佛的神话传说。

"浴佛"是关于佛祖释迦牟尼诞生的故事。释迦牟尼佛生于印度一个贵族家庭，姓乔达摩，名悉达多，父亲叫净饭王，是当时迦毗罗卫国的世袭大酋长，所以释迦牟尼佛是太子出身。按古印度风俗，妇女必须回娘家分娩。佛祖释迦牟尼出生的时候，母亲摩耶夫人在回娘家的途中，路过蓝毗尼花园时，进园游览。到了繁花盛开的婆罗树下时，感到下腹疼痛，她急忙扶住树枝，而后，释尊从摩耶夫人右肋出胎。相传，释尊出生后，就能行走，会说话。他周行七步，步步生莲。在走到七步的地方，他一手指天，一手指地，说，"天上天下，唯我独尊"。这唯我独尊的"我"，并非指佛祖自己，而是教所有的人都要头顶上天，脚踏实地，尊重自己灵性的开示，掌握自己命运的锁钥。正当佛祖讲话时，突然天雨花香、九龙吐水，为太子沐浴，此称为"九龙灌顶"，这天正好农历四月初八，也称"浴佛节"或"佛诞节"。此后，每逢四月初八这天，有些寺庙的僧侣会用甘草茶做成浴佛水，也称"香汤"，仿效这种情景为释迦像沐浴。

九龙浴太子喷泉以此传说而建，成为崇圣寺著名景点之一。

3. 高僧殿

高僧殿是宋代大理国不爱江山不恋俗尘，到崇圣寺逊位为僧的九位国王修建的殿堂。这九位国王分别是：

段思英：大理第二世国王；

段素隆：大理第八世国王；

段素贞：大理第九世国王；

段思廉：大理第十一世国王；

段寿辉：大理第十三世国王；

段正明：大理第十四世国王；

段正淳：大理第十五世国王，即金庸笔下段誉的父亲。

段正严：大理第十六世国王，即金庸《天龙八部》中的段誉。

段正兴：大理第十七世国王；

这九位国王在崇圣寺出家后，都被称为高僧。关于他们的一些典故及所撰写的经文，留在三塔之下。他们风流倜傥、特立独行之举，深深地让后人感佩，故塑像纪念，每像均高4米。

这九位国王出家为僧，也并非完全出自宗教信仰，而是有着非常复杂的原因。有学者对他们出家的原因进行了细致的研究，概括起来原因有四：

第一，在争权中失败，被废为僧。

大理国第二世国王段思英被废为僧，便是统治集团内部权力斗争失败的结果。段思英乃大理开国皇帝段思平之子，他继位后不久，便将其母杨桂仙封为"榆城宣惠圣国母"，意欲以此为契机，推崇母系杨氏家族的力量。但此举一方面违背段思平立国时既定的以董氏家族为重要依靠的方针，给觊觎王位已久的叔叔段思良以逼宫的口实，另一方面又引起了当时手握重权的相国董迦罗的强烈不满。一位虎视眈眈的皇叔，一个心怀不满的重臣，在此结成利益联盟。946年，二人联手将段思英废而为僧，段思良自立为帝。

第二，政权不稳，迫不得已而为。

大理国第十六世国王段正严削发为僧则是政权不稳、不得已而为之的结果。

大理国自第十五世段正淳始，在历史上又称为后理国。权臣高泰明及其子孙世代为后理宰相，始终掌握着朝廷大权。作为第十六世国王段正严，虽然在位时间长达39年，政绩也非常辉煌，但仍然始终无法摆脱高氏的束缚。他在位期间，后理国实权先后由高泰明和其子高泰运掌握。他晚年时，后理国内纷乱，诸子内争外

叛，年迈的段正严无力制止纷争，遂禅位为僧。

第三，高氏专权，人心向背，被迫下台。

金庸《天龙八部》中有一段描写，揭示了大理第十三、十四任国王段寿辉、段正明出家为僧的原因：

"原来十多年前的上德五年，大理国上德帝段廉义在位，朝中忽生大变，上德帝为奸臣杨义贞所杀，其后上德帝的侄子段寿辉得天龙寺中诸高僧及忠臣高智升之助，平灭杨义贞。段寿辉接帝位后，称为上明帝。上明帝不愿为帝，只在位一年，便赴天龙寺出家为僧，将帝位传给堂弟段正明，是为保定帝。上德帝本有一个亲子，当时朝中称为延庆太子，当奸臣杨义贞谋朝篡位之际，举国大乱，延庆太子不知去向，人人都以为是给杨义贞杀了，没想到事隔多年，竟会突然出现。保定帝听了高升泰的话，摇头道：'皇位本来是延庆太子的。当日只因找他不着，上明帝这才接位，后来又传位给我。延庆太子既然复出，我这皇位便该当还他。'转头向高升泰道：'令尊若是在世，想来也有此意。'高升泰是大功臣高智升之子，当年锄奸除逆，全仗高智升出的大力。"

这段描写中的延庆太子，是金庸先生虚构的人物，但关于段寿辉、段正明逊位为僧的描写却基本属实。小说里写上明帝段寿辉"不乐为帝，只在位一年，便赴天龙寺出家为僧"，到底是真的不愿为帝，还是因为权臣当道别有隐情，那就见仁见智了。不过，据史料记载：1080 年段寿辉即位后，竟因疑惧高氏，常心神恍惚、忐忑不安。该年，"日月交晦，星辰昼见"，段寿辉更以为"天变"，故在位仅一年，便禅位给堂弟段正明。段寿辉自己因迫于高氏的权势而不自安，遂出家为僧。保定帝段正明，也是为高氏所废。上明帝出家后，高智升立上明帝庶弟段正明为帝，但实权仍由高氏掌握。高智升死后，其子高升泰继为清平官（相当相国），继续把持朝政。段正明暗弱不振，在位十三年，完全是个傀儡皇帝，高升泰掌权日久，早已垂涎王位，便于 1094 年以"天变不祥"为名，逼段正明出家为僧，并禅位给他。至此，段正明又成为一位高僧。

第四，惯例所致。

"新国王即位后，原国王退位让贤，出家为僧，以安定人心。"

大理国第七代国王段素廉因子先卒，皇孙素贞尚幼，王位传于侄素隆。素隆在位 5 年，到素贞长大，便禅位为僧了。第 9 世国王素贞由叔素隆还政而为国王，在位 15 年后，因感位久，将王位传于孙素兴，自己退位为僧。

（二）五大重器，蜚声中外

作为皇家寺院，作为东南亚和南亚地区著名的佛都，崇圣寺自然汇聚了众多的法器和宝物，其中最著名的首推"五大重器"。

所谓重器，即宝器。按李元阳《崇圣寺重器可宝者记》中所云，崇圣寺五大重器分别是：三塔、南诏建极大钟、雨铜观音像、元代高僧圆护手书的"佛都"匾、明代三圣金像。

清咸丰、同治年以后，崇圣寺及四大重器均毁于战乱及自然灾害。1997 年后，政府根据史料记载，逐年恢复重建了建极大钟、雨铜观音像、三圣金像、"佛都"匾等四大重器以及规模宏大的崇圣寺，再现了"佛都"当年的胜况。

1. 南诏建极大钟

原南诏建极大钟铸于南诏建极十二年（871 年），故名南诏建极大钟。徐霞客《滇游日记》对此钟记载道："钟极大，径可丈余，而厚及尺，其声闻可八十里……"按当时地理范围看，大钟一敲响，整个大理坝子都能听见。楼上楹联对此作了描绘："大扣大鸣，小扣小鸣，普觉梦中之梦；一声一佛，千声千佛，遥闻天外之天。"古代大理居民，常以建极钟声记时。古书载："一方晨昏作息，视以为节。"鸿钟敲响，点苍山中三百六十寺里的大钟小钟一起应和。天外飞音，为"妙香佛国"平添了几分肃穆与庄严。

现在崇圣寺中的这口钟铸于 1997 年，钟高 3.86 米，口径 2.138 米，重16.295 吨，是云南省第一大钟，也是鸦片战争以来我国所铸的第四大钟，是典型的佛钟。钟体分为上、下两层，上层饰六幅波罗密图案，下层饰六幅天王像，生动地再现了大理著名的旧十六景之——"钟震佛都"，以及"万古云霄三塔影，诸天风雨一楼钟"的景致。

2. 雨铜观音像

原雨铜观音像铸于南诏中兴二年（899年），1966 年"文化大革命"初期，被作为"破四旧"的对象砸碎炼了钢铁，目前的观音像是 1999 年重塑的。重塑的雨铜观音根据清

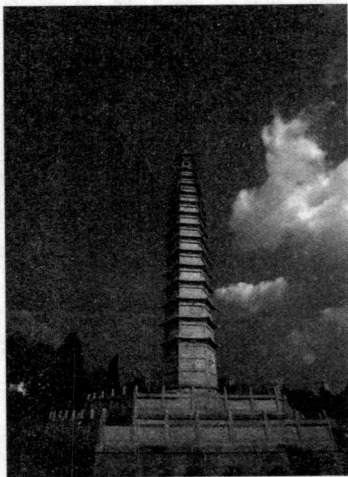

末遗存照片精心复制，自下而上由 2.2 米高的汉白玉须弥座、1.8 米的贴金铜铸莲花座以及 8.6 米高铜铸贴金的雨铜观音像组成，重达 11 吨。

雨铜观音像是崇圣寺最富有传奇色彩的重器之一。首先，其铸造过程颇富神话色彩。据传，当时崇圣寺一位高僧发誓终生募化铸一铜观音像以祈国泰民安，"铸时分三节为范，肩以下先铸就而铜已完，忽天雨铜如珠，众共掬而熔之，恰成其首，故有此名。"其次，观音像形制特殊。观音像面部呈女性特征，神态慈祥、善良妩媚；而身材却健壮挺拔，呈男性特征，体现了中晚期大理地区男性观音向女性观音过渡时期的特点。再次，材质独特。原有的雨铜观音由乌铜铸成，传说乌铜出自缅甸，其特点是即便埋到土中许久都不会生铜绿。然而，令人遗憾的事也由此产生。清咸丰年间，雨铜观音殿毁于大火，铜像两手及衣角也有损坏。光绪二十二年（1896 年），时任大理提督的蔡标，将其损坏部分修复。因无法找到乌铜，只能用青铜代替，然而，其光泽和质量与原来的乌铜有所不同，致使今天的雨铜观音像一看便知是一个修复品，这也成了美中不足的憾事。

3. "佛都"匾

"佛都"匾是悬挂于崇圣寺山门塔西紧靠门正上方的一块匾，上书元代点一苍山念庵圆护禅师亲笔手书的斗大的"佛都"二字。圆护是大理人，大理总管尊称他为弘辩大师。当时，其书法，风骨遒劲、笔力精妙，与赵孟頫齐名。据传，圆护大师自肘及腕"洞澈如水晶然"，因此，世称"玉腕禅师"。大师的手迹除此"佛都"二字外，在寺内还有"证道歌"石碑和李道源撰文的《大崇圣寺碑铭并序》。《证道歌》又作《永嘉证道歌》《永嘉真觉禅师证道歌》，全一卷。唐永嘉玄觉（665—713 年）撰。玄觉初学天台，后来听了六祖慧能说法，便改宗入了禅门，写作了《证道歌》这首古体诗。这首歌文辞流丽，阐发精微，实得禅宗真髓，所以广受禅门喜爱。可惜圆护"佛都"匾真迹已毁。目前崇圣寺山门所挂"佛都"匾是 2005 年，中国著名书法家、中国书法家协会主席沈鹏先生所题。

4. 三圣金像

目前关于三圣像的文字材料极少见，李元阳《崇圣寺重器可宝者记》对

"三圣金像"描绘如下："三圣金像在极乐殿，并高丈一尺，嘉靖间铸。时盛夏赤日，冶人无措，忽阴云如盖，独覆铸所。像成而云散，众咸异之。夫此五物在寺，亦有多历年所。"可见，三圣金像也颇具传奇色彩。

（三）八项之最，名冠古今

目前的崇圣寺是2003—2006年间在原址上恢复重建的。重建的崇圣寺借鉴了国内外著名寺庙布局的特点，集唐、宋、元、明、清历代建设特色之精华，展示以"滇密"为主体，兼容"汉传""藏传"神秘的佛教文化。创下8项全国之最，分别是：

1. 崇圣寺为全国最大的汉传佛教单体寺院，占地600亩，建筑面积达20080平方米。

2. 为中轴线最长的寺院，中轴线长达4公里。

3. 具有全国体量最大的大雄宝殿，宽51.7米，高26米。

4. 具有全国最大型的木雕长卷，《张胜温画卷》长117米，高1.8米。

5. 寺内618尊（件）佛像、法器均用青铜浇铸而成，用铜千余吨，其中599尊（件）为贴金，彩绘，刨全国之最。

6. 寺内各种各样的龙：彩绘的、石雕的、木雕的共1万多条，为龙最多的寺院；

7. 具有全国最大的金刚杵：高6米，直径1米；

8. 具有全国最大的牛皮大鼓：直径3.1米，用一整块牛皮制成。

三、三塔的相关背景

（一）佛塔的种类

佛塔起源于印度，最初是用来象征佛的。有两个传说可以说明塔之于佛教的意义。

一个传说是：由于佛陀经常四外云游弘化，给孤独长者因不能常随侍佛侧，非常思念佛陀。一天，他就禀告佛陀："世尊，您游历诸国时，我无法见到世尊，非常渴慕您。希望世尊赐给我一件物品，让我们供养起来。佛陀便给孤独

长者爪、毛发，并说："居士，你就供养这个爪和发吧。"居士马上对佛陀说："希望世尊允许我造发塔、爪塔！"佛陀回答："允许你造发塔、爪塔！"这是造塔最初的缘起。

第二个传说是：佛陀在拘尸那城涅槃后，其肉体火化时，现出了很多光明灿烂的五色舍利。当时印度各国中的八位国王闻听此事，认为佛陀的舍利是无上法宝，能给自己带来福荫和吉祥，于是纷纷带领部族武装，赶到拘尸部，要强抢佛陀舍利。此时，一位名叫香姓的婆罗门为了避免战争，建议将佛陀的舍利均分为八份，每个国王各得一份。各国国王非常高兴，回国后，便建造了所谓的"窣堵波"，即园丘形平头墓，将佛陀的舍利安放于内供养。这样，佛祖死后，窣堵波顺理成章地成了供奉佛骨"舍利"的神圣宝地。

人们在"窣堵波"的形制上发展建造起了佛塔。在古代印度，最早建塔是为放置释迦牟尼的舍利，供人们纪念崇拜。人们对塔礼拜，便等于对佛礼拜。但是当时这种建筑并不叫塔，传入我国时，被音译为"塔婆""佛图""浮图""浮屠""窣堵波"等。

公元 1 世纪佛教传入我国后，我国开始有了"佛塔"，也才有"塔"字。佛塔虽来自古印度，但传入我国后，不断加入中国人的审美概念及建造技术，建筑风格明显体现出中国文化特色，形成独具一格的中国佛塔。

中国佛塔按形式可以分为 4 种：楼阁式，如西安的大雁塔；密檐式，如西安小雁塔；覆钵式，如北京妙应寺白塔；金刚宝座塔，如北京真觉寺金刚宝座塔。

1.楼阁式塔

楼阁式塔的建筑形式来源于中国传统建筑中的楼阁。佛教传入中国后，为了适应中国的传统习惯，利用人们对多层楼阁通天的寄托，以楼阁形式作为礼佛的纪念性建筑物。楼阁式塔的特征是具有台基、基座，有梁、枋、柱、斗拱等楼阁特点的构件。塔刹在塔顶，有的楼阁式塔在第一层有外廊（也叫"副阶"），外廊加强了塔的稳定性，也使其更为壮观，并且能有效地防止地基被雨水冲刷，延长了塔的寿命。

2.密檐式塔

密檐式塔是一种由楼阁式塔演变而来的多为砖石结构的新式佛塔。与楼阁式塔外形不同，它把楼阁的底层尺寸加大升高，而将以上各层的高度缩小，使各层屋檐呈密叠状，檐与檐之间不设门窗，使全塔分为塔身、密檐与塔刹三个部分，而且塔身越往上收缩越急，因而称为"密檐式"塔。

3.覆钵式塔

覆钵式塔又称喇嘛塔，是一种实心的藏传佛教的塔。它既供崇拜，也被用作舍利塔，还可做僧人的墓塔。覆钵式塔基本上由四部分组成，从下向上分别是：基座，有圆形、方形、八角形、多角形，其中圆形很少见，方形最多见；塔身：也称为塔肚子、覆钵、覆钵丘，形如倒扣的钵，因此得名。相轮，又称为塔脖子，因叠成圆锥形的相轮最多有十三层，所以也叫"十三天"。塔刹，由伞盖和宝刹组成。伞盖位于十三天的上部，通常包括华盖和流苏，也有采用天地盖的造型；宝刹的形制有三个系统，日月刹、金属高刹、宝珠刹。塔脖子和塔刹象征着佛的头部，巨大的塔身蕴含着深厚的佛教内涵。

4.金刚宝座式塔

金刚宝座式塔是从印度传进来的一种塔形，其基座是一个长方形的石质高台，台上建有五座小塔，中央的塔较大，四角上的塔较小。金刚宝座式塔的形式起源于印度，造型象征着礼拜金刚界五方佛。佛经上说，金刚界有五部，每部有一位部主，中间的为大日如来佛，东面为阿閦佛，南面为宝生佛，西

面为阿弥陀佛，北面为不空成就佛。金刚宝座代表密宗金刚部的神坛，金刚宝座塔上的五座塔就分别代表这五方佛。

（二）佛塔的结构

我国佛塔的基本构造可分四部分，由下而上分别是地宫、塔基、塔身和塔刹。

1. 地宫

地宫是我国塔的特有构造，因为我国古代崇尚深葬制度，帝王陵墓都有很深的地宫，帝王及后妃们的遗体一般都深藏地宫之中。佛教传入中国后，信众为表达对佛骨舍利及陪葬品的景仰之情，一般每建塔都建地宫。地宫一般是用砖石砌成的方形、六角形、八角形或圆形的地下室，内安放一个石函，在层层套合的石函内，主要放置舍利，有时也安放佛像和佛经等。这与古印度窣堵波不同。后者通常把佛舍利藏在"刹杆"里。

2. 塔基

是佛塔的下部基础，早期塔基较低，约只有几十厘米的高度，如陕西西安兴教寺玄奘塔。在唐代，将佛塔建在高台之上，表示了人们对佛的尊崇，这种高耸的台基，为增强佛塔的雄伟、壮观的效果，起了很好的烘托作用。如唐代西安大雁塔、小雁塔等。唐代以后，塔基分为基台和专门承托塔身的基座。基台即是早期塔下较低矮的塔基，基台一般没有装饰，而基座则日趋富丽，成了整个塔中雕饰极奢华的一部分。辽、金的基座大都为须弥式，意表稳固。喇嘛塔的基座异常高大，高度占塔高的三分之一左右。金刚宝座塔的基座已发展为塔的主要部分，比上部的小塔还要高大得多。基台和基座从视觉上使塔身更为雄伟突出。

3. 塔身

塔身是塔结构的主体，其形式因塔的类型不同而有较大的差异。最初，塔身外部为单檐，后来逐渐变为楼阁式、密檐式、喇嘛教塔瓶形式、傣族佛塔式等。塔身内部的结构主要有实心和中空两种。实心塔的内部有用砖石全部满铺满砌的，也有用土夯实满填的，也有的以木骨填入以增加塔的整体连接，或增强挑出部分的承载力量。中空塔身的内部结构较复杂，因其所用材质不同、建筑方法各异。

4. 塔刹

塔刹位于塔的最高处，至为崇高，冠表全塔。刹，是梵文 Laksata 的省音译，梵文全音译为"制多罗、差多罗"等等，它的意义为土田，代表国土，也称之为佛国。印度早期的窣堵波的塔刹并不十分高大复杂。传入中国后，与传统的楼阁建筑结合之后，塔刹往往高耸云际，玲珑挺拔，成了佛教意义上的象征。

塔刹本身也形如小塔，它的结构明显分为刹座、刹身、刹顶三部分，中心用刹杆直贯相连。刹座即是刹的基础，正覆压在塔顶之上。刹座的形状大多砌作须弥座或仰覆莲座，也有砌作平台座的。刹身主要的形象是套贯在刹杆上的圆环，称之"相轮"，也有称之为"金盘""承露盘"的。它是佛的表相，象征佛，是信徒敬佛、礼佛的仰望标志。一座塔每每以相轮的大小和数目的多寡区别等级和高低大小。按古印度佛教的制度，佛塔的层数与塔的相轮数目相等，都是双数；但在中国由于"阴阳五行学说"的影响，塔的层数和相轮数一向都为单数，并逐步形成了一、三、五、七、九、十一、十三的规律。在相轮之上，置华盖作为相轮刹身的冠饰。刹顶在宝盖之上，是全塔的顶尖，一般为仰月、宝珠所组成，也有作火焰、宝珠的，有的是在火焰之上置宝珠的，也有宝珠置于火焰之中的。因避"火"字，有称之为"水烟"的。刹杆是通贯塔刹的中轴，金属塔刹的各部分构件全都穿套在刹杆之上，就是较为低矮的砖石塔刹当中也有木制或金属刹杆。刹杆的构造，有以木杆或铁杆插入塔顶之内的，有以大木柱插入一、二层或三层者顶的。

我国佛塔为什么多为奇数塔，少有偶数塔呢？这与我国古老的哲学有关。按我国阴阳对立统一的宇宙观来说，数字除了用以运算外，还被赋予了哲学意义。数字有奇有偶，有阴有阳。天数奇数，为阳数，生数；地数偶数，为阴数，成数。天在上，是圆的，向高发展要用天数、奇数；地在下，是方的，平面展开要用地数、偶数。所以，中国佛塔，塔身向天空伸展，多用奇数；塔基、塔座横向展开便用偶数。这样，奇偶相合，阴阳平衡，反映了中国人的哲学观与人生观。

（三）佛塔的功用

古往今来，建筑佛塔主要有三个目的：一是敬佛，二是镇灾，三是登临观赏。

1. 敬佛

佛塔最主要的作用就是供信徒表达敬佛之心。《华严经疏·卷二十八》列举六种建造佛塔的目的，都与敬佛有关：

（1）为表人胜。如来为三界之至尊，最胜无比，故建塔以表彰之，令人瞻礼而归敬。

（2）令生净信，建造佛塔为令一切众生瞻仰顶礼，而生崇重正信之心。

（3）令心归向，建造佛塔为令一切众生心有所向，而敬慕归依。

（4）令供养生福，建造佛塔为令一切众生至心恭敬供养，以植福田。

（5）为报恩行愿，建造佛塔非为己身之利益，乃为答报四恩（即国王、父母、师友、檀越之恩），而完成无边之行愿。

（6）令生福灭罪，建造佛塔非为种植己身之福，乃为令一切众生凡瞻仰顶礼者，无不生一切福而灭一切罪。

可见，佛塔最重要的作用是表达对佛的敬意。

2. 镇灾

佛教中有句佛语——"佛法无边"，其意有二：一是说佛有大法力，二是说佛有大智慧。具有大法力、大智慧的佛自然可以摧邪扶正，降妖除魔。我国绝大多数寺院都设有大雄宝殿，它是寺庙的核心部分。"大雄"是释迦牟尼的德号，意思是释迦牟尼（佛陀）有很大力量，勇敢无畏，能降服四魔。所以，人们建造佛塔，除表礼佛敬佛之意外，还有一个目的就是降妖除魔、镇灾驱邪。

3. 登临观赏

佛要度化人升入天国，受此理念影响，佛教建筑崇尚巍峨挺拔，高耸云天。所以，作为佛的象征，佛塔一般都建在地势比较高的地方，并且建得比附近的参照物高，甚至成为当地最高建筑。建于 10 世纪的山西应县佛宫寺木塔，塔高 9 层，67.3 米；同一时期建造的河北定县开元寺塔，塔高 13 层，83.7 米；都是当地标志性建筑。这就使得佛塔有了另一个重要的作用——登临观赏。许多文人墨客每每登临，常有感而发，写下许多美文或诗作。

四、三塔的形制与结构

（一）敬佛镇灾，始建三塔

崇圣寺"五大重器"中最重要的"器"，当属三塔。

三塔，全称叫崇圣寺三塔，也叫崇圣三塔，简称三塔，是一组成等腰三角形的塔群，建造于原崇圣寺的山门前，因先有崇圣寺后有三塔而得名。据《滇略》和《大理府志》载：三塔系"唐贞观六年尉迟敬德监造"。"开元初，南诏请唐匠慕韬徽修之"。三塔一大两小，主塔称千寻塔，是一座有典型唐朝建筑风格的佛塔。

关于建造三塔的原因，明代历史学家李元阳在《云南通志》中有所提及。他写道："崇圣寺三塔各铸金为顶，顶有金鹏，世传龙性葆泽而畏鹏，大理旧为龙泽，故以此镇之。"据此可见，建塔铸鹏除了出于敬佛之心外，还有镇水防灾的目的。

古代的大理国，地处亚热带，雨水丰沛，濒临洱海，水患颇多，古籍中便说大理"泽国多水患"。因为古代科学技术落后，当时的人们无法对水患这种自然灾害做出科学的解释，便认为是恶龙作怪。因为"世传龙性敬塔而畏鹏"（古籍《金石萃编》），所以，人们便建造三塔降伏恶龙。如今千寻塔塔前照壁大理石碑上镌刻的"永镇山川"四个大字，虽为明代黔国公沐英之孙沐世阶所题，但仍能反映出建塔镇灾的目的。

（二）密檐重叠，形制独特

崇圣寺三塔成品形字排列，都是典型的唐代密檐式佛塔。

1. 主塔——千寻塔

三塔中的主塔又名千寻塔，当地百姓习惯叫文笔塔，还有一个拗口的称谓——法界录通明道乘

塔。该塔始建于唐代南诏国时期（836 年），是我国现存最高的古代佛塔。

千寻塔的名称里面还包含着我国古代一定的计量学知识。在古代，寻是长度单位，一寻约为八尺。"尺"作为长度单位，在不同的时代指称的长度不同。从本义上讲，最初的尺指男人的手伸展开后，从拇指和中指之间的距离，大约是 20 厘米。周代的一尺相当于现在的 19.91 厘米。战国时，一尺大致约相当于现在的 23 厘米。《邹忌讽齐王纳谏》中说："邹忌修八尺有余。"如果按现代度量标准算，邹忌身高 2.66 米还多，显然这是不可能的。如果按战国时一尺约为 23 厘米的知识，我们就可算出，他的身高在 1.84 米以上。这就合乎中国人的正常身高了。到唐代时，一尺合今 30.7 厘米；据此，一寻大约相当于 2.46 米。当然，千寻塔名曰"千寻"，并不是说它果真有一千个 2.46 米高，这种称谓其实是一种夸张。事实上，千寻塔高 69.13 米。

69.13 米的高度，在现代看来，当然不算特别高，却是我国现存古塔中最高的。据目前资料看，我国古代曾建过的最高塔是北魏熙平元年（516 年）建于洛阳城内的永宁寺塔。其高达 136.71 米。然后，这一古代最伟大的佛塔，建成仅仅 18 载，便于 534 年遭雷击起火焚毁。

千寻塔也是我国古代四大名塔中最高的。我国古代有四大名塔：一是位于河南登封县城西北的嵩岳寺塔，它建于北魏孝明帝正光元年（520 年），距今已近 1490 年，该塔高 41 米左右。二是位于山西省应县城内西北隅佛宫寺内的释迦塔，又称应县木塔，它建成于辽代，总高 67.31 米。三是山西洪洞县一座小山顶上的广胜寺内的飞虹塔，它建于明嘉靖年间，总高 47 米。四是大理千寻塔。据此可知，千寻塔是中国古代四大名塔中最高的佛塔了。

千寻塔最为奇异的是，它高 16 层，是中国最高的偶数古塔。我国的佛塔，绝大多数都是单层，特别是中原地区，几乎看不到偶数塔。而千寻塔却是难得一见的偶数塔。

千寻塔的基座呈方形，分三层，下层边长为 33.5 米，四周有石栏，栏的四角柱头雕有石狮；上层边长 21 米，东面正中有石照壁，"永镇山川"四个大字即位于此，每字 1.7 米，笔力雄浑苍劲，气势磅礴。塔身第一层，高 13.45 米，是整个塔身中最高的一级。东塔门距基座平面 2 米，西塔门则在近 6 米处。塔墙厚达 3.3 米。第 2 至 15 层结构基本相同，大小相近。第 16 层为塔顶。塔身第二层高约 2 米，宽约 10 米，上部砌出叠涩檐，共 17 层砖，每层挑出 0.05 米—0.07 米不等，檐的四角上翘。塔身东西两面正中建有一大二小三个佛龛，中间大龛内放佛像一尊，大龛两侧各有亭阁式小龛一个，莲花座，庑殿式顶，中嵌梵文刻经一片。南北两面，中间有一个券形窗洞，直通塔心。第三层则南北为佛龛，东西为窗洞。以上各层依次交替。塔身愈往上愈收缩。塔顶高 8 米，约为塔身的七分之一。塔刹挺拔高耸，使人有超出尘寰、划破云天之感。顶端葫芦形宝瓶铜铸而成，瓶下为八角形宝盖，四角展翅，安有击风铎；其下为钢骨铜皮的相轮；最下为覆钵，外加莲花座托。塔顶四角，原有金鹏鸟，相传"龙性敬塔而畏鹏，大理旧为龙泽，故以此镇之"。现金鹏已无存，复修前仅残存金鹏鸟足。塔身中空，在古代有井字形楼梯，可以供人攀登。塔顶四角各有一只铜铸的金鹏鸟，传说用以镇压洱海中的水妖水怪。自塔顶向东眺望，大理古城全貌尽收眼底，苍山洱海，一览无遗。只可惜现在楼梯已坏，游人已不能登上塔顶了。塔顶则有金属塔刹宝盖、宝顶和金鸡等。

2. 南北二塔

南、北二塔是在大塔修好后增修的，大约建于宋徽宗时（1101—1125 年）。两塔位于主塔之西，与主塔等距 70 米；南北对峙，相距 97.5 米，均为五代时期大理国所建造。两座小塔形制相同，都为 10 层，高 42.4 米，是一对十级八角形密檐式偶数砖塔，下有二层台基，每级八方塔檐上砌出模拟木构建筑的斗拱、平座和形状各异的塔形龛，塔身有佛像、莲花、花瓶等浮雕层层各异。一至八层为空心直壁，内撑十字架。基座亦为八角形，八层以上为实心，八层以下则为空心。塔体外观成阁楼式，顶端有鎏金塔刹宝顶，阳光之下，熠熠生辉，华丽非凡。塔身以石炭涂面，通体莹白，如擎天玉柱。特别令人瞩目的是，肃穆之中，每层出角，檐牙

高啄，凌空欲飞。整个塔静中有动，造形活泼，给人以挺拔向上之感。塔前朝东照壁上有明黔国公沐英之孙沐世阶所写"永镇山川"石刻汉字，每字高1.7米。据说大理地区多水患，要治水必先治龙，可龙只畏大鹏，因此只要塔和塔上的大鹏金翅鸟存在，龙就不敢作恶，水患减少，就"山川永固"了。也有人说地处边疆的大理地区当时已为明朝版图，沐世阶为了表示对这块版图的坚守之意，才在塔基上题字刻碑的。

（三）匪夷所思，工艺奇绝

千余年来一直作为滇西地区最高的标志性建筑的崇圣寺三塔，矜高傲古，历经重重波折，屹立不倒，不能不说是建筑史上的一个奇迹。

1. 地基之迷

唐塔大多造有地宫，一方面用来存放国王或高僧尸骨，另一方面也用来加固塔基，确保塔身稳固。所以，许多人推测，崇圣寺三塔一定有坚若磐石的地宫。然而，1978年至1980年三塔维修期间，有关人员在经过缜密的探测后却惊讶地发现，塔下数米内只有地砖、厚土和一层筛洗夯实的灰绿色细沙。不但没有猜想中的地宫，连建筑物惯用的深夯基础都没有。这就是说，三塔居然只是简单地建于土基之上！然而，这独特的构造不但抵御住了千年风雨侵蚀，还经受了多次毁灭性的地震，这不能不令人称奇。

2. 塔身之谜

建造高达69米的高塔，这在科学技术发达的今天，算不上什么难题；但在一千多年前，决非易事。那么，古人是如何完成这项艰巨而又浩大的工程的呢？关于造塔工艺，目前有两种说法。一是垫土修塔法，也叫"土层掩埋法"。相传古时修建三塔，垫一层土修一层塔。塔有多高，土就垫多高，这样就解决了建筑材料运送难的问题。据史料记载，建塔时所搭的桥，高如山丘。在第16层塔建成时，土堆的斜坡已延伸到10里外的大理银桥村，所以，银桥村古称"塔桥村"。待塔修好以后，再将土逐层挖去，让塔显现出来；所以有"堆土建塔"与"挖土现塔"之说。如此浩大的工程，当然要动用大量的人力物力。古籍记载，修三塔"役工匠七百七十万，耗四万余金，历时八年建成"。但许多人对这一建造时间表示质疑，认为在1000余年前，按当时的建筑水平，8年很难完成这项巨大的工程。因此，当地民间有一种说法，认为该塔耗时48年才建成。

此外还有一种说法是"搭架法"。1978年，考古专家在维修三塔期间，拆掉千寻塔外表包的一层砖，再去除旧有灰皮后，惊讶地发现塔身各层四面都有13厘米见方的孔。许多孔外面塞砖块以作塔面，可内部还留有不少非常紧实的栗木。特别令人惊奇的是，这些孔的位置，与1300年后维修时所搭建脚手架的位置惊人地吻合。这种不谋而合，一方面让人惊叹古人的聪明才智；另一方面，也让许多专家猜测，这些栗木是当时搭架时残留下的横排木。有专家据此认为，造千寻塔时采用的是搭架的方法，并非传说中的堆土法。

不论哪种方法，都反映了我国古代劳动人民高超的智慧。

3. 抗震之迷

三塔从修建至今，除经历二千年的风雨侵蚀外，还经历过30余次强地震的考验而巍然屹立。史载：明正德九年（1514年）大地震，大理古城房屋绝大部分倒塌，千寻塔也"裂二尺许，形如破竹"，可竟然奇迹般地"旬日复合"；南北两座小塔也仅仅发生侧倾，南侧小塔斜8度，北侧小塔斜6度，有趣的是，它们都同时向内倾斜，所以明代便有"两小塔如翼内向"的记载。1925年地震，城乡民房倒塌达99%，可千寻塔只震落了顶上的宝刹，这对于没有石基而直接在土基上修建的三塔来说无疑又是一个奇迹。

（四）千寻宝塔，存珍揽异

崇圣寺千寻塔是个巨大的宝藏库，建塔以来，里面隐藏了无数秘密，也发掘出许多无价之宝。

建国后，三塔已维修多次。在维修千寻塔过程中，考古工作者于1978年先后两次从塔中发掘出南诏、大理国时期的各种文物680多件，其中尤以大理国时期的文物珍品数量最多，内容最丰富。质地有金、银、铜、水晶、瓷、石、木

等、种类包括佛教造像、塔模、法器、写经、铜镜、丝织品等。质地复杂，种类丰富，而且许多器物造型独特，制作工艺精细，是历史文物与古代艺术品的完美交融。除前面所述的阿嵯耶观音圣像外，还出土了其他一些极具价值的珍贵文物，如《金刚般若经》图卷、《大陀罗尼经》等。为研究南诏、大理时期的历史、宗教、文化提供了宝贵的资料。以下几件文物，尤其具有研究价值。

1. "杨和丰铜像铭文"

一件是一尊铜像，被称为"杨和丰铜像铭文"。高约50厘米。正面宽袍大袖，为一官宦形象。背面铸文3行。为"追为坦绰杨和丰，称宣德大王。"楷书，约为大义宁国时佚名撰文。杨和丰史无记载，坦绰为南诏清平官，相当于宰相。此铜像大约是杨和丰之后人当权后，追封先人，并铸像供于塔内，以祈祷冥福。能追封先人为"王"者有可能是大义宁国王杨干贞。铸像基本完好，铸造年代约为929至937年。此为塔内少见的非佛教类的铜质造像，值得研究。原物今收藏在云南省博物馆。

2. "大理国明治四年刻文铜版"

铭文内容为向寺院布施的记述。此刻文铜版的书写格式完全符合南诏、大理国的惯例，即从左至右直书。铭文为研究大理国纪年及崇圣寺三塔维修史的实物资料。铜版尺寸10.5×7.3厘米，汉文5行，楷书。保存完好。现存于云南大理州博物馆。

3. 金藤织

金藤织，一对两件，金质，略呈圆形，尺寸大小相同，直径6.2厘米，厚0.8厘米，断代为大理国时期文物，是一对挂饰。金藤织由金丝编织而成，纹饰大抵可以分为三层，最外层饰绳纹，中间一层饰如意纹，最里层饰连枝梅花五朵。缺口处安装有方便开启的机关。这两件金光灿烂的工艺品，造型小巧、奇异，制作精美，里面采用了编织、焊接等技术工艺，反映出了古代工艺家们非凡的创造力和高超的艺术水平。

这两件美丽动人的金藤织，现珍藏于云南省博物馆。

五、崇圣寺三塔的轶事与传说

（一）神话

大理地区流传的密宗神话，与崇圣寺三塔交相辉映，共同成为大理文化史上的奇珍异宝。成书于南诏中兴二年（899年）的《南诏图传》对其多有记载（该书原件于清代晚期被掠夺到国外，现藏于日本国京都藤井有邻馆）。其中最著名的当属"大鹏金翅鸟"和"观音七化"的故事。

1. 大鹏金翅鸟

目前的崇圣寺山门前广场建有大鹏金翅鸟像，成为三塔胜景之一。

大鹏金翅鸟，是"天龙八部"之一，梵语名叫迦楼罗。它降生时金光万丈，映射四方，各路天神都纷纷对它顶礼膜拜。传说中南宋时抗金名将岳飞就是"大鹏金翅鸟"投胎转世。迦楼罗的翅有种种庄严宝色，双翼张开，竟有336万里。据《长阿含经》卷十九载，此鸟有卵生、胎生、湿生、化生四种，常取卵、胎、湿、化之诸龙为食。它头顶如意珠，鸣声传四海。它翱翔蓝天之上，巡视幽深的大海。发现龙时，便用翅膀扁开海水，以迅雷不及掩耳之势俯冲而下，用巨喙将龙攫取吞食。它每天要吃一条大龙和五百条小龙。没有恶龙作祟，人间风调雨顺，五谷丰登，幸福祥和。即便在生命的最后时刻，在无法巡视大海保佑世间时，大鹏金翅鸟便用尽生命中最后的力气，飞到金刚轮山顶上，化为一尊山石，继续守望人间。

佛教中"大鹏金翅鸟"的神话对后世文学影响很大。《西游记》中就有关于大鹏金翅鸟的故事。《西游记》狮驼岭一节中，金翅大鹏雕特别凶悍，扬言他是佛祖的老娘舅。孙悟空就直接找到了如来。如来说，当初混沌初开，万物始生，世间开始有飞禽和走兽，走兽以麒麟为首，飞禽以凤凰为首，凤凰生下孔雀和大鹏。孔雀生性凶悍，喜食人，我在灵山脚下被其一口吞入腹中，待我从其便门遁出，即欲擒杀之，众仙说，既入其腹，杀之犹如杀生身之母，于是我便尊之为佛母，号曰孔雀大明王菩萨，大鹏便留在我身

边，算得上是娘舅。

2. 观音七化

观音七化，说的是大理主神阿嵯耶观音七次化为梵僧，帮助蒙舍南诏成就王业及行化大理的的故事。

第一化：南诏二代主兴宗王（即罗晟，674—712年在位）的贤臣罗傍遇到一梵僧，向其请教。梵僧即给其封氏之书（蒙舍诏刚刚兴起时，其王细奴罗，在巍山之麓耕种，常有神异之事发生，放牧的牛羊日益增多，部族人口越来越众，于是立国，号曰封氏），并派遣天兵协助兴宗王开疆辟土，南诏由此兵强马壮，国力日益壮大。

第二化：细奴罗的妻子浔弥脚和其儿媳梦讳二人要给南诏国开国奇王细奴罗送耕饭。当时梵僧住在细奴罗的家里。浔弥脚送饭至半路时，梵僧早已等在前面回头向她们化斋。浔弥脚毫无吝惜之意，将饭食全部送给梵僧，然而自己再回家重做。

第三化：浔弥脚再次回家取来耕饭，要送到巍山顶上。途中又遇到梵僧坐在石头上。他左边有一匹红鬃白马，上有彩云，云中有一侍童，手拿铁杖；右面有一头白象，上面也有祥云缭绕，云中有一童子，手拿金镜。浔弥脚见此奇景，心中惊喜交加，再次将所带的耕饭全数送给梵僧。梵僧见其心地极其善良，礼佛之心如此虔诚，便答应可以随意满足她的愿望。浔弥脚说了几个愿望，都不合梵僧的心意。最后，梵僧为之写下一段话："飞鸟三月之限，树叶如针之峰，奕叶相承，为汝臣属。"允诺要让细奴罗一统天下，代代为王。

第四化：梵僧到澜沧江附近的兽赕穷石村，他一手牵白狗，一手持锡杖钵盂。梵僧在此地呆了三天，不仅未能如愿，他的爱犬还被村主王乐等宰杀偷食了。第二天，梵僧来找狗，王乐等人百般凌辱梵僧。梵僧就高声呼唤狗名，狗就在数十男子的肚子里回应嚎叫。偷食狗肉的人都惊恐万分，认为梵僧是妖怪，三度加害梵僧。首先将其肢解，然后又将其分为三段，最后用火焚烧，将骨灰用竹筒装着抛入水中。后梵僧破筒而出，形体如故。

第五化：梵僧手持瓶柳，脚穿木底鞋，见王乐等人根基下劣，暂时不宜度化，便登山而去。王乐等人不知深浅，或骑牛，或乘马，一路追赶。但梵僧不急不忙，慢走徐行，王乐等人就是追不上。后来，王乐等人将要追上时，梵僧回头随便看看他们，他们便不能前行半步。至此，王乐等人才知遇到圣僧，伏罪归心。

第六化：梵僧行到忙道大首领李忙灵的地盘。李忙灵等人虽有佛缘，但耽于人间事务，不识圣人，难以教化。于是，梵僧大显神通，腾云驾雾，在空中化出阿嵯耶观音形象。李忙灵见状大惊，忙招集村人。村人云集之际，空中光明灿烂，圣像俨然。至此，李忙灵恍然大悟，归心向佛，并铸圣像。

第七化：保和二年（825年），西域和尚菩立陀诃来到大理，问当地人道："我西域莲花部尊阿嵯耶观音，从蕃国行化到你们大封民国，如今在哪？"至此，南诏中才知道阿嵯耶来开化大理之事。南诏王丰祐获知此事，便四下打探阿嵯耶观音下落。直至嵯耶九年（897年），南诏王隆顺才从李忙求那里知道了他的祖上李忙灵所铸的阿嵯耶圣像，并在石门邑的山中觅得。

3. 法术神话

大理法术神话故事极多。大多讲的是密宗僧人阿吒力们或降龙伏虎、或咒天致雨、或临阵作法助人的故事。民间流传着许多关于阿嵯耶法术的神话。

负石退敌神话是大理民间最典型的法术神话。传说南诏时有强敌入侵大理，阿嵯耶观音闻讯化为一白族老奶奶，负巨石立于道旁，敌兵惊其神力，老奶奶曰："吾老也，只能负小石，年轻人皆负石更大。"敌人闻之丧胆，不战而退。大理人感念观音恩德，专建大石庵予以供奉，并称之为观音老母。此外，还有很多阿嵯耶观音的传说，如说他曾凭智慧战胜了专吃人眼的恶魔罗刹，缔造了千年依旧的三月街"观音古市"；说他曾赐予南诏公主风瓶，想吹开洱海水去看望化为石骡的情人苍山猎人；说他也曾助段思平避开仇敌追杀，又得神枪、宝马，建立起传了22代的大理国。这些观音传说大都是关于他保佑大理国泰民安，人民生活安定幸福的，因此，"阿嵯耶观音"有"云南福星"之尊称。

（二）中外交流

崇圣寺三塔，不仅是大理白族文化精神的象征、中华民族宝贵的文化物质遗产，也是世界人民和平与友谊的见证。崇圣寺三塔在历史上吸引过许多中外政要和文化名人前来拜谒，在中外交流史上留下了珍贵的回忆。

早在南诏时期，缅甸国王雍羌和王子舒难陀，都曾到崇圣寺祈拜敬香，大理国时期，泰国国王耶多先后两次亲自到崇圣寺迎佛牙，而当时的大理国王也以玉佛相赠。因此，历史上，崇圣寺不仅具有文化艺术价值，而且促进了大理与邻国的友谊，具有深远的政治意义。

大理作为佛教圣地，不仅与东南亚、南亚佛教界交往密切，而且吸引了东亚日本等国许多高僧。关于日本四僧塔的故事，至今让人回味无穷。

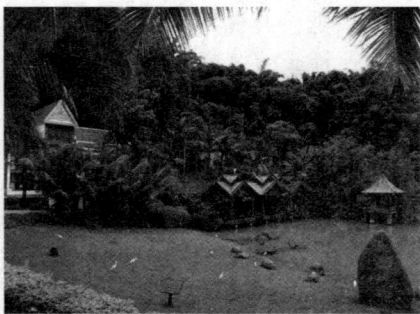

明代李浩《三迤随笔》记载道："大理本福泽之地，崇佛敬道，供养八方来僧。中原众僧，闻讯纷至苍洱，土人亦喜之。盖大理民家皆崇佛。外僧若留居大子地诸村邑，皆出缘募化。僧中亦有东倭僧八人，皆精汉学，亦能诗文……"其实，到过大理的日本僧人岂止八人。目前文献中有名可查的就多达几十人。如鉴机先、天祥、逑光古、斗南、桂隐等就都曾到大理。这些日本僧人大都熟悉中国文化，精通汉学，能诗善文。

天祥有两首写大理的诗，至今传诵。一首是《榆城听角》：

"十年游子在天涯，半夜秋风又忆家。恨杀叶榆城上角，晓来吹入小梅花。"

另一首是《题龙关水楼》：

"此楼登眺好，终日俯平湖。叶尽村村树，花残岸岸芦。渔翁晴独钓，沙鸟晚相呼。何处微钟动，云藏鸟寺孤。"

日本僧人斗南，则是一位大书法学。其书风骨遒劲，笔势酣畅，当时与赵孟頫齐名，被时人称为"斗南体"。

其中鉴机先、天祥、逑光古、斗南四位日本僧人最后都在大理圆寂。当地白族人民为纪念他们为中日人民之间的友谊做出的卓越贡献，将他们安葬在苍山洱海之滨，并建塔留念。

2005 年初，张艺谋在云南拍摄电影《千里走单骑》时，曾和日本著名影星高仓健一起拜谒这座日本四僧塔。当高仓健看到四僧塔——这座中日两国人民友好交流的见证时，他欣喜异常，向大理捐赠了 8 万元人民币用于四僧塔的保护和修缮。张艺谋和高仓健还在勒石题写了塔铭：

大理日本四僧塔铭

甲申冬，吾辈拍片于滇西，闻大理市明代四僧塔，遂恩托云南徐省长荣凯先生询查之，悉四僧塔仍存于弘圣寺后影视城内，承大理人民精心呵护，历六百余载风雨，风貌依然。谨以塔铭并词曰：

苍山巍巍，洱水泱泱。窣堵波塔，古国妙香。

日本四僧，籍贯扶桑。西渡学佛，客寓滇乡。

习儒叶榆，圆寂友邦。六百余载，声名流芳。

佛佗净土，情重如山。追昔抚今，天涯共襄。

中国张艺谋

日本国高仓健

公元二〇〇五年元月吉日

　　四僧塔 600 余年来一直受到大理人民的保护，体现了大理文化的兼容性与多元性，书写了中外文化交流史上浓重的一页。

（三）楹联拾萃

　　崇圣寺三塔作为千年古刹，不但吸引了古今中外许多文化名人，而且还留下了许多传诵千古的文字。其中几幅楹联颇耐咀嚼和回味。

　　梵佛一堂，林宇竹窗无上地；百年千日，雪山云谷更高人。

——佚名

　　伟哉！具苍洱大观，到此邦才知此地；果然！是西南名胜，非斯塔莫称斯楼。

——（元）念庵

　　大铸何须九州，听訇尔一声，虎啸龙吟，荡开西竺广千界；
合尖漫道七级，具巍然三足，鳌蹲凤踞，撑住南荒尺五天。

——（清）吕藩

　　万古云霄三塔影，诸天风雨一钟楼。

——佚名

　　大叩大鸣，小叩小鸣，普觉梦中之梦；
一声一佛，千声千佛，遥闻天外之天。

——佚名

　　自建浮屠经五代，重修佛塔证三乘。

——（清）心印上人

　　楼势欲空天地我，钟楼唤醒去来今。

——（清）周之烈

　　三塔矜高古，佛都悟妙香。

——佚名

　　南中梵刹之胜在苍山洱水，苍山洱水之胜在崇圣一寺。

——佚名

　　任随雨打风吹千年古塔凌云在，几经唐移宋替不朽丰碑百世存。

——佚名

大雁塔与小雁塔

　　大雁塔和小雁塔经历 1300 年的历史烟云，是唐代长安城遗留至今的标志性建筑之一，并且依然是现今古城西安的城市地标。它们是构成古都西安城市文脉的重要遗存，亦是城市格局变迁中重要的历史坐标，饱含着过去年月流传下来的信息，见证了丝绸之路上的文化传播与宗教传播。它们不仅是闻名遐迩的文化景观，吸引着无数中外游客，亦是一座历史文化的宝库，为后人留下无数珍贵的文物及传诵不衰的优美诗文。

一、塔的传入与中国化

佛教相传于公元前 6—公元前 5 世纪在古印度北部迦毗罗卫国(今尼泊尔南部)由净饭王太子乔达摩·悉达多(即释迦牟尼)创立。大约在东汉明帝永平十年(67 年)传入中国内地,在十六国时期的前秦和后秦时代,长安(今西安)已经成为我国北方的佛教中心。隋、唐是中国佛教发展的鼎盛时期。长安作为隋、唐京城,在中国佛教发展史上,处于重要的地位。当时的长安,佛寺林立,以玄奘和义净为代表的名僧辈出,佛经翻译超越了前代,教理的研究各有主张,并且形成了陕西境内留存的佛教遗迹、文物碑石和经卷造像,十分丰富。大雁塔和小雁塔就是其中的典型代表。

大雁塔和小雁塔历经 1300 年的历史烟云,是唐代长安城(当时世界上规模最大的国际城市)遗留至今的标志性建筑之一,并且依然是现今古城西安的城市地标。它们是构成古都西安城市文脉的重要遗存,亦是城市格局变迁中重要的历史坐标,饱含着过去年月流传下来的信息,见证了丝绸之路上的文化传播与宗教传播。它们不仅是闻名遐迩的文化景观,吸引着无数中外游客,亦是一座历史文化的宝库,为后人留下无数珍贵的文物及传诵不衰的优美诗文;它们不仅是西安古文化遗产的一个重要组成部分,在中华民族的文化史上亦具有不可替代的重要地位。

总之,走近大、小雁塔,我们如同历经了古都西安风风雨雨的千年岁月,如同探知了大唐盛世的繁华与交融,如同站在了丝绸之路的起点,看尽世间沉浮,展望美好未来!

(一) "印"塔东来

中国本无佛塔,正如本来并无佛教一样。大约在西汉末年,佛教由印度的小亚西亚地区经中国西域传入中土,作为佛教文化的载体之一的佛寺与佛塔随之

也出现于中华大地上。

佛教的传播有两种主要方式，一是利用佛经进行说教，二是用形象化的实物或图画进行宣传。塔就是最突出的形象之一。梵文称塔为 Stupa，汉文佛经译为"窣堵波""浮图"等。印度窣堵波原意是坟墓，早在释迦牟尼以前就已存在。释迦牟尼圆寂后，弟子们火化遗体，遗骨在火光之中凝结成了五彩斑斓、击之不碎的结晶物，名为舍利。诸弟子将舍利分散埋葬，在地面筑成一个窣堵波，从此窣堵波就具有了宗教纪念意义。窣堵波是一座半球状的坟堆，上面以方箱形的祭坛和层层伞盖组成坟顶。我国没有塔，也没有"塔"字，直到隋唐时翻译家才创造出了"塔"字，为"累积"之意，作为统一的译名沿用至今。

如同印度佛教传入我国后，与中华民族传统文化相结合而发展，形成了具有中国特点的中国佛教一样，印度佛塔这种建筑形态和宗教符号传入中原大地后，它原始的样式并没有在中国流行，塔的主体亦发生了很大变化，由原来的实心坟墓变为空心楼阁。建筑结构的巨大变化，实际蕴涵着文化内涵的微妙差别。坟墓是用来埋葬死者的，而楼阁则是居住或观光之所，二者对比，表明印度佛教这种印度的文化载体之一，在进入中国之后就被中国的入世文化所改造。

我国汉代罢黜百家，独尊儒术。儒学讲究社会伦理的尊卑有序，祠祀是礼制规范中的重要一环，有着儒家严肃的理性精神。所以，当塔传入时，人们很自然地把它和祭祠的场所——祠庙一体看待了。当时人们把佛寺称作"浮屠祠"，《魏书·释老志》上说："塔，犹言宗庙也，故世称塔庙。"

东汉后期，中国的木结构建筑体系已经形成，积累了丰富的技术和艺术经验，建造过迎候仙人的重楼，当时人们又常以神仙的概念来理解佛。所以，佛塔很早就开始了以传统重楼为基础的中国化过程。汉明帝时修建的第一个佛塔——洛阳白马寺浮屠，就采取了这种方式。

据史料记载，东汉永平十年(67 年)，往西域求法的蔡愔、秦景等人偕天竺大月氏国迦叶摩腾、竺法兰二僧来华，用白马驮带经卷回归洛阳。汉明帝命人在洛阳西雍门外建白马寺，是为中华佛寺之首。佛塔也同时建成，据称白马寺塔是"犹依天竺旧状而重构之"(《魏书·释老志》)，已经显露了中印建筑融合的

中国古桥名塔

迹象；浮屠祠的塔是"上累金盘，下为重楼"（《后汉书·陶谦传》），中国的重楼成了塔的主体。所谓"重楼"，就是多层木结构的高楼，这也成为后来楼阁式塔的雏形。

（二）佛塔的基本结构

佛塔构造主要分为基座、塔身、塔刹三部分。

基座是塔的下部基础，不仅保证上层建筑物坚固稳定，而且也收到艺术上庄严雄伟的效果。常见的基座为须弥座，以示佛塔的崇高伟大，寓意神圣。在基座之下，有不少佛塔都建有地宫。地宫是我国佛塔特有的结构，与古代帝王陵寝的地下宫殿相似。地宫是用砖石砌成的不同形状的地穴，大都建在地面之下，主要用来埋葬佛舍利，还常埋有佛经、珍宝及其他器物。

塔身是佛塔的主体结构，塔的各种类型就是按塔身来划分的。塔身内部还分中空和实心两种，中空的一般能登临远眺。塔身的层数绝大多数都是阳性数目的一、三、五、七、九、十一、十三等，而以二、四、六、八等偶数为层数的极其少见。塔身一般为白色或绿色，形状多为瓶状或半圆的覆钵状。塔身上常饰以佛盒、佛像以及门窗、柱子、斗拱等雕塑和装饰，造型优美，形象逼真。

塔刹俗称塔顶，就是安设在塔身上的顶子。我国的古塔很多，各座古塔塔刹的形状和建筑材料都不相同。但是，不管是用什么材料建造的塔刹，也不论其形式如何，它们都是古塔重要的、位置最高的组成部分。在古印度，塔刹只是作为"窣堵波"的表象而存在，结构简单，装饰也不复杂。但到了中国，就和我国原有的楼阁式建筑结合在一起，塔刹的建造得到了很大的发展，其结构、形式也变得更为复杂、精细、美观了。从建筑结构上看，塔刹是作为收结顶盖用的。既要固定椽子、望板、瓦陇等部分，又要防止雨水下漏，塔刹发挥了重大作用。从建筑艺术上看，塔刹往往玲珑奇巧直插云霄，给人以超脱、崇高的审美快感。"刹"是梵文的音译，它含有土田、国土、佛国的意思。因此，人们把塔刹的"刹"也作为佛寺的别称，寺也被称为刹，古寺也就被称为古刹了。就

塔刹的结构而言，它本身就是一座完整的古塔。

塔刹由刹座、刹身、刹顶等部分组成。刹座一般由基座和仰覆莲组成，刹身则由刹杆、相轮和伞盖等组成，刹座的上面竖立着刹杆，而刹杆之上又套贯着相轮。相轮的形象很像上下相叠的圆环，它是表现佛塔崇高、受人景仰的标志，中国古代传统的俗名又叫做"金盘"和"承露盘"。相轮的层数是多少不等的，少的三五个，多的可达数十个，都是奇数的。有的塔还用相轮的多少来表示该塔的等级与高低大小，而一般来讲，大塔的相轮多而大，小塔的相轮少而小；在相轮的上面，仍然是穿套在刹杆之上安置圆光、仰月、宝珠等，共同组成了刹顶部分。

（三）佛塔的中国化改造

任何形式的文化艺术都没有固定模式，作为佛教信仰的重要标志之一的佛塔也是这样的。当建造佛塔的思想从印度传播向四面八方之后，各地区的佛教信徒们在接受印度佛塔建筑样式的同时，也在不断地结合着本民族的固有文化，创造出自己所喜爱的佛塔样式。于是在佛教发展的历史长河中，各种各样的佛塔不断涌现，成为了古代信仰佛教的各民族建筑艺术中的一朵奇葩。中国的古塔也是多种多样的，从它们的外表造型和结构形式上来看，大体可以分为以下几种类型：

1. 楼阁式塔：在中国古塔中的历史最悠久、体形最高大、保存数量最多，是汉民族所特有的佛塔建筑样式。楼阁式塔的建筑形式来源于中国传统建筑中的楼阁。佛教传入中国后，为了适应中国的传统习惯，利用人们对多层楼阁通天的寄托，以楼阁形式作为礼佛的纪念性建筑物。这种塔的每层间距相近且比较大，一般每层都设有券门（拱门）或假门，一眼望去就像一座高层的楼阁。塔身内部一般是空心的，设有砖石或木制的楼梯，可供攀登。很多砖木结构的楼阁式塔在每一层塔身外部都设有环形走廊平台及栏杆，可供人们登临远眺。另外有的楼阁式塔在第一层有外廊（也叫"副阶"），外廊加强了塔的稳定性，也使其更为壮观，并且能有效地防止地基被雨水冲刷，延长了塔的寿命。楼阁式塔是我国现存数量最多的古塔，大雁塔就是其中最著名的一座。

2. 亭阁式塔：在楼阁式著出现以后衍生的一种塔形，是印度的覆钵式塔与中国古代传统的亭阁建筑相结合的一种古塔形式。塔身的外表就像一座亭子，一般都是单层塔，有的在顶上还加建一个小阁。在塔身的内部一般设立佛龛，安置佛像。由于这种塔结构简单、费用不大、建造方便，因此多见于民间小型寺院，也被许多高僧所采用作为墓塔。

3. 密檐式塔：从南北朝到宋金时期，密檐式塔在我国也曾经广为流行，它是由楼阁式的木塔向砖石结构发展时演变而来的，多为砖石结构。这种塔的第一层（底层）很高大，设有门窗，有的雕刻佛像或佛经故事，富丽的仿木构建筑装饰大部分集中在塔身的第一层；而第一层以上各层之间的距离则大幅度缩短，各层的塔檐紧密重叠着，檐与檐之间不设门窗，因而叫做"密檐"，塔身越往上收缩越急，形成极富弹性的外轮廓曲线。塔身内部多为实心，也有空心的，但大多不能攀登，即使在塔内设有楼梯可以攀登，而内部实际的楼层数也要远远少于外表所表现出的塔檐层数。现存密檐式塔的数量仅次于楼阁式塔，且二者数量总和占我国现存古塔的绝大多数。与大雁塔交相辉映的小雁塔是密檐式塔的典型代表。

4. 花塔：花塔有单层的，也有多层的。它的主要特征，是在塔身的上半部装饰繁复的花饰，看上去就好像一个巨大的花束，可能是从装饰亭阁式塔的顶部和楼阁式、密檐式塔的塔身发展而来的，用来表现佛教中的莲花藏世界。它的数量虽然不多，造型却独具一格。

5. 覆钵式塔：是印度古老的传统佛塔形制，在中国很早就开始建造了，主要流行于元代以后。它的塔身部分是一个平面圆形的覆钵体，上面安置着高大的塔刹，下面有须弥座承托着。这种塔由于被西藏的藏传佛教使用较多，所以又被人们称作"喇嘛塔"。又因为它的形状很像一个瓶子，还被人们俗称为"宝瓶式塔"。

6. 金刚宝座式塔：这种名称是针对它的自身组

合情况而言的，而具体形制则是多样的。它的基本特征是：下面有一个高大的基座，座上建有五塔，位于中间的一塔比较高大，而位于四角的四塔相对比较矮小。基座上五塔的形制并没有一定的规定，有的是密檐式的，有的则是覆钵式的。这种塔是供奉佛教中密教金刚界五部主佛舍利的宝塔，在中国流行于明朝以后。

7. 过街塔和塔门：过街塔是修建在街道中或大路上的塔，下有门洞可以使车马行人通过；塔门就是把塔的下部修成门洞的形式，一般只容行人经过，不行车马。这两种塔都是在元朝开始出现的，所以门洞上所建的塔一般都是覆钵式的，有的是一塔式，有的则是三塔并列或五塔并列式。门洞上的塔就是佛祖的象征，那么凡是从塔下门洞经过的人，就算是向佛进行了一次顶礼膜拜。这就是建造过街塔和塔门的意义所在。

塔在流传过程中，其本身附着的宗教意义逐渐淡化，其功能也逐渐变得世俗化，譬如说为报父母恩情而修建的报恩塔，只作风景点缀或供游人登高远眺的风水塔，借以瞭望敌情的料敌塔等等。

（四）中国式佛塔的建筑材料

中国古塔所使用的建筑材料大体可以分为木、砖石、金属、琉璃等几种。

木塔主要流行在东汉、魏晋与南北朝时期，是用汉民族传统的木结构方法建造成的。在建筑技术上仍保留仿传统楼阁的手法，工艺单调，造型质朴，几乎所有的塔都保留着宗教意义。由于木塔极易损毁，所以这些塔都已不存在了。大雁塔的前身即为木结构。

自唐代以后，出现了仿木结构的塔，建塔的材料不再是木材或不全是木材，取而代之以砖石。用垒砌、发券、叠涩等方法建造而成的，中国现存的大部分古塔都是属于这种建筑类型。大雁塔和小雁塔也不例外。它们的主要建筑材料都是砖石，再加上它们都有巨大的船型塔基，呈不倒翁的形式，所以历经了一千三百多年，遭遇了西安地区大小七十余次地震，多少庙宇、楼台覆灭，而它们却安然无恙。

宋代以后，人们有时候喜欢用雕模制范的方法来铸造金属塔。匠师们大胆地使用了坚固而又昂贵的金属铁作为铸塔材料。浙江义乌的铁塔就是北宋的早期作品。到了北宋中晚期，用铁铸塔已蔚然成风，在铸制技术上也有很高的成就。由于金属的优越性，较砖石仿木结构更为逼真，只要把模子雕刻出来，任何复杂的结构和纹饰都可以表现出来。主要代表作有湖北当阳玉泉寺铁塔、江苏镇江甘露寺铁塔、山东济宁铁塔等。

除了铁塔以外，宋代还出现了琉璃塔。但是，由于当时琉璃生产量很小，琉璃塔并不多见。明代以后琉璃大量生产，琉璃宝塔的数量大大增加。露天的琉璃塔，现存不下百处。如山西洪洞广胜寺飞虹塔、北京香山琉璃塔、承德须弥福寿寺琉璃塔等。

此后，还出现了铜塔以及更加昂贵的金银塔和其他材料的塔，不过由于材料昂贵，塔的规模都很小。

随着时间的推移，塔的体量形制，平面、立体布置，整体造型以及方向经略、环境定位等方面，与其母体已经大相径庭。儒道精神的浸染，特定时代社会和心理内容的熔铸，中华民族大文化氛围的熏陶，中国古典建筑美学思想、哲学理论和伦理精神的滋养，使中国佛塔建筑超越其母体，显现出地道的中国作风。

二、大雁塔与小雁塔的历史渊源

大、小雁塔这对姊妹花，历经千年风霜，今天已经成为西安的标志性建筑。从它们诞生之日起，似乎就有着千丝万缕的联系。

（一）"雁塔"名字的由来

我国建造佛塔初期都是塔随寺名。至今很多塔仍以寺名相称。如河南登封的嵩岳寺塔，北京房山的云居寺塔和陕西扶风的法门寺塔等等，都是以寺名为塔命名，一直沿用至今，大雁塔当初就称慈恩寺塔，小雁塔称为荐福寺塔。

随着时间的推移，塔的取名与称呼有了新的变化，增加了特定的含义。主要是向两方面转化，一是为识别、记忆与称呼上的方便，塔名逐渐世俗化、简便化；二是为宣传佛教教义，采经用典，以作塔名。

佛教对雁十分尊崇，经书中关于雁的记载很多。僧人在讲堂列队，称雁行；恭敬肃立，叫雁立。称佛堂为雁堂或雁宇。《报恩经四》中，有五百雁为五百罗汉的故事；《譬喻经六》和《经律异相四十八》记有"雁不食出笼"的故事；《贤愚经十三》和《经律异相》中有"五百雁闻佛法升天品"一节。《法句譬喻经》第二十五有雁王的故事。"雁塔"即来源于一则著名的佛经故事。

在因陀罗势罗窭诃山（音译帝释山）东峰的一个寺院前有座塔，名为雁塔。以往这座寺院信奉小乘（佛教教派），小乘是原始的教派，所以开三净食（即吃三种肉），一直没有改变。一天，有位和尚在院里行走，忽然看到一群大雁飞经这里，就开玩笑地说："今天众位和尚没肉吃了，菩萨应该知道我们肚子饿呀！"话音未落，只见领头的大雁从雁群中飞出，一头坠死在这位和尚面前。面对此情此景，和尚万分悲戚，赶忙遍告寺内众僧，闻者都说："这是如来佛在想方设法、相机诱导教化我们。这只雁警诫教导的恩德，应该永远记取，传之千古。"于是葬雁建塔。这就是这座塔取名雁塔的故事。玄奘在《大唐西域记》

里叙述这个故事时，字里行间褒贬十分明确：褒大乘，"大乘者正理也"；贬小乘，"小乘渐教也"。玄奘自印度归国后，在慈恩寺建塔，取名自然也是循经依典，为宣扬大乘佛教而呼为雁塔。

但是，在佛教教义里，雁塔是对佛塔的一种泛称，实例和诗章都屡见不鲜。在山西的大同市有座塔，称作雁塔。唐代诗人沈佺期，在《游少林寺》诗中写道："雁塔风霜古，龙池岁月深。"这里的雁塔，显然是对少林寺佛塔的泛称，这是将佛塔称作雁塔的最早作品。还有唐代著名诗人李商隐在诗中写道："大海龙宫无限地，诸天雁塔几多层。"这也是称佛塔为雁塔的例证。

从史籍的记载和文人的诗作来看，"雁塔"最初也不是大雁塔与小雁塔的专称，以大雁塔为例，"慈恩寺塔""兹恩塔"与"兹恩寺浮屠"是使用最多，也最为正式和规范的专有名称。其他称谓还有"宝塔""香塔""瑞塔""仙塔""华塔"等，即便在杨廉的《奉和九月九日登慈恩寺浮屠应制》诗中有"慈云浮雁塔，定水映龙宫"，孙佺的《奉和九月九日登慈恩寺浮屠应制》诗中有"一忻陪雁塔，还似得天身"，"雁塔"也和"宝塔""华塔"一样是一种泛称，而非固定的称呼。

那么，"慈恩寺塔"又是怎样变为"雁塔"，甚而"大雁塔"的呢？这要从唐代的雁塔题名活动说起。从唐中宗神龙年间(705—707年)开始，凡新科进士及第后，必到慈恩塔下举行轰动京城、吸引天下学子的题名活动(先题在塔内壁，内壁题满又题在塔旁小屋中)，久而久之，成为定制，曰"雁塔题名"。于是，"雁塔"的知名度也就愈来愈高，也逐渐成为慈恩寺塔的固定称呼。另外，经过唐末毁佛、五代战乱的冲击，长安城内百余座佛塔已所剩无几，有幸保存下来的高大雄伟的慈恩寺塔，自然也就成为佛教代表性的建筑物，名之雁塔，也势在必然。

明清时期，西安又兴起了雁塔题名热，陕西会试中举者，仿照唐代进士雁塔题名的做法，文进士题在大雁塔，武进士题在小雁塔，雁塔成为慈恩寺塔、荐福寺塔的专称，因为小雁塔较大雁塔形制小，建成年代略短，

大雁塔与小雁塔

又冠以大小，形成延续至今的大雁塔、小雁塔的固定称呼。

（二）两座寺庙：慈恩寺与荐福寺

塔自传入中国以后，经汉、晋、南北朝，直至隋和唐初，基本上都是以塔为寺；或是以塔为中心，四周环绕附属建筑。从唐初开始，随着人们对佛教信仰程度的加深，逐渐把皇家的宫殿建筑搬到佛寺中，出现了塔、殿并存的寺院。殿堂中开始出现了佛事壁画和佛像，但是塔仍是整个寺院的中心建筑，是主要祭祀对象，殿堂只是寺院的附属建筑。到了唐代以后，塔的地位开始发生变化。作为念经拜佛的殿堂，开始升级，先是塔在殿前，而后是塔、殿并列，呈左右相对的形式。再往后就是塔建于殿旁、殿后，或另建塔院，殿堂渐渐地成了寺院的主要建筑，殿堂内的佛像成了人们主要的祭祀对象。

在唐代，整体的社会风气比较开放，长安又是丝绸之路的起点，是个开放型的国际大都市，因而与其他地方相比较，长安的佛寺更具有多重的社会功能和文化品格，而不仅仅是宗教活动场所。特别是像慈恩寺和荐福寺这样的皇家大寺，地域广，院落众多，建造规格高，寺院经济繁荣发达，它的服务对象自然而然面向整个社会。例如，在唐代作为著名的官寺，慈恩寺和荐福寺内首先要经常"为国祈福"，成为国家政治活动的一个职能场所，同时寺内还设置有翻经院，又具备了国家文化事业单位的性质；其次，外国的学者、僧人到访长安，也常常住在寺里，这里又变成了鸿胪寺宾客接待的处所和中外文化直接交流的地方；除此之外，对于广大民众来说，当时长安城的人都知道大慈恩寺和大荐福寺还有两个特点：一个是牡丹花很有名，可考于诸多唐诗和唐人著作；另一个就是"戏场"也很热闹，根据钱易《南部新书》中的记载："长安戏场多集于慈恩，小者在青龙，其次荐福。"因此宗教活动、文化活动、娱乐活动和外事活动，两大寺庙都兼而有之。对于各个阶层的人来说，来到寺庙，既可以求神拜佛，也可以开阔视野，亦可以消闲观赏。因此慈恩寺和荐福寺不仅是长安城内最宏伟壮丽的皇家寺院，也是当时最引人入胜的文化游乐场所。

大、小雁塔的起源便与慈恩寺和荐福寺密切相关。

慈恩寺位于西安市雁塔路南端。这里原是隋代的无漏寺，唐贞观二十二年（648年），皇太子李治为追念母亲文德皇后的养育之恩，扩建了无漏寺，并改名为慈恩寺。这里地处长安城南风景秀丽的晋昌坊，南望南山，北对大明宫含元殿，东南与烟水明媚的曲江相望，西南和景色旖旎的杏园毗邻，清澈的黄渠从寺前潺潺流过。正合太子"挟带林泉，务尽形胜"之意。大慈恩寺建筑规模宏大，占据晋昌坊半坊之地，面积近四百亩，有十多个院落，各式房舍1897间，都是用栟榈、橡樟等木料修建而成，上边装饰着珠玉金翠和五颜六色的彩绘。寺内殿宇厅廊的墙壁上，多有吴道子、阎立本、王维、尉迟乙僧等名家的壁画。环境优美、花木繁茂，游人络绎不绝。

慈恩寺在佛教历史上的地位尊崇，寺院落成后，西行求法归来的玄奘法师任大慈恩寺首任主持，玄奘法师在此翻译佛经、弘法育人十一年，其大弟子窥基在此创立了佛教的一大宗派——法相唯识宗。使大慈恩寺成为唯识宗（又称"法相宗"）祖庭。

比起大名鼎鼎的慈恩寺，荐福寺的星光就黯淡了不少，这似乎也注定了后世大、小雁塔在世人心中的不同地位。

荐福寺创建于唐文明元年（684年），位于朱雀大街东侧的开化坊内（今朱雀大街以东的友谊西路北侧一带，与皇城仅两坊之隔。仪凤年间，这里曾经是英王李显的王宅。后唐高宗死，太子李显即位，是为中宗。后来，武则天废中宗为庐陵王，"幽于别所"，其旧宅也被用来修建了荐福寺。

荐福寺初名献福寺，是唐高宗逝后百日，宗室皇族为他"献福"而建立的寺院。武则天天授元年（690年）改称荐福寺，并由武则天御书荐福寺匾额。中宗复帝位后，重建荐福寺，扩大建筑规模，广植花草树木，使其"崇侈益甚"。

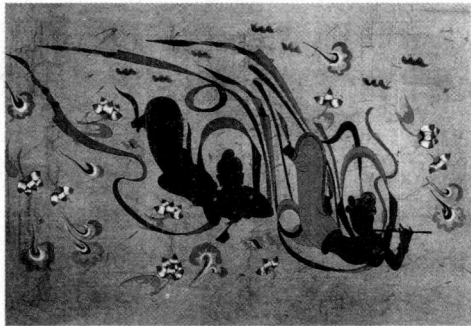

唐中宗以后，直到文宗时代结束，荐福寺在各位皇帝弘扬佛教的旗帜荫护下，仍然规模宏大，保持了平稳发展的态势。到了唐武宗会昌年间灭佛之时，荐福寺虽然幸免于难，但仍被敕令只能留僧人二十人维持香火，这便成为唐代荐福寺走向衰败的开端。

明宣德年间，藏族僧人勺思吉上表明英宗："见得本寺系古刹丛林，建立年远，殿堂废弛。逆思是古迹，于宣德七年发心，舍己衣钵及化缘修盖。"历时

十七年(1432—1449 年)，重修荐福寺。在荐福寺修复工程完工以后，向明英宗写了一份修复经过的奏章，并请求皇帝钦题寺名。如今，在小雁塔慈氏阁重檐之间，仍然悬挂木匾额一块，长 2.85 米，宽 0.6 米，厚 0.03 米，云纹花边，正中书"敕赐荐福寺"，这就是当年勺思吉所乞之寺名，应为英宗皇帝亲笔。

在上奏章的同时，勺思吉还将荐福寺修复后的图样，随本进呈。后来又将图样刻在圣旨碑的南面上，这在当时也许是一种惯例，却因此而保存了关于小雁塔的珍贵文物资料。现在我们要了解小雁塔的原貌，了解它的塔顶原来的形状，除了个别的文字记载以外，这幅图样就是最完整、最准确的参考资料。

（三）两位高僧：玄奘与义净

评人判事非常严格的鲁迅先生把"舍身求法"者尊为"中国的脊梁"，这其中的代表人物就是玄奘与义净。大雁塔所在的大慈恩寺和小雁塔所在的大荐福寺，正是这两位高僧长期工作过的地方。两位高僧从印度回国后住过很多地方，但在这两座寺居住时间最长、工作成就最突出。大慈恩寺与大荐福寺闻名遐迩，与这两位高僧有直接的关系。

玄奘（602—664 年），俗姓陈，名袆，河南偃师人。13 岁被朝廷破格录取，在洛阳净土寺剃度为僧，不久便升座述经。贞观元年（627 年）他结伴上表奏请朝廷，申请赴印取经。唐王因建国之初，社稷未稳，下诏不许。其他人纷纷退缩，而他不为所动，矢志不改，并且利用出国前三年时间，在佛经研究、语言及物质等方面做了充分准备。

玄奘于唐贞观三年（629 年）从长安出发，游学西域。他单人独骑沿着"丝绸之路"，克服数不清的艰难险阻，经过整整三年的艰难跋涉、五万余里孤征，终于到达佛教圣地——天竺，如愿以偿地就学于著名的那烂陀寺，拜戒贤长老为师。后又用了五年时间在天竺佛国寻道，遍游全印众国。当返回那烂陀寺时，已位居这座佛教最高学府的主讲，仅次于恩师戒贤。

在玄奘求法圆满欲回大唐之时，受邀参加了古印度规模空前、规格很高的佛教学术盛会。在会上，玄奘法师为论主，其辩才无碍、博学宏论折服了与会者，连续十八日无人能发论辩驳。大乘僧众称玄奘法师为"大乘天"，小乘僧众称他为"解脱天"（佛教之"天"，就是指菩萨众神）。

为回大唐译经弘法，玄奘说服劝阻自己回国的恩师、道友及各国国王，于唐贞观十九年（645年）携经卷657部、佛像八尊和大量舍利，载誉回到长安。并于次年奉敕于长安弘福寺译经三年。唐贞观二十三年（649年）大慈恩寺落成，玄奘任该寺首任住持，专心致力于佛经翻译事业。在朝廷支持下，玄奘主持的译经院规模空前。这支译经队伍以玄奘为首，由右仆射房玄龄和太子左庶子许敬宗，奉敕具体组织、集中全国一流的佛教精英人才组成，要求高，分工严密。译经完成后，唐太宗李世民更是为玄奘的译作写了《大唐三藏圣教序》，太子李治亦写下《圣教序记》以录此盛事。

由于玄奘精通三藏，深得佛经奥旨，广博各宗各派，梵文外语功力和学问根底深厚，所以在翻译过程中，既忠实原著和源流变化，又能深会其意，补充疏漏。在长达二十年的翻译过程中，两次谢绝唐太宗请他还俗任相、辅佐朝政的要求，排除万难和干扰，全身心投入翻译大业。每天都自立课程进度，且用朱笔细心标注翻译进展记号，其一人就译出经文1335卷。玄奘译经范围之广、组织之严密、方法之完备、译笔之精妙，堪称译经历史上的第一人。唐麟德元年(664年)，操劳一生的玄奘法师因病在玉华寺圆寂。其灵柩还京奉大慈恩寺并安葬于长安城东白鹿塬上。

唐永徽三年（652年），为了保存历尽千辛万苦取回的佛经和舍利，玄奘上表建造大雁塔，并亲自参加建塔劳动，搬运砖石，历时两年建成。

如同慈恩寺与玄奘关系密切一样，荐福寺则使人想起唐代另一位高僧义净。

义净（635—713年）也曾游学印度多年，不过，他由海路自广州离开中国。义净只身搭乘波斯商船出国，先到印尼苏门答腊，后转抵印度，也在佛学中心那烂陀寺留学十一年，又游学印度各地，历经三十余国，于武则天证圣元

年（695年）回到洛阳，带回梵文经典四百余部。武则天亲自率领朝廷百官到洛阳上东门外迎接义净，举行了盛大的仪典，仪典隆重的程度，比当年李世民、李治之对玄奘有过之而无不及。义净先在洛阳帮助实叉难陀翻译八十卷本的《华严经》，此后奉诏自立译场，辗转于洛阳大福先寺、大内、长安西明寺。中宗李显复周为唐，第二次登帝位，朝廷迁回长安。大荐福寺本来是李显的旧宅，此时重新令工部大修，将国立译馆也设于寺内，以义净为译主。义净的这个大荐福寺译场是唐代规格最高、规模最大的译场，超过了玄奘的大慈恩寺译场和之后不空的大兴善寺译场。译场直接由亲王监护，左丞相、右丞相监译，二十多位朝廷大臣润色，翻译人员由七个国家的高僧和学者组成。唐中宗李显效仿唐太宗，特别写了一篇《大唐龙兴三藏圣教序》，颁示天下。

在荐福寺主持佛经译场期间，义净法师共译经56部，230卷，是玄奘之后在佛经翻译上取得成就最大者。他还将途经海道诸国和所闻赴印度求法高僧的情况，撰成《南海寄归内法传》和《大唐西域求法高僧传》，是研究中印文化交流史的珍贵资料。义净在这里度过了他一生的最后时光。他逝世后，诏令在延兴门外陈张村举行国葬仪典。

为了保存从印度带回的佛经，义净法师上表请求朝廷出资修建荐福寺塔。

两位高僧的经历及在当时社会的地位与影响几乎完全一样，都为人所敬仰的高尚品德，都给后人留下了大量不朽的译作和著作。这样的情况在中国佛教的历史上并不多见。无怪乎宋代的赞宁在《高僧传》中奘、净并称，极为推崇。众所周知，中国的翻译事业是从佛经翻译开始的，最著名的翻译家有五位，即鸠摩罗什、真谛、玄奘、义净和不空。这其中只有玄奘和义净是中国人。这恐怕也是国人偏爱两位高僧的一个重要原因。当然，鲁迅之所以给"舍身求法"的人以"中国的脊梁"的巨大荣誉，着眼点大概是在中国佛教的特征上。中国古代佛教主要是大乘佛教，其根本的宗旨是"普度众生"。为了"普度众生"的目的而"舍身求法"，这种精神对世界上哪一个民族来说都是值得尊敬并大力倡导的。

知道玄奘的人很多，知道义净的人却较少，这有以下几个方面的原因。玄奘与义净的专业不同。玄奘传法相唯识之学，师徒相承，形成了一个宗派绵延后世。义净传根本说一切有部律，后继者寥寥，中国以《四分律》的传承为主流。玄奘译经时间早，数量多，创立了许多新法，有划时代的意义，被后世称为"新译"。另外，也与小说《西游记》的广泛流传有关，使"唐僧取经"的故事妇孺皆知。

（四）宫人捐资

大雁塔建造晚于大慈恩寺14年。玄奘为了保存从印度取回的经像，向朝廷提出在大慈恩寺建一座石塔。至于建塔的经费从哪里来，目前还未发现玄奘提出申请的有关文件。朝廷的态度在《三藏法师传》里记得很清楚：第一，"宜用砖造"。第二，"不愿（法）师辛苦。今已敕大内东宫、掖庭等七宫亡人衣物助（法）师，足得成办"。可见玄奘的本意是自筹经费，只需朝廷批准即可。那么大雁塔建造的性质就清楚了，是"民建官助"。而这个"官助"也仅仅是以"七宫亡人衣物"相助，官府本身并不支出专门的经费。小雁塔的修建晚于大荐福寺两年，史籍中明确记载："景龙中宫人率钱所立。"（《长安志》卷七）"率"者，聚敛，网罗。"景龙"为唐中宗年号。显然，小雁塔也不是官修。从建造这两座塔的费用来看，大雁塔是用死去宫人的遗物所修，小雁塔则是活着的宫人集资兴建。

所谓的"七宫亡人"，指的是长安宫廷里那些已经去世的下等人，自然绝大部分是女性了。"宫人"，则指那些没有名分的宫女。唐朝虽称开明，但宫人的数量仍极多，常有数万。这些人是皇帝的奴婢，命运非常凄惨。如杜牧的《宫人冢》里所描述的那样："尽是离宫院中女，苑墙城外冢累累。少年入内教歌舞，不识君王到老时。"于是，宗教信仰成为宫人的重要精神寄托。儒家的三纲五常里妇女的地位最低，道教的教祖李聃已被李唐王朝认作祖先，所以宫人改变命运——哪怕是"来世"命运的希望，就寄托于佛教。在三教里面佛教也最讲"来世"。当时，长安佛教的势力也比较大，影响广泛，上至皇室贵族，下至黎民百姓，对佛教有浓厚的兴趣，有不少是虔诚的信徒，舍散家财，"广种福田"。因此，当我们今天面对这两座塔的时候，不应当忘记当初这塔是怎么修的，也不应当忘记这两座塔曾深深地寄托着古代女性对幸福生活的期盼。

三、千年大雁塔

唐长安城(外廓)中，从北至南，横亘着六道岭，时人谓之"六陂(坡)""六阜""六冈"。皇宫、官府和寺院等代表政权和神权的建筑物高踞其上，以示威严。慈恩寺占有第六道岭的西端。大雁塔建在岭脊上，居高临下，与建在第一道岭上的大明宫相对。二者之间由皇宫正门丹凤门外的丹凤门大街和东城区的中轴线东朱雀大街相连，二者相距7.5千米。两个高大辉煌的建筑群南北呼应，甚为壮观。

（一）大雁塔的修建

唐高宗永徽三年(652年)，玄奘法师历尽千辛万苦从印度带回的大量佛经和佛舍利，以"恐人代不常，经本散失，兼防火难"为由，拟于慈恩寺端门之阳，造石塔一座，妥善安置经像舍利，并于652年附图表上奏。

玄奘最初设计的方案是："于(寺内)端门之阳造石浮屠安置西域所将经像。其意恐人代不常，经本散失，兼防火难。浮屠量高三十丈。拟以显大国之崇基为释迦之故迹。"玄奘之所以设计高达"三十丈"的巨型石塔，就是为了以佛祖释迦国度之"故迹"——有纪念意义的佛塔来显示"大国"——中国之"崇基"。可知，此石塔的形制(非指规模)完全是古印度式的，而且有所指。它与唐代以前已经中国化的佛塔大不相同。但是，因为玄奘遍历印度，所见佛塔众多，仅《大唐西域记》中亲笔记载的就以百计。其中有纪念意义、可作为印度"故迹"的也不少。再加上玄奘对所见之塔的记载又过于简略，均未描述其形制，所以"石浮屠"的具体样子已难说清。

高宗以"所营功大，恐难卒成"为由，不完全同意这一方案。唐高宗修改、批准并付诸建造的方案是："宜用砖造""改就西院"(当年慈恩寺共十多院，今大慈恩寺仅是最西边的一院)，塔基四面各一百四十尺，塔的表面砌砖，中心是土，共五层，高一百八十尺。玄奘将他从印度带回来的梵文经卷、佛像和一万余粒舍利收藏于塔中。

　　这座佛塔由于系砖表土心的缘故，质量不好，仅仅存在了四五十年，便逐渐坍塌，因而在长安年间(701—704年)，武则天又和当时的王公贵族施钱重修，全部改用砖石砌筑。

　　大雁塔现存七级，但是重修以后的层数和高度，即使在唐人的诗文记述中，也有七级和十级之别。唐玄宗天宝三年进士岑参在《与高适薛据登慈恩寺浮屠诗》中写道："四角碍白日，七层摩苍穹。"唐代宗大历六年进士章八元则在《题慈恩寺塔》中说："十层突兀在虚空，四十门开面面风。"意为大雁塔每层开四个门，当初高十层，所以有四十个门。据此，有人认为大雁塔重修后，应为十级，大概是朱温迁唐昭帝于洛阳时，大拆长安建筑，塔遭破坏，才成了现在的七级。

　　通过对现有史料的分析，"七级说"似乎更能站得住脚，原因如下：

　　1. 从建塔到唐王朝覆亡，大雁塔未有遭到兵火的记录，《旧唐书》《新唐书》和《资治通鉴》均无此记载，所以，"朱温破坏说"只能止于推测，而没有确凿的史料支撑。

　　2. 佛教崇尚奇数，不尚偶数。作为佛教重要标志的佛塔的级数，特别是名塔的级数必然是奇数，中国现存佛塔中级数为偶数的极为罕见。此外，佛教中也很尊崇数字"七"。据说，释迦牟尼出走时，七步内脚踏莲花，而且于菩提树下静坐七七四十九天后终修得正昊。佛塔都为七层，所以有救人一命胜造七级浮屠之说。佛教的"本原说"中，万事由地、水、火、风、空、识、根七种本原生成；佛寺由七种厅堂组成；人死后要祭奠七七四十九天等等。此外，佛教中还有七如来、七菩提、七觉支、禅七、佛七等说法。

　　3. 中国的神权依附皇权，营建几级佛塔，最终决定权在皇帝。武则天虽"革唐命"，建立过"大周"，推行过许多改革，但她曾落发感业寺，称帝后又与和尚关系极密，她不反对佛教，也未对佛教教义进行改革，因此，也没有道理将重修的大雁塔改为违背佛教精神的偶数层。

　　4. 章八元的"十层突兀在虚空，四十门开面面风"是文学作品，不是史书，允许夸张。但将"七层"夸张为"十层"，以示其高显然没有多大意义。不管是在读音还是在字形"七"与"十"极相近，因此可能是后人将"七"

误抄或误记录为"十",每级四个门,四七正好二十八,这样就说得通了,它既实写了塔的级数和门数,又是古诗文常见的表现手法。就像古代常常形容年轻小姐青春年少,"二八年华",即十六岁。这和上面的推测如出一辙。

(二) 大雁塔的内部结构

大雁塔是我国仿木构楼阁式砖塔的佼佼者,更以"唐僧取经"故事驰名中外。大雁塔由塔座、塔身、塔刹组成,通高为 64.7 米,塔基现高 4.2 米,南北约 48.7 米,东西 45.7 米,塔体呈方锥形,底边长为 25.5 米,塔刹高 4.87 米,塔体总重量约为 7 万吨。塔体各层均以青砖模仿我国唐代建筑砌檐柱、斗拱、栏额、檐枋、檐椽、飞椽等仿木结构,磨砖对缝砌成。一层二层多起方柱隔为九开间,三四层为七开间,五六七八层为五开间。塔内装有楼梯,供游人登临,可俯视西安古城全貌,令人心旷神怡。

大雁塔每层四面均辟砖券拱门洞,特别是底层四面皆辟石门,门楣门框雕刻有唐代线刻画,四门楣分别以流畅生动的阴线雕刻有佛、菩萨、金刚力士像。构图中的佛像,为四方四佛像,即东方妙喜世界阿閦佛、南方欢喜世界宝相佛、西方极乐世界阿弥陀佛和北方莲花世界微妙声佛。特别珍贵的是西门楣上的阿弥陀佛说法殿堂图,所绘殿堂真实地体现了唐代建筑风格——厚重的螭吻、大方的斗拱、檐角铁马、殿内楹柱、台座踏步、两侧廊庑,无不刻画得细致入微,实是今天我们研究唐代建筑、佛教艺术和历史文化的珍贵资料。

现在大雁塔一层内设有古塔常识及中国名塔照片展,展示了佛塔的起源与发展,佛塔的结构和分类等背景知识。洞壁两侧镶嵌有多通明代题名碑,其中"名题雁塔,天地间第一流人第一等事也",乃是当时"雁塔题名"之风光写照。此外,还有描写玄奘辉煌一生的《玄奘负笈像碑》和《玄奘译经图碑》。在塔内一层四大通天明柱之上,悬挂着长联,写着唐代的历史、人物、故事。

大雁塔二层的塔室内,供奉着一尊铜质金镏的佛祖释迦牟尼佛像,系明初宝贵文物,被视为"定塔之宝"。在两侧的塔壁上,还附有文殊、普贤菩萨壁画两幅及现代名人书法多幅。多是唐代诗人登临大雁塔有感而发的诗句,朗朗上口、意味悠长。

在三层塔室的正中，安置一木座。座上存有珍贵的佛舍利。舍利系印度加尔各答玄奘寺住持、印籍华人高僧释悟谦法师赠送，属一乘佛宝。玄奘法师当初为存放从西域所取经像舍利而建造此塔，玄奘法师究竟从西域带回多少舍利，在《法师传》中记载仅说是150枚肉舍利和一函骨舍利，具体数量未说明。而在同书描写修塔一节时，说明"层层中心皆有舍利，或一千，二千，凡一万余粒"。后来武则天长安年间改建时，将塔中原有舍利如何处置，未有翔实的史料记载。玄奘法师历经千辛万苦所取佛之舍利是另行存放，还是散失就不得而知，最终成为千古之谜！为了弥补大雁塔舍利之谜的缺憾，让更多的人共同瞻仰佛宝舍利，便将佛宝陈列于大雁塔上。远在印度的释悟谦大师听闻此消息后也颇感欣慰。除此之外，塔室三层还存有大雁塔模型，严格按照1：60的比例，请名家制作，选材上乘，惟妙惟肖。

大雁塔五层上，陈列着一通释迦如来足迹碑，该碑是依据唐代玄奘法师晚年于铜川玉华寺请石匠李天诏所刻制的佛足造像复制而成。玄奘法师西行求法，在佛国印度巡礼时，分别在屈支国、乌仗那国和摩揭陀国等处，先后观礼过西域或印度几处佛足造像遗迹。在佛国印度，佛教徒对佛祖释迦牟尼非常敬仰，对佛教十分虔诚，进而对佛足迹甚为敬重，素有"见足如见佛，拜足如拜佛"之说法，一样地顶礼膜拜。佛足遗迹在古代印度有三处，随着佛教东传，在我国和日本、韩国都有多处佛足造像碑石，如山西五台山、陕西宜君玉华宫、耀县文化馆、西安卧龙寺都有遗存。玄奘法师所刻制的佛足印石的佛足图案，较国内其他几处的佛足印造型，更原始、更生动、更珍贵，佛足五趾微张，方颐圆满，具有典型的异国风格。在五层的塔室内，还收集展出有玄奘鲜为人知的数首诗词。可窥见玄奘很高的诗词艺术造诣。

六层悬挂有唐代五位诗人诗会佳作。诗圣杜甫与岑参、高适、薛据、储光羲相约同登大雁塔，凭栏远眺触景生情，酒筹助兴赋诗述怀，个个才华横溢，诗句出神入化。每人赋五言长诗一首，流传千古不衰。

七层的塔顶，刻有圣洁的莲花藻井，中央为一硕大莲花，花瓣上共有14个字，连环为诗句，可有数种念法。壁上玄奘所著《大唐西域记》中，记载了他在印度所闻的僧人埋雁

造塔传说，向游人解释了最可信的雁塔由来之说。

（三）一文四碑的文化传奇

除了塔内的丰富的文物遗产和人文景观，大雁塔还有两通碑石得以名世。南侧门洞东西两外壁嵌置着唐太宗所撰《大唐三藏圣教序》碑和唐高宗所撰《大唐三藏圣教序记》碑，"二圣"丰碑，均由当时的中书令褚遂良所书。

据《法师传》载，"贞观二十二年（648年）五月玄奘译《瑜伽师地论》讫，凡一百卷"。应玄奘要求及司徒赵国公长孙无忌和中书令褚遂良奏请，太宗李世民同意为之作序，"神笔自写，少顷而成"，敕贯众经之首。后"帝居庆福殿"，百官侍卫，命法师坐，使弘文馆学士上官仪"向群僚宣读"。碑文共781字。唐高宗时为东宫太子，奉阅太宗序文，又制《述圣记》。玄奘对二圣撰文深表感谢："可谓重光合璧，振彩联华。"唐高宗永徽三年（652年），玄奘奏请朝廷，欲建宝塔以保存从印度带回的经像、舍利，该塔"南面有两碑，载二圣三藏圣教序记，其书即尚书右仆射河南公褚遂良之笔也"。

两碑碑身两边线有明显收分，呈上窄下宽的梯形，碑座为有线刻图案的方形碑座。两碑通高337.5厘米，碑面上宽86厘米，下宽100厘米。两碑规格形制相同，碑头为圆首，"序"碑额为"大唐三藏圣教之序"八字隶书，"记"碑额为"大唐三藏圣教序记"八字篆书，分别与碑文同方向对称排列。碑两边为蔓草波形连续花边，上方佛龛镌刻有一铺七尊，即一坐佛二弟子二菩萨二力士像，其中佛身着袈裟，正身倚坐，各有圆形火焰纹头光身光；弟子肃立，菩萨身姿优美，扭曲而立于莲座之上；金刚力士手执钢叉画戟，一手叉腰，身着铠甲战袍，脚踏夜叉恶鬼，虎视狰狞。他们各具身份，头光各异，其排列与莫高窟第45窟盛唐的一铺彩塑造像的安排完全一致，十分精妙。碑文下方又雕刻有衣带飘逸、舞姿飞动的舞乐天人。另外，两侧的行文，可能是为了对称而合为一体，采用了东侧碑文从右向左读，而西侧的碑文自左向右读，这种格式在唐碑中不多见，可以说是别具一格。两碑现保存完好，从建塔时即安置在塔壁龛内深达2.8米，避风遮雨，又有门栏防护，所以碑文字迹清晰如初。

中国古桥名塔

这两通碑的书法艺术也是杰出的。褚遂良不仅辉煌于太宗高宗两朝，而且流芳百世。他自幼博涉文史、书法，师承欧虞，法继二王，兼容魏碑汉隶，而且不断研习探索，善于创新，自成一体。他是一位德高望重，又受唐太宗敬重的宰相，他所书"二圣天文"，立碑于大雁古塔，其身份和权威性显而易见。就碑的书法艺术而言，到书写"序"碑时已达炉火纯青之高度。《唐人书评》称他的书法是"字里金生，行间玉润，法则温雅，美丽多方"。

这只是传奇的开始。

唐显庆二年（657年），在河南省偃师县玄奘的故乡，又立了一通《圣教序》碑，碑文由唐代名书法家王行满书写。因此碑立于招提寺，故又称招提寺《圣教序》。

唐龙朔三年（663年），在褚遂良曾经任职的同洲，再立《圣教序》碑一道，世称《同洲圣教序》，现存西安碑林。此碑书者，说法不一。有人说出自褚遂良之手，有人认为此碑立于褚遂良死后五年，故非褚遂良书写，而是根据《雁塔圣教序》重刻，其中有数字是摹刻者改写。各执一词，莫衷一是，但书法之笔力气势，则为人们所称道。

唐咸亨三年（672年），在玄奘曾经居住讲经的长安弘福寺，又立起第四通《圣教序》碑。通高350厘米，宽100厘米，碑面上方刻有七尊佛，俗称"七佛头圣教序"。碑上文字是弘福寺沙门怀仁耗用二十四年时间和重金，集"书圣"王羲之行书而成，因此，此碑又被称为"集王圣教序碑"，王氏书迹大都赖此以传，故为历代书家所重，也成为学习王羲之书法的津梁，有"为千古字学之祖"之说，在书法史上有着极其重要的意义。

一文四碑在我国碑刻史上，恐怕是绝无仅有的。而追根溯源，大雁塔无疑占据着至关重要的地位。

（四）千年修缮史

在后来的一千多年间，大雁塔又历经多次的维修。

宋神宗熙宁年间，游人在塔上宴饮，以致失火，宋神宗元丰年间，大雁塔再一次失火。由于大雁塔高耸中空似烟囱的结构形式，塔内失火无法扑灭，所以只能任其燃烧。塔内木质结构化为灰烬，但对砖砌的塔身没造成什么大的伤害。

明嘉靖三十五年（1556年），陕西关中发生 8.3 级强烈地震，这次大地震波及九个省，据明实录载，死亡人数奏报有名者达八十二万余人。这次地震在西安亦造成巨大的破坏，也致使大雁塔塔刹断裂，所以今日所见之塔顶乃是那次地震后所重修的。

1604 年，因塔体破损严重，全面加固包砌塔体，修葺塔刹，重新安装塔内楼梯，此年工程告竣，整修后大雁塔高 64.7 米，底边长 25.5 米，外观保持唐制。

1931 年，维修大雁塔建筑。修整旋梯，补修脱落之砖檐。

1954 年，整修塔内楼梯及墙面。

1955 年，西安市政府拨款修葺了塔基座及栏杆、塔檐，砖砌台阶，铺设地坪。

1956 年，西安市人民政府为加强文保工作，设立了西安市大雁塔文物保管所。

1961 年，大雁塔被国务院公布为第一批全国重点文物保护单位（总编号为第 63 号）。

1962 年，大雁塔塔顶安装避雷设施。

1990 年—1992 年，经报请国家文物局同意，对大雁塔进行维修。对塔二檐进行加固，维修塔顶，更换底层部分坏砖。

1995 年 6 月—1996 年 6 月，完成避雷系统的改造工程。

2000 年—2003 年，对大雁塔顶及塔檐全面实施防渗加固工程。安装塔底层四周铁质仿唐式围栏，添建塔底围墙之"大雁塔"砖雕匾额。

（五）大雁"斜"塔

沿着大雁塔的地面重心往上画一条垂直线，就会看到目前大雁塔的塔顶已经明显地偏离了它的地面重心，其偏离程度目前已经达到了 1064 毫米，也就是 1 米多。

大雁塔的高度、重量在唐塔中首屈一指。再加上历史上人为与自然的损坏，大雁塔倾斜问题由来已久。据史书记载，大雁塔自清代康熙五十八年(1719 年)就发现有倾斜现象。建国以来，大雁塔的倾斜速度明显加快。专家们经过 14 年的监测和计算发现:从 1983 年到 1996 年，大雁塔以平均每年 1 毫米的速度持续向西北方向倾斜。1981 年的秋天，陕西扶风县法门寺塔因大雨而倒塌。法门寺塔是佛教寺院中重要的建筑。法门寺塔的倒塌为大雁塔的保护工作敲响了警钟。

专家们经过研究后认为，导致大雁塔倾斜的主要原因有两个方面:一方面是大雁塔的自身因素。如材料结构整体性差，在历史上曾经造成一定程度的损坏，塔的基础处理不均匀以及古塔的防水、排水不畅等；另一个方面是人为造成大雁塔周围环境的破坏。如长期以来，人们在大雁塔周围随意取土打井，甚至挖虚坑和挖地道建设防空洞。特别是在大雁塔周围及附近地区，过量开采地下水，使承压水位大幅度下降，引走地面大范围的不均匀沉降，危及到大雁塔建筑，加速了大雁塔倾斜下沉。

随着西安市几项保护地下水的措施相继出台，加大引进黑河水、石头河水工程力度以解决城市缺水问题，逐步对一些自备水源分期分批进行关停以遏制西安城区地裂缝扩延和地面沉降。目前古城西安的地面沉降现象已有所缓解，大雁塔倾斜的势头也暂时得到遏制。从 2002 年到 2004 年，大雁塔的倾斜度一直稳定在 1002.7 毫米。

根据目前有关方面的监测数据，随着西安市地下水位的升高，倾斜的大雁塔也正以每年 1 毫米的速度处在一个缓慢而逐渐扶正的过程中。专家测算，以目前的方法和速度扶正它，还需要一千多年。

但是，也有专家担忧:如果以其他人为的方法加快大雁塔的倾斜度的扶正速度，有可能造成不堪设想的后果。

总之，经过二十多年的科研保护工作，建立了大雁塔的一整套科研档案，取得了一系列科研的阶段性成果，产生了科学保护、维修、治理的原则性意见和方案，保护机构将以科研为先导，搞好大雁塔的科学保护，使之延年益寿。

四、千年小雁塔

出西安南门前行，在长安路西侧不远，耸立着一座挺拔秀丽的砖塔，这就是唐代保留至今的荐福寺佛塔——小雁塔。

（一）小雁塔的修建

小雁塔建于唐景龙年间（707—710 年），位于开化坊南面的安仁坊西北角（今友谊西路南侧），塔园大门向北开，正好与荐福寺门隔街相望。唐末因遭兵祸破坏，荐福寺迁建于安仁坊小雁塔所在的塔院里，由此塔寺合一。塔身为密檐式方形砖结构，初建时为十五层，明嘉靖三十五年(1556 年)大地震时，塔身破裂，塔顶被毁掉了两层，就成了现在的十三层。

小雁塔现高 43.3 米，无塔顶，1989 年测定塔的总高度是 43.395 米，底边长 11.83 米。

塔身坐落在高大的方形基座上，塔座为砖方台，高 3.2 米，基座南北两侧有石踏步，基座南侧有清代石门坊，坊南额刻"万汇沾恩"，坊北额刻"不二法门"，基座下有地宫，为竖穴。分为 2.25 平方米的前室和约 4 平方米的后室，连接前后室的是一条高不足一米的拱券甬道，室顶为砖券的攒尖穹隆式，高约 3 米，室内四周和地面全用青砖铺砌。有专家认为小雁塔地宫完全是唐代的结构。

塔底层北券门外紧靠塔体的砖砌门楼，系清代后期所增建。

小雁塔塔身为青砖砌筑，没有采用柱梁、斗拱等装饰表面。塔身底层较高，二层以上逐层递减高度和宽度，愈上则愈细，整体轮廓呈自然圆和的卷刹曲线，与大雁塔风格迥异，显得格外英姿飒爽。塔身上为叠涩挑檐，塔身每层砖砌出檐，檐部叠涩砖，间以菱角牙子，塔身表面各层檐下砌斜角牙砖。

塔底层南北两面各开有一券门，门框为青石砌成。门框上布满精美的唐代线刻，尤其门楣上的天人供养图像，艺术价值很高。塔底层以上各层南北两面正中均开有半圆形券窗。第五至第十一层南北券窗两侧饰有方形"小塔"各一(现已残缺不全)。小雁塔塔底南门入口的石质弓形门上，刻有阴文蔓草花纹和天人供养的图像，线条流畅，衣袂翩然，其风格造型明显受到西域文化的影响，具有较高的艺术欣赏价值。但因年久及保护不善，已残缺不全，模糊不清。

唐代的密檐塔多数不能登临，而小雁塔内，从底部到塔顶是一个空筒，设木构楼层及登塔楼梯(一二层楼梯为木结构，三层以上为砖梯)，可登临塔顶。

史料记载，小雁塔修造时，专请江南律宗大师道岸设计监修，曾经东渡日本弘扬佛法及唐代建筑艺术的鉴真此时正跟随道岸大师学习建筑艺术，目睹了道岸大师建造长安小雁塔的整个过程。

小雁塔的修建过程前后不到三年，修筑质量很高，讲究磨砖对缝，被誉为中国早期密檐式塔的典范，比小雁塔晚一百多年的云南大理崇圣寺的千寻塔就是仿照它来修建的。

（二） 小雁塔的历史变迁

小雁塔没有经历过大雁塔重建的波折，一直到宋徽宗政和六年（1116 年），才迎来了第一次大规模的整修。一位自称"山谷迁叟"的信士见到荐福寺塔"风雨摧剥，檐角垫毁"，"坠砖所击，上漏下湿，损弊尤甚"，于是发愿修缮。此时距初建已有四百余年，但是小雁塔的塔基、塔身和塔顶主体部位，均保持完好，这次整修的仅是易受风雨剥蚀的塔檐角和塔底的"缠腰"（小雁塔底层环绕塔身修建的砖木结构的大檐棚）。这次整修用时四个月，小雁塔外貌为之一新。塔外层以"白垩土饰之，素光耀日，银色贯空"。至今小雁塔的塔身依然可见到白垩土粉刷的残迹。

在清康熙十六年（1677 年）和康熙二十九年（1690 年），小雁塔又经过了两次修缮，这些整修的历史都被记录在康熙三十一年（1692 年）立的《重修荐福寺碑记》中，此碑现存于小雁塔。

　　近代以来，小雁塔与荐福寺一起经历着战火的摧残。1916 年，荐福寺成为北洋驻陕西政府与靖国军的战场，受到严重损毁。1926 年，军阀混战，荐福寺作为突出的战略要地，小雁塔上架设机枪以封锁敌方的进攻，三失三得，史称"小雁塔之战"，战役结束后，小雁塔塔身已是弹痕累累。

　　1938 年，胡宗南以荐福寺作为他的最高指挥部，在此商讨"剿共计划"，当时人们便把胡宗南的司令部称为"小雁塔那边"。胡宗南在西安一待就是十二年，直到西安解放前三天，胡宗南才率部撤离小雁塔。在这十二年间，荐福寺作为军营，老百姓根本不能进入院内，小雁塔也进行了一些符合军事工程的改造，遭到了相当程度的破坏，胡宗南撤离后，地宫内也尽是垃圾。

（三）"神合"小雁塔

　　令人惊奇的是，在明代成化年间关中地震时，小雁塔发生垂直纵裂，分成两半，"自顶至足，中裂尺许"。但三十多年后，在明代正德十六年(1521 年)再次地震时，裂缝在一夜之间弥合了。一位名叫王鹤的小京官回乡途中夜宿小雁塔。听了目睹过这次"神合"的堪广和尚讲的这一段奇事后，惊异万分，就把这段史料刻在小雁塔北门楣上："明成化末，长安地震，塔自顶至足，中裂尺许，明澈如窗牖，行人往往见之。正德末，地再震，塔一直如故，若有神比合之者。"明代嘉靖三十五年(1556 年)，陕西又发生了震级达八级、烈度为十一度的大地震，地面的建筑遭到毁灭性的破坏，但原有裂缝的小雁塔，却巍然屹立，只是塔身正中的裂缝又裂开了。小雁塔在建成至今的 1300 年中，共经历了七十多次地震，曾经"四裂三合"，古人认为这是"神合之力"，民间也流传着"动乱之年塔裂开，大治之年塔缝合"之说。

　　近年来，通过多方面的研究，对塔的裂合之迹已有比较一致的看法。

　　一般而言，现存砖石古塔的抗震性能是良好的，这主要是由于其结构方面具有如下优势决定的:第一，塔址选择好，地基处理坚固。砖石古塔是古代主要高层建筑，一般高度可达 50—60 米以上，加之砖石的容重较大，其对地基的作用是很大的，故坚固的地基基础是古塔千百年竖立不倒的必要保证。调查说明，凡现存古塔未有倒塌历史的，其场地条件和地基处理都是良好的。小雁塔重心高，基底小，塔基用夯土筑成一个船形基础，受害后应力均匀分散，就像不倒翁原理一样，不管什么方向震动，总不致坍塌。第二，体形规则有节律。砖石古塔大多是方形、多角形或圆形，平面规则对称。从立面看，无论是密檐式抑或是阁楼式，塔身截面多采月由下而上逐层递减的收分技术，塔身呈自然缓和的锥体形，这不仅从视觉上给人以挺秀柔和的感觉，而且从结构上增加了建筑物的稳定性。砖石古塔这种规则而稳定的结构特点不仅可减少地震的扭转效应，而且层间抗力与地震剪力相协调，避免了中下部形成薄弱层的不利情况。第三，整体性能良好。砖石古塔由于外形的复杂性，形成结构体系的多样性，但其墙壁较厚，部分还具备较强的楼层约束，这种结构体系类似于现代高层建筑中的筒体结构，具有良好的抗震能力。

党和政府十分重视保护文物古迹，成立了小雁塔保管所。1965 年，本着"修旧如旧"的原则，又对小雁塔进行了重大整修，恢复了塔的基座范围，修复了塔身南北券洞，弥合了裂缝，加固了塔檐、塔角，增装了楼板扶梯，适当处理了塔顶和排水设备，安装了避雷针，依据清代荐福寺殿堂图将塔基座适当放大并在二、五、七、九、十一等层各加了一道铁箍，在彻底结束了小雁塔"神合"历史的同时，也保持了小雁塔古朴的风貌和秀丽的身姿，使其唐风依旧而青春焕发。

（四）雁塔晨钟

雁塔晨钟，最早被清代文人朱集义誉为"关中八景"之一："噌吰初破晓来霜，落月迟迟满大荒。枕上一声残梦醒，千秋胜迹总苍茫。"朱集义的这首诗描绘了钟声的洪亮，雁塔的巍峨。

荐福寺内这口金代大铁钟是金章宗明昌三年（1192 年）铸造的，钟通高 3.55 米，至肩顶部高 3 米整，

钮为蒲牢（神兽），高 55 厘米，口径 2.45 米，口沿周长 7.65 米，重约 8000 公斤。钟表铸字成六格方款，有阳文共计 1000 多字。首款铸有"皇帝万岁，臣佐千秋，国泰民安，法轮常转"16 字。2008 年，陕西著名书法家赵步唐题下"雁塔晨钟"，做成了金字黑匾，悬挂于小雁塔南面的钟楼上。

关中八景中，雁塔晨钟是唯一以声音而取胜的一景。雁塔大钟铸于金明昌三年（1192 年），原是悬挂于武功崇教寺内的一口梵钟，后因渭河改道，寺庙冲毁，钟也失落到了水中。清代康熙年间，有一位村妇在河边捶打衣服时听到河底发出震鸣声，赶忙报告官府，发现居然是一口巨大的铁钟，这口钟重 8000 公斤，高 3.55 米、口沿直径 2.45 米，康熙皇帝命人把这口钟放置于荐福寺中，从此，小雁塔的钟声连绵不断，每天清晨荐福寺寺内的僧人会定时敲钟，清脆悠扬的钟声响彻西安古城上空，数十里内都可听到。钟声清亮，塔影秀丽，在古城中别有一番韵味。清亮的钟声从塔院深处传来，把人带到悠远的境地。但是，"雁塔钟声"的源头并非清代康熙年间重修塔寺偶得铁钟之后，早在唐代小雁塔建成时，便有此声此景了。传说当年义净释经为早起礼佛、译经，向寺中住持建议"每日清晨击钟"。

民国时期，此钟被"某军驻寺时毁裂"，使"雁塔晨钟"绝响多年。1993 年西安市小雁塔文管所主持焊修了裂痕。1998 年又重新铸了一口新钟供游人敲击。

雁塔晨钟又被称为神钟，清朝末年，有一位妇女来小雁塔所在的荐福寺求香拜佛，她的丈夫戍守边疆多年未归，杳无音信生死未卜，方丈让她把心愿写于黄表纸上，将其作法后贴于大钟上，然后命这名妇女击钟，三日之后她的丈夫果真回到家中。消息传开，远近的人们都来祈福敲钟，神钟之名便由此而来。当文物工作者对钟实施保护处理时，看到钟上下贴满了一层一层的黄表纸，文物工作者的心中充满了感慨，可以想见过去是怎样一个战乱频仍、民不聊生的岁月。

2007 年 1 月 1 日零时，"雁塔晨钟"再次响彻西安。十三声钟声之后，小雁塔迎来了它的 1300 岁喜诞。这十三声钟声是由西安市文物局从十三个有代表性行业中选出的十三位代表共同持杵敲响的，钟鸣十三下象征小雁塔走过的 1300 个风雨春秋。

五、雁塔题名

"雁塔题名"是古代文人一种令人向往的习俗。这一习俗最早起始于唐代。唐代科举制度发展日趋完善。每年新科进士燕集曲江进行宴庆，官方便在曲江池西侧杏园设宴欢庆，故称杏园宴。唐中宗神龙后，杏园宴罢，这些进士又齐集慈恩寺塔下进行题名活动，称为"雁塔题名"。后人将"雁塔题名"称为"天地间第一流人第一等事"。明清两代，武举人也加入到了"雁塔题名"的行列中，不过是在小雁塔刻石留名，以示与文举人的区别。此后"文题大雁塔，武题小雁塔"逐渐成为惯例。

（一）文题大雁塔

科举制是中国两千年封建体制下的一大创举，让平民出身的学子也有机会封侯拜相，为国家建功立业。这项创举始于隋代，至唐代被大力发展和完善。按照唐朝的科举制度，每年都会在京城长安（有时在东都洛阳）设科取士，其考生来源，一个是生徒，一个是乡贡。京师及州县学馆出身，送往尚书省受试者叫生徒；而先经州县考试，及第后再送尚书省应试者叫乡贡；由乡贡入京应试者通称举人。每年，全国参加进士的考生数在一千多人。据史料记载，在唐代289年中，共录取进士6427名，明经1850名，平均每年在一千多名考生中，只录取几十名进士、明经，远远低于现在的高考录取比率。

在进士与明经中，又以进士为最，明经科主要是考儒家经典，比较容易；而进士科是考查诗词歌赋，政治见解，比较难。所以有"三十老明经，五十少

进士"的说法。也正因为如此，平时饱读圣贤之书的文人雅士们，在高中进士后的狂喜骄傲与得意忘形也就可以理解了。曾写下流传千古的"慈母手中线，游子身上衣"的孟郊46岁高中进士、雁塔题名后写下"昔日龌龊不足夸，今朝放荡思无涯。春风得意马蹄疾，一日看尽长安花"，就是这种狂喜状态的真实记录。即使是大诗人白居易也不能免俗，27岁金榜题名后，留下"慈恩塔下题名处，十七人中最少年"的佳句，一代文豪少年得志的意气风发跃然纸上，流传千古。

进士及第后，学子们可以进行一系列的文化娱乐活动进行庆祝，依次是:曲江赐宴、杏林宴饮和雁塔题名。

曲水流饮出现于东晋，盛于唐，延续于宋，影响至现代。曲水流饮是将酒杯置于水中，水流杯动，杯流至谁前则罚谁饮酒作诗，由众人对诗进行评比。在唐代，曲江赐宴已经演变为皇帝主持、百官参与、万民敬仰的盛大聚会。曲江宴之后就是杏园宴。杏园在曲江以西，位于朱雀街东靠近城南的通善坊，北临慈恩寺。此地广植杏林，春来一片粉白，是长安著名游览地。杏园宴是新进士自己举行的同年之间的联谊性、娱乐性的宴会，又带有谢师的意思。

在一系列的庆祝活动中，作为压轴大戏，雁塔题名无疑是最为重要的一项，因为这是跃登龙门的象征。学子们题名题下的不仅是荣耀，更是十年寒窗的辛劳和骄傲。

诗人刘沧曾豪迈地写过四句诗："及第新春选胜游，杏园初宴曲江头。紫毫粉壁题仙籍，柳色箫声拂御楼。"把雁塔题名与登仙并提了，由此可见雁塔题名在进士们心中无可比拟的尊崇地位。

雁塔题名始于唐中期，但究竟始于何时何人，史料上记载并不翔实，有说始于韦肇，有说始于张莒。

据小雁塔荐福寺内收存的康熙二十六年（1687年）《题名记》碑记载，韦肇是第一个在慈恩寺内大雁塔之壁题名的人，当时周围的人都很羡慕，于是口耳相传形成一种习俗。但唐韦绚的《刘宾客嘉话录》中是这样记载的，慈恩寺内雁塔题名，始于张莒，他本是到寺内闲游的，随意将与其同年及第的进士们的名字题在了雁塔塔壁上，后来就成了一种习俗。据考证，韦肇本人为唐肃宗至代宗朝的及第进士，而张莒是大历九年（774 年）的进士，从所处年代来说，韦肇早于张莒。

清人徐松《登科记考》中也对这一习俗进行了详尽的介绍："杏园宴后，皆于慈恩寺塔下题名，同年中推善书者纪之。他时有将相，则朱书之。及第后知闻，或遇未及第时题名处，则为添'前'字，故昔人有诗云，'曾题名处添前字，送出城人乞旧诗'。"

新科进士们集体来到大雁塔下，推举善书者将他们的姓名、籍贯和及第时间用墨笔题在塔壁上，如果以后有人升为卿相，还要把姓名改为朱笔书写，并在题名前加个"前"字，意为前进士。

最初进士们都将名字题在塔壁上，但塔壁毕竟有限，后来就将题名扩及到慈恩寺内塔院四壁，以致发展到后来寺内有间房子，四周墙壁密密麻麻都被进士题满了。乾宁进士徐夤也在他的一首名为《塔院小屋四壁皆是卿相题名因成四韵》诗中吟道："雁塔搀空映九衢，每看华宇每踟蹰。题名尽是台衡迹，满壁堪为宰辅图。鸾凤岂巢荆棘树，虬龙多蛰帝王都。"道出了当时雁塔题名之盛。据史料分析，仅在唐代的八千余名及第进士中，约有五六千名及第者题名于雁塔。遗憾的是，当时的盛况今人已经无缘得见，在天灾与人祸之下，塔内的唐代题名碑和题名墨迹已经尽数毁坏。

宋人樊察在其《慈恩雁塔题名序》一书中，根据《新唐书·选举志》写道：会昌（841—846 年）中，宰相李德裕"自以不由科第"，故"深贬进士，始罢宴集"，且将"向之题名削除殆尽"。也就是说，唐武宗时的宰相李德裕不是进士出身，故深忌进士，下令取消了曲江宴饮，并让人将新科进士的题名也全数除去了。再加上五代战乱，寺已毁，塔独存，唐人题名在修葺中亦被涂抹遮盖。而到了北宋神宗年间，大雁塔发生一场火灾，塔内楼梯全部烧毁，这些唐代进士的题壁也随之消失。

雁塔题名活动虽然延续一千多年，而进士题名仅仅延续到唐朝末年。长安失去国都地位后，随着政治中心的东移，题名者身份有了变化。题名者主要不再是进士，而成为

乡试中榜者了。形式也变了，即不是在塔内题名，而是将题名刻石竖碑，罗立于塔下。在大雁塔下正南一进门的墙壁上有一块明嘉靖十九年陕西乡试题名碑，第一句碑文就是："名题雁塔，天地间第一流人第一等事也。"

以后历代及第进士也仍在京城进行进士题名，这些都是"雁塔题名"的仿效和延续。例如现在北京孔庙的大成门及先师门两侧，分别立有元、明、清三个朝代的进士题名碑，共 198 通，其中元代 3 通，明代 77 通，清代 118 通。而南京国学也有若干明代进士题名碑。此外，广东的著名侨乡——潮州也有个西湖雁塔，也是沿袭雁塔题名之故事，仿慈恩寺雁塔而造于湖山之上，可说是慈恩寺雁塔之缩微，成为潮郡十三县科举时代学子向往之处，今塔下偏南岩石上尚存十六人的"皇明嘉靖乙卯科题名"石刻，而"雁塔题名"也是古雷阳八景之一。

（二）武题小雁塔

2008 年 6 月，小雁塔荐福寺"灰坑"清理发掘完毕，又一批珍贵文物相继出土，尤其是一块残碑的出现为荐福寺的历史带来更加确凿的佐证。专家喜赞："真是盛世文物兴！"

这块残碑即"雁塔题名碑"，颇具研究价值。此碑周边雕饰有蔓草花纹，虽然残缺不全，但上面刻着"西闱中试举人三十名……孙振策肃州人、宋文靖远人、沈之渐宁夏人、方旗彪宁夏人、张斌甘州人、白毓贤镇番人"等清晰字迹。专家介绍，唐代中进士后都要在大雁塔刻碑题名，以后成为惯例。从明代起，武举中榜开始在荐福寺刻碑题名。这块残碑极有可能是明清时代武举子中举后的"雁塔题名碑"，碑中所留名的举人应不是陕籍人。

荐福寺的这块残碑，更正了长久以来人们认为"雁塔题名"指的是大雁塔这一错误观念。据吕乐山介绍：明清两代，因为在大小雁塔仿效唐人题名于塔壁，颇具唐风遗韵，后来逐渐演变为"文题大雁塔，武题小雁塔"的格局。

据悉，科举武试开创于武则天时期，著名的大将郭子仪就是武举出身。而武举人步唐代雁塔遗风，在小雁塔刻石留名却始于明代。陕西师范大学博士史红帅撰文指出：现存荐福寺中的一通刻立于乾隆六年（1741年）的《陕甘乡试题名碑记》中就记述了来自今甘肃、青海、宁夏、陕西等省区的考生姓名；而道光二年（1822年）陕西盩厔人路德所撰《道光壬午科陕甘乡试题名碑记》中记载了不仅包括陕南、陕北和关中各县，还有今甘肃境内的兰州府、巩昌府、张掖县、武威县、陇西县、凉州府、狄道州等，以及今宁夏境内的宁夏府、中卫县等地的考生。这些都是研究我国明清时期的武举制度的重要史料。

（三）雁塔诗会

大雁塔并非只是进士们题写荣耀的场所，也是这些才子们以诗会友、抒发才情的灿烂舞台。后来这阵诗歌的清风吹入皇家，唐中宗时，每年九月九重阳节，皇帝都要亲临慈恩寺道场，登高赏秋，和随行官员一起赋诗抒怀。最终，"雁塔诗会"成为一个独立于雁塔题名的文化活动。

唐朝是诗歌的国度，历史上有记载的"雁塔诗会"也不在少数，但诗作的质量由于参与诗人的水平而参差不齐，其中，最为熠熠生辉的无疑就是天宝十一年（752年）那场文坛盛事。

唐玄宗天宝十一载的一个秋日，高适、薛据、杜甫、岑参、储光羲等五位诗人一起登上了长安城东南的大雁塔眺望长安的秋景。五位诗人兴致大发，各赋诗作一首。这五位诗人都是一时之俊杰，杜甫、高适、岑参三人名垂千古，毋庸赘述。储光羲和薛据在当时的诗名也很大，五位大诗人联袂成就了一段被后代文人无限追慕的文坛佳话，九百年之后，王士禛还不胜景仰地说："每思高、岑、杜辈同登慈恩塔，李、杜辈同登吹台，一时大敌旗鼓相当。恨不厕身其间，为执鞭弭之役。"

除了薛据的诗作失传，其他四首诗都完整地保存下来。如前所述，悬挂于大雁塔六层，供人欣赏。现完整抄录于下：

与高适薛据登慈恩寺浮屠　岑参

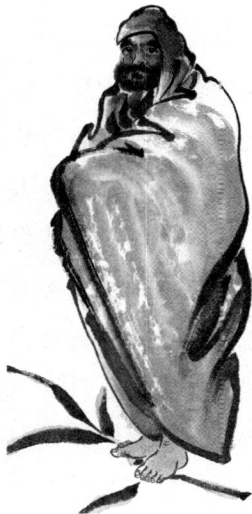

塔势如涌出，孤高耸天宫。登临出世界，磴道盘虚空。突兀压神州，峥嵘如鬼工。四角碍白日，七层摩苍穹。下窥指高鸟，俯听闻惊风。连山若波涛，奔凑如朝东。青槐夹驰道，宫馆何玲珑。秋色从西来，苍然满关中。五陵北原上，万古青蒙蒙。净理了可悟，胜因夙所宗。誓将挂冠去，觉道资无穷。

同诸公登慈恩寺塔　储光羲

金祠起真宇，直上青云垂。地静我亦闲，登之清秋时。苍芜宜春苑，片碧昆明池。谁道天汉高，逍遥方在兹。虚形宾太极，携手行翠微。雷雨傍杳冥，鬼神中躨跜。灵变在倏忽，莫能穷天涯。冠上阊阖开，履下鸿雁飞。宫室低迤逦，群山小参差。俯仰宇宙空，庶随了义归。崷非大厦，久居亦以危。

同诸公登慈恩寺塔　高适

香界泯群有，浮屠岂诸相？登临骇孤高，披拂欣大壮。言是羽翼生，迥出虚空上。顿疑身世别，乃觉形神王。宫阙皆户前，山河尽檐向。秋风昨夜至，秦塞多清旷。千里何苍苍，五陵郁相望。盛时惭阮步，末宦知周防。输效独无因，斯焉可游放。

同诸公登慈恩寺塔　杜甫

高标跨苍穹，烈风无时休。自非旷士怀，登兹翻百忧。方知象教力，足可追冥搜。仰穿龙蛇窟，始出枝撑幽。七星在北户，河汉声西流。羲和鞭白日，少昊行清秋。秦山忽破碎，泾渭不可求。俯视但一气，焉能辨皇州？回首叫虞舜，苍梧云正愁。惜哉瑶池饮，日晏昆仑丘。黄鹄去不息，哀鸣何所投？君看随阳雁，各有稻粱谋。

虽然大环境是五位诗人共有的，但由于各人生活经历和性格的差异，诗作的内容和意境还是有很大差别的。

岑参和储光羲的诗有一个共同的特点，它们的重点在于写一个佛寺中的浮屠，把登塔时所看到的景物与佛家教义紧密地联系在一起。岑诗结尾云："净理了可悟，胜因夙所宗。誓将挂冠去，觉道资无穷。"虽也隐约地表示了对现实的不满，但毕竟是要逃到佛家净域中去。储诗结尾云："俯仰宇宙空，庶随了义归。崷非大厦，久居亦以危。"更是认为世间万物皆为虚无，只有佛家的"了义"才是最后的归宿。所以说，岑、储二人用很大的力量、很多的篇幅来描写浮屠之高耸与景物之广远，都是为了象征或衬托佛家教义之高与法力之大。岑参其时 36 岁，他虽然在天宝三年（744 年）就已进士及第，但仅得到一个兵曹参军的微职。天宝八年（749 年），赴安西入高仙芝幕。虽说塞外雄浑奇丽的自然风光和紧张豪壮的军中生活对他的诗歌创作大有裨益，但诗人在仕途上并不得意。天宝十年（751 年）秋高仙芝兵败回朝，岑参也随之回到长安闲居。储光羲那年 46 岁，正任监察御史之职，但也有不得志之感。两首诗作均流露出心中的一股抑郁之气，所以传达出一种皈依佛门、逃避现实的消极情绪。

高适的诗则与之不同。高适是很有用世之志的，高诗中虽然也有"香界泯群有，浮屠岂诸相"之类句子，但毕竟不是全篇讨论佛教教义，特别是结尾四句："盛时惭阮步，末宦知周防。输效独无因，斯焉可游放。"说明诗人在登临佛寺浮屠时并没有忘记要为国家效劳。这无疑要比岑、储两人的态度积极得多。但是，高适着眼的只是他个人的前途，当时的社会现实并没有在其诗中留下痕迹。

在四首诗作中，艺术价值最高的无疑是杜甫这首诗。诗作不仅描写了塔的自然景色，更重要的是诗人已预感到社会的动荡不安，危机可能随时爆发。他怀念唐太宗时的贞观之治，也婉转地批评了唐玄宗耽于享乐不理朝政的荒唐生活。

所以，当四位诗人登上大雁塔举目远眺时，站在同样高度的七级浮屠之上，可是对于观察社会现象来说，杜甫却独自站在一个迥然挺出的高度上。这样，岑参、储光羲所看到的是佛寺浮屠的崇丽，所感到的是佛教义理的精微，高适感到的则是个人命运的蹭蹬。而杜甫除了高塔远景之外还看到了盛世景象下国家风雨凄迷的未来，这正是杜甫的独特之处。

（四）雁塔题名的当代延续

为恢复中断百年的"雁塔题名"历史传统，并赋予它全新的含义，借以汇

集当代书画瑰宝，大雁塔保管所曾于 1991 年 8 月开始，在塔前设案备纸供游人挥毫抒怀。此举得到社会各界的认可和支持。雁塔题名作品选集编委会于 1992 年 6 月，从征集到的书画中，编辑成《雁塔题名作品选集》第一集出版，陕西师范大学教授霍松林为之作序。而后，又在全国范围内征集书画名家，于 1999 年推出了《雁塔题名作品选集》（第二集），汇集了书法、篆刻、楹联等优秀作品三百余幅，并首次向读者展现了三十余幅体现唐、宋至清历代珍贵的题名碑拓，编辑成集。2007 年还在上海著名的豫园举行了雁塔题名书画精品展，受到当地观众和书法爱好者的热烈欢迎。

昔日盛唐学子高中而雁塔题名，这对今人又有着怎样的文化意义呢？西北大学文学院李浩教授在接受记者采访时说道：“建筑是凝固的音乐，大雁塔作为古城西安的象征性建筑之一，有着特殊的意义。作为玄奘法师译经和藏经之处，它是宗教文化、佛事文化的代表，但因为雁塔题名，它又被赋予了世俗文化、教育文化的内涵。学子们高中进士，本来通过发榜就完成了传播，但雁塔题名是这种传播的延续。现在看来还具有一定的表演意味，因为他们在集会后题名，必然吸引很多人来参与，成为当时的特色景观，并具有相当的文化内容。今天我们解读‘雁塔题名’，可以多视角、多方位来看，可以通过科举、教育、公务员任用、公共管理等各方面来看。文化是一种传统，而传统是一种积淀，今人也应该继承雁塔题名这一雅举。”如今的大雁塔是文物，当然不可能在其上题名，李浩教授说：“仿效唐人雁塔题名，不是要今人去雁塔塔壁上涂鸦。我们可以结合现代的形式，比如立块碑，让人们用清水在上面写下自己的名字；也可以让游客在宣纸上写下题名的相关内容；还可以建立虚拟空间，在网络上雁塔题名；甚至可以组织高考状元们挥毫抒怀。我想这不但可以满足今人雁塔题名的愿望，也是一种不错的文化推销。”

六、大雁塔与小雁塔的当代保护与开发

经过历朝历代的变迁与时间的打磨，大小雁塔在外观上几经风雨，但是更为深刻的转变来自于二者的文化功能。在唐代，大、小雁塔作为佛教的符号而存在，对外开放供公众进行佛事活动，朝拜活动及礼佛仪式成为一种社会普遍行为，而今天的大、小雁塔与佛事活动已无密切关系，其宗教性质逐渐丧失，公众的城市生活与佛寺空间脱离，与佛教文化、宗教文化疏远。在这种情况下，如何展现大、小雁塔的文化教育功能，如何使投射于大、小雁塔的民族文化历史服务于新时代的发展，如何让名胜古迹为现代经济发展架接桥梁，便成为摆在我们眼前的一个重要课题。

在众多的名胜古迹商业开发的案例中，既有经济发展与古迹保护相得益彰的双赢案例，也有因为"过度开发"而使古迹受损遭难的反面教材。商业开发和古迹保护就像一个难解的结，如果资金的投入不够，古迹就不能得到很好的维护，就会无人重视而逐渐破败；如果进行过度的商业开发，又会使古迹丧失其本身的特点，古迹身上所蕴涵的历史与文化会被所谓的现代文明所破坏。最有效的平衡措施应是对于古迹加强保护而不是开发。而在其周围最近的城市区域进行商业化的运作与包装。在这一点上，大、小雁塔及其周围区域的开发堪称典范。

（一）大雁塔广场

大雁塔是西安的标志，也是西安人民的骄傲。随着建西部经济强省这一战略目标的提出，从 2003 年开始，西安市对大雁塔周边进行了大规模的改造工程，在短短的一年之内，以大雁塔为中心、占地近 1000 亩的大雁塔广场应运而生。包括北广场、南广场、雁塔东苑、西苑、南苑、步行街和商贸区等在内的多个子广场将大雁塔环抱在中心。

设计者在广场景观设计中本着重现长安历史风貌，再造大唐盛世文化的态度，以大雁塔为核心，以盛唐文

化、佛教文化、丝路文化为主轴，尽可能尊重和展现古代长安城的历史，本着继承、发展、保护历史文脉的设计方针，并以唐长安城的规划原则和建筑风格为基调进行了设计。

广场整体设计概念上以突出大雁塔慈恩寺及唐文化为主轴，结合了传统与现代元素构成。大雁塔北广场的设计者认为当时的长安城是世界上最大的城市，同时也是东方的政治、文化中心，盛世空前，它规模宏伟，秩序鲜明。设计对古代城市骨骼——"里坊"进行了再现，借用了唐代里坊的概念，以 27 米×27 米为基本单位将中心水池的东西两侧皆划分为南北 9 行、东西 2 列，共 36 个单位空间。每个单位空间象征 1 个"里坊"单位。首先，设计者将其中的 8 个单位设计为小主题广场，还设置了主题鲜明的唐诗人物雕塑，雕塑设计采用逼真写实的雕塑手法分别对 8 位大唐文化的精英人物进行了生动的刻画，栩栩如生。其次，设计者在其余 24 个单位空间布置排列规整的树木，并配置坐椅，创造出供游人交往、休憩的空间。空间秩序上再现了唐长安城的中央南北轴线，由南向北逐次为外城郭→皇城→宫城，体现着外来朝拜者逐渐迈向高潮空间的礼仪秩序。最后，设计者在广场设计上利用了由北向南逐渐升高的地形，同时还寓意着从世俗世界到佛教世界的过渡。

在设计者的设计当中极力将大雁塔广场设计结合传统与现代设计手法，以营造大唐文化恢弘大气以及大乘佛教佛光普照大众的精神为主旨，南北高差为 9 米，分成 9 级，9 为阳数之极，以此传统的象征手法反映了大雁塔重要的历史地位，烘托着逐步走向高潮的空间气氛。通过贯穿东西宽 162 米的台阶将北广场的中心水池和两侧的小广场连为一体，展示了对长安城街道尺度的再现，唐长安城的中央朱雀大道宽 150 米，巨大的尺度反映着繁荣富强的盛世帝都的宏伟气魄，因此这样的设计是设计者对盛唐街道宏伟尺度的再现。

在景观设计上，设计者最大程度地还原了古人对大雁塔的"真情实感"。"塔势如涌出，孤高耸天宫。"这是唐代诗人岑参的名诗《与高适薛据登慈恩寺浮屠》的首联。大雁塔北广场的设计者正是以再现诗人想象中的景观为出发点，以贯穿大雁塔和北广场南北的轴线为中心，在北广场设计了一条南北向长形水池，倒影烘托出大雁塔伟岸的身姿。天水相接，大雁塔如同从水中涌出。塔影相接，延伸了无边无止的天地空间。

整个广场到处体现着浓浓的唐代元素。北广场有四座石质牌坊，它们既是广场景观的标引物，又是北广场的招牌和景观。四座牌坊均用白麻石材贴面，形成中间高两边低的三门样式，呈现出平衡、稳定、简洁、大气的特点。牌坊题词用唐人崇尚的字体书写；中间大匾额用颜真卿楷书大字，大气磅礴；两边上下联匾额题词用王羲之、王献之行书字体，典雅生动。两个高9米的万佛灯塔与大雁塔遥相呼应，两侧四个6米高的大唐文化列柱，塔之间是长5米，宽4.3米的铸铜书，介绍了大唐的盛世景象。

汉白玉的梯道栏杆、白墙、灰瓦、朱红色的仿木柱、写有唐代著名诗词的工艺灯等建筑群组成了一幅美妙绝伦带有古建风味的图画，和正前方的大雁塔遥相呼应。广场两侧的建筑以大雁塔和雁塔路的连线为中轴对称，在颜色上以古代皇家特有的朱红和白色为主，灰色的混凝土柱廊在朱漆的装饰下尽显大唐盛世的繁荣景象。这些建筑开间、进深、高度一致整齐地排列在广场两侧，高度均低于大雁塔，在整个竖向设计中充分显示了大雁塔的庄严，突出了整个广场的主题。所有的历史符号都在提醒身处其中的人们，这里曾经拥有的繁华和辉煌，让人们自然而然地体味到一种超越时空的历史感和浓郁的人文氛围。

早在8世纪的古希腊时期，城市广场就是人们进行交往、观赏、游玩、休憩等活动的重要场所，是展示城市生活模式与社会文化内涵的一个舞台。进入现代，建筑学家凯文·林奇对城市广场的功能又提出了新的理解。在其《城市的印象》中，他认为构成城市图像的基本要素为:道路、区域、边缘、节点和标志。城市中的广场是城市空间体系的重要节点，既是城市道路的间断、延续或转折，也是城市空间的结合点或控制点。以大雁塔广场作为西安市中的一个节点，给城市提供了一个可以"透气"的空间，使城市得以"呼吸"。使磅礴的盛唐气势在整个广场的设计中得以浓缩和升华，唐代元素在设计中的巧妙运用和广场的主题——大雁塔相得益彰，展现了一幅历史再现般的完美画卷。

（二）以小雁塔为核心的西安博物院

如果说广场是对大雁塔进行整体开发的核心概念，那么，博物馆便成为小雁塔整体开发的重要载体。经多方酝酿，在以小雁塔为核心的基础上，西安于1996年提出了以小雁塔为标志的寺庙建筑群、博物馆、公

园三位一体的西安博物院总体规划设计方案。这一先进的博物馆概念即"一座集名胜古迹观光、历史文物鉴赏、城市公园休闲于一体的，以园养馆的现代大型博物院"立刻在社会各界引起了轰动，堪称古都文物保护前所未有的创举。

近年来，广大民众的生活水平发生了翻天覆地的变化，闲暇时间的活动方式亦逐渐增多。博物馆作为文化遗产的传承机构，在今天丰富的社会文化生活中发挥出越来越重要的作用，扮演着越来越突出的角色，甚至成为一个地区、一座城市文化建设、发展水平的形象代表，同时也是公众文化消费和休闲娱乐的首要选择。如今的博物馆和文化遗产地不应该仅仅是文物收藏的中心，而应成为文化教育与展示的中心，同时也应该成为让人们流连忘返的地方。在某种意义上讲，"博物院"的设计概念是"博物馆"的含义在新的历史时期、特定的历史场合下的延伸和发展。也可以说，"博物院"的概念意味着博物馆这种城市要素在未来的城市中将承担更多的责任。当然，"博物馆"概念的拓展是一个不断发展的过程，因此西安市博物院伴随着城市的发展在未来亦有无限的发展可能性与发展空间。

在设计理念上，小雁塔、博物馆和城市公园承担了不同的文化功能，又互为映照，成为既外在独立又内在统一的城市文化景观。

小雁塔作为西安重要的历史地标是构成西安城市景观的历史要素之一，丰富了城市轮廓线的同时也使城市景观具有深厚的文化底蕴，传递了更多关于这座城市的历史文化信息。

西安市博物馆是以展示西安城市发展史为主要目的的综合性博物馆，在建筑形式上继承了中国传统祭祀建筑——明堂的样式，以便与小雁塔历史建筑群形成和谐统一的风貌，但是其内在结构与功能却是现代的与先进的，成了该街区甚至整个西安独一无二的现代地标。而以小雁塔为核心的寺庙古建筑群，体现了中国传统建筑的格局、中国佛寺建筑的构成及中国传统文化与外来文化的融合。因此其群体本身便是西安市博物院中重要的景观要素，也是博物院有别于其他博物馆的独一无二的展品。

名胜古迹之所以能成为历史文化的映射，除去历史建筑，还应该拥有大量名木古树、碑石、雕刻等共同构成的景观要素。这些种类繁多、年代悠久、层层叠叠相互掩映的景观要素形成了幽静、神秘的环境景观。若没有这些要素，小雁塔整体环境的氛围定会黯然失色，因此如何保护这些环境景观要素，使其更好地衬托出建筑群落的整体感，营造出更加真实的历史氛围，应该在未来的规划设计中予以更多的考虑。此外，现代化的博物馆如何与古老的人文景观和谐对接而不显突兀，也是一个棘手的课题。于是，城市公园便应运而生。

城市公园的设计是旨在通过树木、水面等软环境弱化古建筑群与现代博物馆的冲突，并试图将古与今、传统与现代进行超时空的联系。所以该公园景观最大限度地拉开了历史建筑与文物建筑的距离，同时又将两者的内在联系潜藏其中，在城市的尺度上形成了传统与现代的对话。该公园的景观设计采用了大面积的水要素，因为水是流动的、透明的、可映射的。水可将历史建筑与现代建筑融合在一个场景和主题下；水也可将硬朗的建筑轮廓柔化了，在微风的吹拂下流动其中；水还可将自己当做一面镜子，通过无数的折射与反射映衬出古与今的变迁、传统与现代的转化。

除了作为西安博物院的一部分发挥其文化功能外，小雁塔还抓住一切机遇，挖掘自身的历史文化资源与现实生活对话，扩大小雁塔的影响力。

逛庙会，是一项根植在西安人骨子里的传统。远在唐代，庙会就已成为长安人的娱乐休闲方式。唐朝是一个民族大融合的时代，那时，少数民族喜好娱乐的生活方式逐渐渗入到汉人的生活中，所以，一向庄重肃穆的祭祀、祭拜活动中，也被加进了娱乐的成分，人们从"娱神"逐渐走向了"娱人"，而且，唐代长安城商业的发达已使庙会的商业味道逐渐变浓。于是，从唐代开始，庙会

祈福、娱乐、商业的特点便基本齐全了，后世便将这种独具中国特色的庙会形式延续下来。

长安城一百一十坊，几乎每个坊里都有寺庙，而每个寺庙又都有自己的庙会日。当时的荐福寺就是唐代非常有名的戏场。从建成之初起，寺院便有了庙会，长安的百姓们常来此祈福，因为荐福寺靠近皇城，附近有许多高官显贵的宅邸，所以，许多富贵人家也常来荐福寺感受庙会的热闹和喜庆。每到庙会时，寺内一派庄严法会的景象，而寺外则往往是歌舞升平、热闹非凡，各种曲艺、杂耍以及小吃集聚寺外，游人更是摩肩接踵，无以计数。

自此之后，传统老庙会的热闹延续了一千多年，但因为辛亥革命前这里沦为战场，随后是半个世纪的纷飞战火，这一传统而历史悠远的庙会一度销声匿迹。

2009 年起，西安首度恢复了中断近百年的小雁塔传统文化庙会活动。从腊月二十八到正月十五，小雁塔庙会从每日早 9 点到晚间 9 点，超长时间"待机"，白天逛庙会，晚上游灯会，精彩活动轮番上演，层出不穷。

小雁塔庙会的主题活动是"雁塔祈福"，其中包括了祈福墙题字、放祈福灯、挂祈福结等一系列活动，主题设计的主旨在于希望通过对传统的"重播"，让这一昔日的皇家献福寺院，变成今朝老百姓祈福之所。

除去还原"雁塔祈福"的传统，小雁塔庙会也被打造成年味十足的民俗盛宴。在庙会上，剪纸、户县农民画、面花、凤翔泥塑、凤翔木版年画、马勺脸谱、华县皮影、关中老腔、陕北唢呐、提线木偶、飞车走壁、上刀山、变脸等民间绝活应有尽有。如果只用眼睛"逛庙会"还不过瘾，和老艺人们学艺、亲手制作民俗用品，或者到娱乐活动体验区玩玩童年游戏，重新体验滚铁环、踢毽子、跳大绳、斗鸡、抖空竹的乐趣，也是其乐无穷。

只有在人们真正认识到、感受到，并参与到小雁塔的历史环境中，不断创造小雁塔与社会公众的接触、交流机会，才能对小雁塔整体环境的发展有更多的历史认知，才能发挥荐福寺小雁塔的历史价值。在这一方面，作为西安古老历史文化遗产的小雁塔，其科学的保护与管理模式，先进的保护与利用理念，无疑将会对西安的历史文化遗产保护、城市文化建设起到积极的示范作用。

中国古桥名塔